国家社会科学基金一般项目"新生代农民工就业质量的空间差异及
其效应研究"（项目批准号：**17BJY108**）
山东省自然科学基金青年基金项目"生计模式异质下农村贫困边缘
家庭'风险—贫困'阻断机制研究"（项目批准号：**ZR2022QG053**）　资助

新生代农民工就业质量的
空间差异及其效应研究

张务伟　著

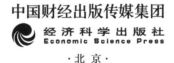

中国财经出版传媒集团

经济科学出版社
Economic Science Press

·北京·

图书在版编目 (CIP) 数据

新生代农民工就业质量的空间差异及其效应研究 /
张务伟著 . -- 北京 ：经济科学出版社，2024.7.
ISBN 978 - 7 - 5218 - 6001 - 6

Ⅰ. D669.2

中国国家版本馆 CIP 数据核字第 20245CY236 号

责任编辑：于　源　刘　悦
责任校对：蒋子明
责任印制：范　艳

新生代农民工就业质量的空间差异及其效应研究
XINSHENGDAI NONGMINGONG JIUYE ZHILIANG DE
KONGJIAN CHAYI JIQI XIAOYING YANJIU
张务伟　著
经济科学出版社出版、发行　新华书店经销
社址：北京市海淀区阜成路甲 28 号　邮编：100142
总编部电话：010 - 88191217　发行部电话：010 - 88191522
网址：www. esp. com. cn
电子邮箱：esp@ esp. com. cn
天猫网店：经济科学出版社旗舰店
网址：http：//jjkxcbs. tmall. com
北京联兴盛业印刷股份有限公司印装
710 × 1000　16 开　16.5 印张　250000 字
2024 年 7 月第 1 版　2024 年 7 月第 1 次印刷
ISBN 978 - 7 - 5218 - 6001 - 6　定价：68.00 元
（图书出现印装问题，本社负责调换。电话：010 - 88191545）
（版权所有　侵权必究　打击盗版　举报热线：010 - 88191661
QQ：2242791300　营销中心电话：010 - 88191537
电子邮箱：dbts@ esp. com. cn）

前　　言

2017 年中央一号文件明确指出，"要着力解决新生代农民工群体面临的突出问题"。当前，新生代农民工面临的最突出问题是市民化困难，而高质量的就业是实现其市民化的经济基础和保障。新生代农民工就业质量存在着空间差异，流入大城市的绝对就业质量高，而相对就业质量低，市民化相对较难；反之则相反。因此，研究新生代农民工就业质量的空间差异及其效应，着重提高经济中小城市（镇）的绝对就业质量，分流和吸引大中城市部分新生代农民工回流到中小城市（镇）就业或创业，提高其绝对就业质量，协同撬动并提高大中城市的相对就业质量，是解决新生代农民工市民化问题的关键，也是促进乡村振兴的有力举措。

本书首先界定区域就业质量和个体就业质量的内涵，构建了区域就业质量指标体系和个体就业质量指标体系。运用区域就业质量的指标评价体系对我国各省份的就业质量进行评价，分析 21 世纪以来中国就业质量的地区差异及其动态演进。其次运用个体就业质量指标评价体系，对新生代劳动者就业质量进行实证测度；运用熵权法和专家打分法，对新生代劳动者就业质量进行实证测度；采用定量方法全面刻画与揭示新生代农民工就业质量的空间差异；厘清新生代农民工就业质量空间差异的影响因素及其作用机理；从理论假说和实证检验两个层面揭示新生代农民工就业质量空间差异效应的机理。最后提出新生代农民工就业质量的协同提升路径与对策建议。

构建区域就业质量的指标评价体系，基于中国 31 个省份 2000～2018 年就业质量的相关数据，并运用 Dagum 基尼系数及其分解方法与 Kernel 密度相结合，实证分析 21 世纪以来中国就业质量的地区差异及其动态演进。

结果表明：（1）利用 ArcGIS 绘制的就业质量分布图显示，整体就业质量提升较快，呈现东部、西部高而中部低的"U"型空间非均衡特征。（2）基尼系数测算及其分解结果显示，就业质量空间分布的总体差距呈上下波动态势，呈现空间分布不均衡状态，但就业质量的总体差异主要来源于地区间的差距。（3）Kernel 密度估计表明，虽然中国就业质量总体不断提高，但地区差异呈现扩大趋势，特别是在高就业质量省份的区域，多极分化更为明显。（4）中国就业质量存在非均衡，总体差异主要来源于地区间的差异，这是中国地区间劳动力流动或迁移的动力和主要原因。

新生代劳动者就业质量的测评。个体就业质量是指整个从业过程中劳动者与生产资料结合程度并取得报酬及成就感的总和。从劳动者就业质量的内涵出发，构建包含 5 个一级指标、17 个二级指标、48 个三级指标的就业质量综合评价指标体系。利用全国 11165 个新生代劳动者的调查数据进行评价，评价结果显示，整体就业质量为 50.39。从具体维度来看，第一是工作与生活和谐；第二是就业质量满意度；第三是职业和工作安全；第四是健康与福利；第五是职业和技能发展。

基于全国新生代劳动者的调查数据，描述性分析就业质量的空间差异，研究结论如下：（1）从城乡来看，新生代城乡劳动者在职业和工作安全、健康与福利、职业和技能发展、工作与生活和谐等客观维度的就业质量差异较大，而主观维度就业质量的差异较小；新生代城镇普通劳动者和新生代农村普通劳动者就业质量的差异最大，而新生代农村知识型劳动者与新生代城镇知识型劳动者就业质量的差异大大缩小，很多指标甚至超过新生代城镇普通劳动者。（2）从区域来看，新生代劳动者整体就业质量呈现出不同程度的区域差异，东部地区劳动者的就业质量最高，然后为西部地区，中部地区最差。东中西部地区新生代劳动者职业状况和工作安全存在不同程度的差异，但趋势不明显；东部地区新生代劳动者健康与福利水平、工作与生活和谐高于西部，西部高于中部地区；中部地区职业和技能水平落后于东西部地区。（3）从城级来看，整体上随着城市城级的减小，新生代劳动者的就业质量逐渐递减。客观就业质量方面，新生代劳动者职业和工作安全、健康与福利、工作与生活和谐程度城级差异呈现大中小城市逐渐降低的趋势，在职业和技能发展方面，大城市和中等城市相差不大，小城市（镇）则相对较差；而主观就业质量方面的差异较小。

基于全国新生代农民工的调查数据，分析就业质量的空间差异，通过描述性分析、采用 Dagum 基尼系数、核密度非参数估计等方法，实证考察了中国新生代农民工空间差异特征及格局刻画，研究结论如下：（1）新生代农民工就业质量的区域（东、中、西部）差异表明：东中西部地区新生代农民工就业质量存在显著差异，东部地区就业质量最高，西部次之，中部最低。职业和工作安全度由高到低依次是东部、西部和中部；东中西部地区新生代农民工健康情况无明显差异；中部农民工职业和技能发展大于东部地区，西部最低；东部工作与生活和谐度高于中西部；就业满意度表现为自东向西递减态势。（2）利用空间计量经济学中的探索性空间数据分析方法 Moran 指数对中国新生代农民工省际和地市际的就业质量空间分布特征进行全局空间自相性分析。在邻接空间权重、地理距离权重和经济空间权重下，新生代农民工省际就业质量都不存在高度的空间集聚特征，表明新生代农民工就业质量在省际空间上不存在空间相关，可以这样认为新生代农民工省际就业质量的空间分布是均质的。在邻接空间权重下和地理距离权重下，新生代农民工地市际的就业质量都不存在高度的空间集聚特征，在经济空间权重下，新生代农民工地市际的就业质量存在高度的空间集聚特征，表明新生代农民工地市际的就业质量空间上存在空间负相关，可以认为新生代农民工就业质量的地市际空间分布是非均质的，就业质量高的地市周围，总伴随着就业质量低的地市，也验证了发达城市对周围地市存在虹吸效应。（3）对中国 31 个省份 2017 年全国新生代农民工就业质量空间分布的基尼系数测算并进行地区分解，可以看出，地区间差异的贡献率最大，是总体差异的主要来源，然后是超变密度，地区内差异的贡献率最低。利用高斯核函数做出 31 个省份及东中西部地区的新生代农民工就业质量的核密度估计二维图，可以看出全国新生代农民工就业质量的 Kernel 密度估计曲线呈明显的双峰分布，即就业质量具有明显的两极分化特征。东中部地区新生代农民工就业质量的 Kernel 密度估计曲线呈明显的独峰即正态分布，即就业质量比较均衡。西部地区新生代农民工就业质量的

Kernel 密度估计曲线呈明显的双峰分布，即就业质量具有明显的两极分化特征。所以说国家在帮助提高西部新生代农民工就业质量的同时，应更加注重全国均衡发展，特别是在防止两极分化方面。（4）新生代农民工就业质量的城级（大、中、小城市）差异表明：新生代农民工就业质量随着城市级别由大到小依次降低。具体来看，新生代农民工的职业和工作安全与城级差异成正比；健康与福利从大城市到小城市（镇）依次递减，且各级指标一致性较高；职业和技能发展的城级差异，中等城市就业质量最高，然后是大城市，小城市（镇）低；工作与生活和谐方面与城市级别成正比，且各级指标一致性较高；从就业满意度来看，大城市的就业质量高于中等城市，中等城市高于小城市（镇），但相对于客观就业质量指标，各级指标一致性较高，差异相对较小。

基于新生代农民工的入户调查数据，首先运用一般线性回归模型确定了新生代农民工就业质量的显著性影响因素，进而运用 ISM 模型确定各影响因素间的关联关系和层次结构。研究结论显示：城市大小、就业区域、就业地点、就业难度、健康状况、文化程度、春节交往人数、政治面貌、家庭人口数、性别和年龄均显著影响新生代农民工就业质量。其中，城市大小、就业区域、就业地点和就业难度是表层直接因素；健康状况、文化程度、春节交往人数和政治面貌是中层间接因素；家庭人口数、性别和年龄是深层根源因素。

运用扎根理论探索新生代劳动者就业质量空间差异的效应形成机理的理论基础，抽象出"城乡融合发展生态链"机理，即"就业质量空间差异→农民工进城→城市发展和市民化→农村两极分化"，其中"城乡融合发展"的链条是农民工，就业质量空间差异是"城乡融合发展"的内生动力，乡村振兴战略是促进"城乡融合发展"的外生动力。根据上述理论，基于新生代农村劳动力的调查数据，运用结构方程模型进行实证检验。新生代农民工转移过程中形成的"转移效应"主要有羊群效应、融入效应、溢出效应、饱和效应、虹吸效应和极化效应，这六个效应从羊群效应到极化效应会通过中间环节发生"连锁反应"或影响；由于羊群效应使大量的新生代农民工向城市转移，他们通过融入效应向市民转变，由此产生的溢出效应给流入地和流出地带来一系列的影响，并且当流入城市的农村劳动力达到一定程度时，由于饱和效应的存在，他们市民化变得非常困难；由于新生代农民工流出产生的虹吸效应导致农村流出地衰落；与此同时，因为部分劳动力的回流、城市的反哺及农村资源向部分村庄聚集等，产生极化效应使一部分农村发展起来。

　　从区域经济发展模式、城乡劳动力市场、企业社会责任、家庭禀赋、劳动者自身等多个方面，提出"政府引领—市场主导—企业担当—家庭推动—自身主动"五位一体的提升路径。主要措施包括：政府引领提升新生代农民工就业质量；市场主导提升新生代农民工就业质量；企业担当提升新生代农民工就业质量的社会责任；家庭推动提升新生代农民工就业质量，自身主动提升新生代农民工就业质量。

张务伟

2024 年 5 月

目　　录

第1章 绪 论

本章从新生代农民工就业质量的研究背景和研究价值出发，提出研究的技术路线和研究方法，进而提出研究的内容体系及研究创新。

1.1 研究背景和研究价值

2017年中央一号文件明确指出，"要着力解决新生代农民工群体面临的突出问题"。近年来，中央对新生代农民工群体非常重视，2010年中央一号文件首次使用了"新生代农民工"的提法，并要求着力解决新生代农民工问题，提出优先解决新生代农民工落户问题（"十三五"规划），实施新生代农民工职业技能提升计划（2016年中央一号文件）。2016年，中国农民工总量仍然高达28171万人，新生代农民工占总量超过70%。当前，新生代农民工面临的最突出问题是市民化困难，而高质量的就业是实现其市民化的经济基础和保障。新生代农民工就业质量存在着空间差异，流入大城市的绝对就业质量高（区域比），而相对就业质量低（同域比），市民化相对较难；反之则相反。因此，研究新生代农民工就业质量的空间差异及其效应，着重提高经济中小城市（镇）的绝对就业质量，分流和吸引大中城市部分新生代农民工回流到中小城市（镇）就业或创业，协同撬动并提高大中城市的相对就业质量，是解决新生代农民工市民化困难的关键。

本书的学术价值：（1）通过对新生代农民工就业质量内涵的科学界定，构建评价指标体系，为学术界后续研究提供一个关于就业质量评价指标体系构建分析的范例。（2）科学运用熵权法和专家打分法对就业质量进行测度，丰富了就业质量评价研究。（3）通过定量研究揭示新生代农民工就业质量的空间差异效应机理，拓宽了空间计量方法在就业质量领域的应用。

本书的应用价值：（1）基于协调发展理念对新生代农民工就业质量的评价，揭示新生代农民工就业质量空间差异的现状，不仅为新生代农民工就业的空间选择和就业质量的提升提供决策依据和科学指导，也可以为新生代农民工提供更好的就业管理服务工作提供决策依据。（2）基于新生代农民工就业质量影响因素及其作用机理，为相关部门制定新生代农民工就业质量的政策提供决策依据和科学指导。（3）基于对新生代农民工就业质量空间差异效应的实证研究，为相关部门促进区域经济发展和市民化的政策提供理论依据和决策指导。

1.2　研究技术路线

本书按照以下技术路线展开（见图1-1）：第一，在对新生代农民工就业质量内涵界定的基础上，构建就业质量的指标评价体系并借鉴熵权分析法和专家打分法，对其就业质量进行实证测度；第二，采用定量方法全面刻画与揭示新生代农民工就业质量的空间差异；第三，从理论假说和实证检验两个层面揭示新生代农民工就业质量空间差异的影响因素及其作用机理；第四，从理论假说和实证检验两个层面揭示新生代农民工就业质量空间差异效应的机理；第五，针对不同区域，提出新生代农民工就业质量的协同提升路径与对策建议。

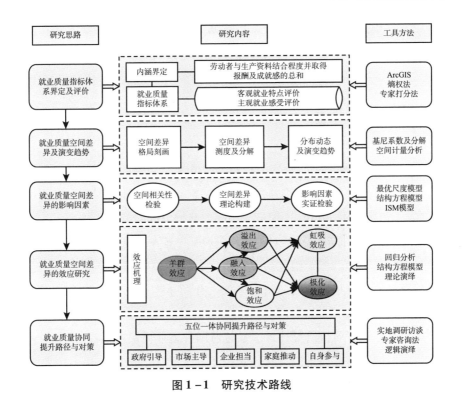

图 1-1 研究技术路线

1.3 研究方法

本书研究力图将规范分析与实证分析相结合,具体如下。

第一,运用熵权法和专家打分法对新生代农民工就业质量进行评价。

第二,利用 ArcGIS 空间可视化技术、Dagum 基尼系数及其分解方法,全面刻画新生代农民工就业质量的空间分布特征。

第三,运用线性回归模型和结构解释模型(ISM)对新生代农民工就业质量差异的空间影响因素及其作用机理进行实证检验。

第四,运用扎根理论厘清新生代农民工就业质量空间差异效应的机理,并运用回归分析和结构方程模型(SEM),对新生代农民工就业质量空间差异引发的效应假说进行实证检验。

第五，根据研究结论，综合采用调研访谈、专家咨询法等方法，提出新生代农民工就业质量的协同提升路径与对策建议。

1.4 内容体系

本书共分为 10 章，在对国内外相关研究文献进行评述、对相关概念原理进行梳理的基础上，以中国新生代农民工就业质量为研究对象，围绕中国新生代农民工就业质量问题的测度、空间差异、空间差异的影响因素、空间差异效应机理以及提升路径及对策等问题展开。各章主要研究内容如下。

第 1 章，绪论。主要阐述研究新生代农民工就业质量空间差异问题的目的和意义、研究技术路线、研究方法，介绍了本书的主要内容，指出研究的创新与不足。

第 2 章，就业质量研究述评。通过对国外就业质量的内涵、测量指标、实证研究，国内就业质量的含义，农民工、大学生、失地农民、困难群体及其他群体就业质量的文献进行梳理，发现新生代农民工就业质量的测度、空间差异、影响因素、空间差异效应机理及其实证等方面研究的不足。

第 3 章，相关理论概述。首先，简要介绍人力资本理论、社会资本理论、公平正义理论、极化理论及社会空间理论等，为进一步研究农民工就业质量奠定基础；其次，界定相关概念，包括新生代城镇劳动者、新生代农村劳动者和新生代农民工等。

第 4 章，21 世纪以来中国就业质量的空间非均衡及动态演进。本章使用中国 31 个省（区、市）2000～2018 年全国公开的统计年鉴数据，构建了一个就业质量评价指标体系，包括 4 个维度，12 个二级指标，分别基于区域视角（东中西）、省级视角，将 Dagum 基尼系数及其分解方法与非参数估计方法相结合，对 21 世纪以来中国就业质量的地区差异及其分布动态演进进行了实证研究。

第 5 章，就业质量的评价指标体系界定及综合评价。具体包括三个方面：（1）内涵界定。在文献梳理基础上，界定新生代农民工就业质量的概念。就业质量是指整个从业过程中劳动者与生产资料结合程度并取得报酬及成就感的总和。本章在文献归纳和问卷调研的基础上，总结当前新生代农民工就业质量的影响因素，拟从两个维度定义新生代农民工就业质量：一是客观就业特点，即职业和就业安全、健康与福利、职业和技能发展、工作与非工作和谐度的客观就业状况；二是主观就业感受，即对上述客观指标的主观评价。（2）评价指标体系构建。运用新生代农民工就业质量的概念，构建包含 5 个一级指标、17 个二级指标、48 个三级指标的就业质量综合评价指标体系。建立评价指标体系后，根据全国 11165 位新生代劳动者的调查数据，形成初步调查资料。（3）就业质量评价。根据初步调查数据资料，运用熵权法和专家打分法，赋予就业质量各指标以权重，进而对其就业质量进行科学测度和评价。

第 6 章，新生代劳动者就业质量的空间差异分析。本章研究包括三个方面：（1）新生代劳动者就业质量的城乡差异。描述性分析新生代劳动者就业质量的城乡差异；运用调查数据测度、评价新生代农民工整体就业质量的城乡差异。（2）新生代劳动者就业质量的区域差异。描述性分析新生代农民工就业质量的区域差异；运用调查数据测度、评价新生代劳动者整体就业质量的区域差异。（3）新生代劳动者就业质量的城级差异。描述性分析新生代农民工就业质量的城级差异；运用调查数据测度、评价新生代劳动者整体就业质量的城级差异。

第 7 章，新生代农民工就业质量的空间差异及其分解。本部分包括三个方面：（1）新生代农民工就业质量的区域差异。描述性分析新生代农民工就业质量的区域差异。（2）新生代农民工就业质量的区域差异分解及刻画。以空间统计方法为技术支撑，利用 Moran 指数和 Moran 散点图，对新生代农民工就业质量的空间相关性进行检验。运用 ArcGIS 等软件绘制多幅新生代农民工就业质量空间差异特征的专题地图，并对不同区域的新生代农民工就业质量进行评价及比较。就业质量的空间差异分解；分别按照区域的划分标准，将总体空间差异分解为区域内差异、区域间差异和超变密度三个部分，以揭示新生代农民工就业质量空间差异的来源及其贡献率。（3）新生代农民工就业质量的城级差异。描述性分析新生代农民工就业质量的城级差异；运用数据测度、评价新生代农民工整体就业质量的城级差异。

第8章，新生代农民工就业质量影响因素及其作用机理。本章包括三个方面：（1）理论构建。选择"家庭禀赋、人力资本、社会资本、空间特征"等因素，构建新生代农民工就业质量空间影响因素。（2）在借鉴已有研究成果和考虑被解释变量和解释变量的基础上，基于全国新生代农民工问卷调查资料，运用线性回归模型确定就业质量的显著性影响因素。（3）影响因素及其作用机理实证检验。运用解释性结构模型，进一步厘清各影响因素之间的关联关系与递阶结构，对新生代农民工就业质量空间差异的影响因素及其作用机理进行实证检验。

第9章，新生代农民工就业质量空间差异效应的机理及实证检验。本章研究包括两个方面：（1）新生代农民工就业质量空间差异的效应形成机理。运用扎根理论探索新生代农民工就业质量空间差异的效应形成机理的理论基础，抽象出"就业质量空间差异→农民工进城→城市发展和市民化→农村两极分化"的"城乡融合发展生态链"机理。（2）实证检验。根据上述理论，构建效应机理理论模型。新生代农民工就业质量空间差异引发的效应可以分为六类：羊群效应、融入效应、溢出效应、饱和效应、虹吸效应和极化效应。运用结构方程模型，基于新生代农村劳动者的调查数据，对新生代农民工就业质量空间差异的效应进行实证检验。

第10章，新生代农民工就业质量协同提升对策。根据以上研究结论，从区域经济发展模式、城乡劳动力市场、企业社会责任、家庭禀赋、劳动者自身等多个方面，提出"政府引导—市场主导—企业担当—家庭推动—自身参与"五位一体的提升路径。在协调发展理念的引领下，针对不同区域新生代农民工就业质量采取对策，以着重提高中小城市（镇）新生代农民工的绝对就业质量，协同撬动并提高大城市新生代农民工的相对就业质量。

1.5 研究创新

第一，本书首先界定区域就业质量和个体就业质量的内涵，构建了区域就业质量指标体系和个体就业质量指标体系。运用区域就业质量的指标评价体系对中国各省份的就业质量进行评价,分析 21 世纪以来中国就业质量的地区差异及其动态演进。其次在个体就业质量内涵界定的基础上,构建个体就业质量指标评价体系,对新生代劳动者就业质量进行测度和评价,重构了新生代农民工就业质量的理论范式,具有理论创新。

第二,运用空间计量模型研究新生代农民工就业质量的空间分布格局和分布动态演进,揭示新生代农民工就业质量的空间差异特征;探求空间差异的效应及其形成机理,拓展了空间计量分析在就业质量研究领域的应用,具有方法创新。

第三,提出新生代农民工就业质量"五位一体"提升路径,着重提高中小城市新生代农民工的绝对就业质量,协同撬动并提高大城市相对就业质量,分流和吸引部分新生代农民工回流到中小城市(镇)就业和创业,促进空间理论在劳动就业领域的实践,具有应用创新。

第2章　就业质量研究述评

本章对国内外就业质量的研究进行梳理，国外就业质量研究包括就业质量的内涵、测量指标和实证测评；国内主要针对就业质量的含义、农民工就业质量、大学生就业质量、失地农民就业质量、困难群体就业质量和其他群体的就业质量进行研究。

2.1　国外就业质量研究

就业质量与"体面劳动"是同义语，就业质量是在"体面劳动"的基础上提出的。本部分内容从"就业质量"概念的提出、内涵界定、测量指标选择及测度和评价等方面对相关研究文献进行了系统的整理和总结。

2.1.1　就业质量的内涵

就业质量一词最早起源于欧洲，2010年以前，欧洲政府与非政府组织等实践部门提出的"工作和就业质量"（quality of job and employment，欧洲基金会）、"工作质量"（quality of work，欧盟委员会）以及"体面劳动"（decent work，国际劳工组织）等，均是与就业质量相似的概念名词。其中体面劳动这一叫法更为普遍，即"男女在自由、平等、安全和人类尊严的条件下获得体面的、生产性工作的机会"，该释义是由国际劳工组织

（ILO）于 1999 年提出的。国际劳工组织认为，体面劳动又可进一步划分为四个维度：就业促进、社会保护、劳动权益和劳动标准以及社会对话。国际劳工组织强调，"就业是劳动者个人谋求发展，为子孙和家庭带来幸福，走向美好生活的一个意境和途径"。欧洲之外，针对其他地区的特点，国际劳工组织也构建了多个体面劳动的测量指标体系。

与之类似，欧洲基金会提出的工作和就业质量则主要分为三个视角，即个体视角、公司视角和社会视角。其中，个体视角又包括四个维度：发展技能、就业安全、协调工作与非工作的生活、促进健康与福利，每一个维度下又进一步划分成多个测量指标。欧盟委员会提出的工作质量则主要包括两个维度：所从事工作的特点、劳动市场背景，并基于两个维度提出了相应的统计指标用以评价工作质量水平。

综合来看，就业质量概念具有多层次、多维度以及不断发展变化的特点。而无论是学术领域还是实践部门，一般来讲，对于就业质量概念的研究释义以及评价指标体系的建立可大致分为三个层次：即宏观、中观和微观。其中，宏观层面和国际劳工组织提出的"体面劳动"比较一致，指"男女工作机会平等，以及在自由、公平、安全和有尊严的条件下从事富有成效的工作"；而中观层面则是从某国或者某一地区的劳动力市场或公共就业服务情况、劳动力供求状况出发，分析劳动力市场运行情况和资源配置效率等问题（Mayo, 2003）；与之相对，微观层面则主要关注与个人密切相关的因素，例如，就业者的主观感受、就业环境、工资、职位匹配程度、工作满意度、就业稳定性等（Yoakam, 1943; Kalleberg et al., 2005）。

2.1.2　就业质量的测量指标

对就业质量进行测度的关注始于 21 世纪，相关学者对此问题进行了大量研究，并提出了相关的测量指标。他们认为，对一国或一地区的就业质量进行较为准确的测量比理解其内涵更重要。

体面劳动主要有四个目标：就业、权利、社会保障和社会对话，相应的评价指标体系也主要从上述四个角度出发进行构建。菲利普（Philippe，2002）是国外最早开始研究体面劳动测度问题的学者，并提出了应分两个层面——国际和国内对体面劳动进行测度。理查德等（Richard et al.，2002）对体面劳动的测量维度进行了进一步的研究，并将测量指标分为11类。戴维等（David et al.，2003）在理查德等研究的基础上，提出了包括失业水平、最低工资、超时工作、辍学率、青年失业人口、无养老金的老年人、性别歧视在内的七个测量指标。佛洛伦斯等（Florence et al.，2003）对体面劳动的测度指标进行了详细阐释，将测量指标划分为七个大类，并提出了"体面劳动指数 =（真实值 - 最小值）/（最大值 - 最小值）"的测量模型。综上所述，国外相关研究对体面劳动的测量指标大体可以分为三个维度：个体、组织和社会，相应的维度下又有二级、三级指标的划分，由此形成了系统的测量指标体系。

2.1.3　就业质量的测评

体面劳动的实证研究同样始于21世纪初。2001年，国际劳工组织官方杂志《国际劳工评论》对第13届亚洲地区会议报告进行了总结，从工作平等、劳动保障、工作权利和社会对话等方面衡量了亚洲1999～2001年的体面劳动状况，阐述了全球化下亚洲面临的经济和社会方面的挑战（ILO，2001）。菲利普等（Philippe et al.，2003）认为，在实现较高的工资标准和社保水平的同时，维持本国全球范围内的竞争力是1999～2001年多数国家需要解决的挑战，而丹麦就是极少数可以平衡这两个方面的国家之一，通过学习丹麦的成功经验，各国可以提升自身的经济水平和团结凝聚力。康斯坦提诺斯（Konstantinos，2006）对2002～2005年国际劳动力机构进行了研究，结果显示，世界各国已经普遍认可 ILO 对体面劳动的理解。吉尔等（Gil et al.，2007）运用了工作平等、权利、劳工保障和社会对话四类指标对圣安德雷（巴西东南部城市）的体面劳动情况进行了实证研究，结果显示，当地政府提高了建筑业和与建筑业相关的服务行业就业质量。

此外，学者们还对不同国家的就业质量进行比较研究。例如，戴维等（David et al.，2003）通过对全球范围内各个国家和地区的体面劳动指数进行对比，结果发现，就业质量和一国的经济发展水平密切相关，经济较为发达国家和地区的体面劳动指数要高于经济较为落后的发展中国家。另外，戴维（David，2003）还发现，年轻人失业率高低程度并不会对一国或一地区的经济发展水平产生显著影响。佛洛伦斯等（Florence et al.，2003）对 84 个国家的体面劳动指数进行了测度，研究发现，体面劳动指数与基尼系数的相关系数约为 -0.51，与 GDP 相关系数约为 0.86，与人类发展指数相关系数约为 0.85。盖（Ghai，2003）通过测量 22 个国家的体面劳动指数发现，西班牙、希腊等工业化国家的指数整体偏低，而瑞典、丹麦、挪威等北欧国家的相关指标名列前茅。

2.2　国内就业质量研究

2.2.1　国内普遍意义就业质量

2.2.1.1　就业质量概念

国内就业质量的研究相对较晚，政府还未对就业质量的概念进行官方界定，也未对就业质量进行官方测度，相关研究主要集中在学术界，多是借鉴国外就业质量的概念和指标体系。

毛冠凤、刘伟、宋鸿（2014）对体面劳动进行了实证研究，结果发现，体面劳动主要包括五个因素：劳动岗位、工作环境、工资水平、岗位认可度以及岗位发展前景。李宁和徐荣华（2016）从宏观、中观和微观三个方面对就业质量进行了划分：宏观层面上指无性别歧视，在公正、自由、安全和受尊重条件下从事效率较高的工作；中观层面上指某国劳动力市场的资源配置效率和具体运行状况；微观层面指就业客观环境以及劳动者个人的主观感受。

2.2.1.2 就业质量的测度及评价指标体系构建

尽管国内外学术界和实践部门均对就业质量的内涵进行了大量探讨和研究，然而时至今日，对"就业质量"概念及其特点界定不统一。本书认为，就业质量自身也是一个由低至高逐渐发展的具有多维度多层次性的概念。

黄维德和柯迪（2011）借鉴国外学者的测度思路，分别从劳动保护、劳动权利、就业以及社会对话四个层面选取了相应的指标，在测度的40多个国家中，中国体面劳动得分属于中低水平，与欧美发达国家相比还有一定距离。赖德胜和石丹淅（2013）运用欧洲基金会提出的劳动者就业质量评价指标体系，对本国劳动者的体面劳动情况进行了测度，结果表明，整体来看，中国就业质量的总水平不高；从地区差异来看，区域特征较为明显，其中，东部地区就业质量最高，然后为西部，中部最低。朱火云、丁煜、王翻羽（2014）则从就业能力、就业服务、就业水平以及就业保障四个维度出发，构建了就业质量综合评价指标体系。丁越兰和周莉（2014）基于体面劳动的四大目标选取了相应的24个测度指标，通过因子分析法提取了包括社会关系、劳工权利、工资、劳动机会以及劳动环境在内的五个综合因子，对31个省份的就业质量水平进行了测度。

潘琰和毛腾飞（2015）分析影响就业质量的相关因素，并据此构建了相应的指标评价体系，对就业质量进行评价，最后进行了相应的个案研究。黄维德和岳林洋（2015）研究结果表明，知识型员工的就业质量主要受五大因素的影响：权利保证、技术、劳动保证、工作保障以及收入保证，其量表包含23个测度指标，具有良好的可信度。卿涛、章璐璐、王婷（2015）将就业质量划分为自我认可度、协同性以及受尊重程度三个维度，并按照量表开发的程序，对一线员工进行调查，其准确性和可信度较高。

徐岩和刘盾（2017）对体面劳动的内在定义进行了深入研究，将体面劳动分为18个构成要素，并进一步将其归并为体面劳动的七个结构维度，依次为劳动所得满足感、劳动保障感、工作环境满足感、工作强度、工会参与、岗位发展与社会地位满足感。王阳（2018）通过构建评价指标体系并进行测算，研究结果表明，北京市就业质量水平呈现"W"型变动，但总体来看，处于上升趋势。罗燕和杨婧婧（2018）研究结果表明，中国体面劳动水平呈现整体上升的趋势，各省份的体面劳动水平与经济发展水平不完全匹配；社会保障水平是影响体面劳动水平最重要的因素且各因素发展不均衡。

2.2.1.3　就业质量的影响因素

袁凌和施思（2011）研究发现，在考虑了内在心态变化、感知因素和外部环境的综合影响下，员工与企业进行行为博弈是保障机制形成的关键。罗燕（2013）研究结果表明，就业者的岗位培训情况、个人受教育程度、劳动时长以及掌握的劳动法律知识等对其就业质量影响显著。罗燕和李溢航（2014）实证研究发现，就业者的工作时间、掌握的法律方面知识、职位、劳动培训情况以及在企业工作年限等对其就业质量有显著影响。苏丽锋和陈建伟（2015）研究发现，劳动者工作与专业匹配度、工作生活平衡度、劳动报酬以及职业受尊重程度是新时期影响就业质量的主要因素。刘婧、郭圣乾、金传印（2016）研究结果表明，在 2005～2014 年，中国劳动者就业质量、中国经济结构与经济增长之间的耦合度呈现倒"U"型关系，三者之间协调发展，具备较强关联性。尹海洁和王翌佳（2017）研究结果显示，个体因素是影响贫困者就业质量的主要因素，原生家庭对其影响较小。张槲槲和王利华（2017）研究显示，在全面两孩政策背景下，就业环境和工作特点均为影响女性就业质量的显著因素。王军和詹韵秋（2018）实证结果显示，产业结构调整和消费升级会显著影响中国的就业质量，其中，消费水平上升对就业数量有微弱反向影响，但有利于就业质量的提升。

2.2.1.4　就业质量的影响

杨胜利和谢超（2015）实证研究发现，岗位报酬、岗位舒适度、每周劳动时间以及是否签订保险合同对一国居民的主观幸福感具有显著影响，而劳动合同对居民主观幸福感没有显著影响。卿石松和郑加梅（2016）研究结果表明，居民可以通过工作来获取幸福感，但并非任意工作，只有高质量的工作才能使居民幸福感得到显著提升。杨艳琳和翟超颖（2016）研究发现，城镇化程度与就业质量之间具有单向因果关系，提升城镇化程度能够促进就业质量的提升。王春国和陈刚（2018）研究发现，就业质量对劳动者的创造力有显著正向预测效果。杨海波和王军（2018）研究结果显示，中国产业结构变动与就业质量两者之间存在长期均衡关系，产业结构调整是就业质量的单向格兰杰原因，经济增长、城镇化、教育以及外商直接投资（FDI）等都对就业质量产生显著影响。

2.2.2 农民工就业质量

2.2.2.1 农民工就业质量的测度

就业质量的测度多聚集于微观角度，主要运用主成分分析、因子分析等方法。许晓红（2014）从制度安排、农村建设以及城镇发展三个维度出发，构建影响农民工就业质量的评价指标体系和计量经济模型，并采用主成分回归法，得出各解释变量的影响程度及其方向。聂伟（2015）研究结果显示，在衡量两个群体就业质量的 48 项指标中，有 14 项指标存在显著差异，另外的 34 项指标则无明显差异。蒲晓红、鲁宁宁、李军（2015）研究发现，中国农民工在就业过程中存在劳工合约签订率较低、社会保险覆盖率低以及劳动时间和工资不匹配的问题，整体就业质量偏低。明娟（2016）利用客观指标指数法和等价收入法构建了农民工就业质量的测度框架，并利用中国城乡劳动力调查数据对农民工就业质量进行了实证分析，结果显示，两者所测结果基本一致。

2.2.2.2 农民工就业质量的差异研究

2.2.2.2.1 农民工就业质量的空间差异研究

绝大多数新生代农民工在城市工作，他们需要寻求更好的生活方式和更多的发展需求。农民工外出（本省或跨省流动）就业的劳动收入要明显高于在本地劳动的收入（宁光杰，2016）。从就业的地区分布特点来看，新生代农民工更偏向于在城市，尤其在大中城市生活，小城镇对他们的吸引力偏低，总体来看，其务工地区有逐渐向大中城市聚集的空间变化趋势（赵倩等，2014；解永庆、缪杨兵、曹广忠，2014）。李中建和袁璐璐（2017）研究发现，农民工就业质量与其务工距离间呈现正"U"型变动，如果农民工就业地点在本县，则务工距离越远，就业质量越低。但务工地点一旦超出本县，则务工距离越远，越有助于就业质量的提升，多数农民工的务工行为和地点选择依然是追求增加收入和务农两者之间的平衡。谢小青和吕珊珊（2017）构建了经济落后地区农村剩余劳动力转移就业质量的评价体系，并利用湖北西部地区的调查数据进行实证分析，结果显示，经济落后地区农民工就业质量水平总体偏低。

2.2.2.2.2　农民工就业质量的代际差异

马继迁和张宏如（2014）将老一代农民工与新生代农民工进行比较研究，结果发现，在职业发展潜力、岗位待遇等方面，新生代农民工的状况更好，但老一代农民工的工作环境更人性化，工作更为稳定，劳动报酬综合情况较好，劳资关系也更加和谐。肖小勇、黄静、郭慧颖（2019）研究发现，与老一代农民工相比，教育在提高新生代农民工就业质量方面起着更为重要的作用；性别、是否已婚、健康状况、工作经验、务工距离和工作获取方式等个体特征变量对农民工就业质量影响存在代际差异。张原（2020）认为，影响二代农民工就业质量的关键因素为工作城市和个体人力资本水平。

2.2.2.3　农民工就业质量的影响因素研究

影响新生代农民工就业质量的主要因素大体可以分为以下四类。

（1）个体因素。个体因素包括社会资本、人力资本以及个体特征等与就业者个体特质相关联的因素。社会资本方面，钱芳和陈东有（2014）研究发现，大部分农民工的就业都是通过熟人介绍、关系运作实现的，表现在岗位规范程度、工资等方面，通过弱社会资本找到工作的农民工就业质量更高，而通过强社会资本找到工作的农民工就业满意度更高。在个体因素影响的差异性方面，任义科、王林、杜海峰（2015）研究发现，社会资本会增加女性农民工工作时长，但不利于男性农民工增加工资；人力资本有助于女性农民工增加工资，但会延长男性农民工的工作时长，并不利于提高其岗位稳定性和工资报酬。苏丽锋和陈建伟（2015）研究发现，所从事职业是否受到尊重、岗位与专业是否对口以及工资收入等因素对农民工就业质量具有重要影响。刘轩和郑爱翔（2016）研究发现，知识储备和岗位工作能力会在很大程度上影响农民工的就业质量，另外，农民工接受职业培训和教育程度不同，其就业质量方面存在较大差异。

（2）制度因素。彭国胜（2008）通过调查分析发现，青年农民工在社会职业地位方面普遍处于较低等级，社会制度、户籍制度等不完善以及人力资本偏低，是造成其就业质量偏低的主要原因。欧顺仙、肖扬、李志刚（2016）研究显示，户籍制度是阻碍新生代农民工提高就业质量的主要原因，因户籍制度的限制，新生代农民工在提升劳动力市场层级方面困难重重，社会地位提升困难，晋升空间狭隘，工作的不稳定性大，这些因素都使农民工陷入进退两难的境地。

（3）综合因素。综合因素包括就业企业、就业类型、工会、市场、政府等（石丹淅、赖德胜、李宏兵，2014；张宏如和李群，2015；张敏和祝华凤，2017）。石永会、邢明强、王峰（2015）调查分析发现，就业者自身素质水平、就业歧视、就业市场分割、当地经济发展水平以及城乡二元体制是影响农民工就业质量提高的主要原因。

（4）其他因素。郭庆（2017）研究发现，文化融合是影响农民工就业质量的主要因素，而政治融合、互动融合对就业质量的影响程度依次递减。周春芳和苏群（2018）研究发现，当前中国农民工和城镇职工之间的就业质量差距正在不断减少，但总体来看，农民工就业质量仍远落后于城镇职工，且在中高分位数上，两者差距较大。

2.2.2.4　农民工就业质量空间差异的效应

新生代农民工就业质量空间差异的效应一般包括三个方面。

一是对农民工收入的效应。王美艳（2005）对城市本地劳动力和外来劳动力在劳动报酬差异方面进行了研究，结果发现，两者之间41%是由从业者岗位内的工资差异引起的，另外59%则是由从业者岗位间的工资差异引起的。他们在大城市获得的实际工资更高（彭国华，2015）。

二是对农民工市民化的效应。刘家强、王春蕊、刘嘉汉（2011）研究发现，大多数农民工的居住环境较差，多居住在单位宿舍或工棚中。但这种人为形成的空间隔离不利于新生代农民工的城市融入，会影响其市民化的进程（张建丽、李雪铭、张力，2011；刘启营，2015；景晓芬，2015；欧顺仙、肖扬、李志刚，2016）。龚紫钰（2017）研究发现，就业质量是影响农民工市民化意愿的重要因素。

三是对区域经济发展的效应。王国敏和李杨（2008）研究发现，农民工选择在经济较为发达的地区就业，会在一定程度上扩大区域经济发展差距。陆铭（2012）研究发现，城市发展具有规模经济效益，其有利于提高劳动者就业率，将更多劳动力包容进经济发展进程中。顾永红（2014）研究发现，与传统农民工相比，新生代农民工在更高层次岗位就业的渴望更强，人员流动性也更频繁。随着国家限制劳动力流动的政策逐渐放松，技术性劳动力逐渐由中西部向东部流动，加大了区域间的发展差距（彭国华，2015）。

2.2.2.5 新生代农民工就业质量

2.2.2.5.1 就业质量的特征

马继迁和张宏如（2014）相关研究表明，在关系处理、外部环境、岗位稳定性及工资收入方面，老一代农民工要好于新生代农民工，而在福利待遇享受、社会保险等方面则较差。汪昕宇、陈雄鹰、邹建刚（2016）研究发现，新生代农民工整体就业满意度较低，且存在内部代际分化问题，和劳动报酬相比，新生代农民工在就业过程中更看重提拔机遇、未来晋升潜力和外部环境。曹科岩（2017）调查发现，新生代农民工在就业过程中存在关系紧张、不稳定、加班频繁、收入水平偏低等问题。

2.2.2.5.2 新生代农民工就业质量的测度

林竹（2013）从微观角度出发，综合运用因子分析、主成分分析等方法对新生代农民工的就业质量进行测度，结果发现，新生代农民工就业质量最终得分仅为2.69。张卫枚（2013）根据新生代农民工对当前就业质量满意度的调查结果，计算出被调查新生代农民工就业质量的满意度均值为2.57（5分制）。综上所述，可以看出，新生代农民工整体就业质量偏低。

2.2.2.5.3 新生代农民工就业质量的影响因素

（1）直接影响因素。石丹淅、赖德胜、李宏兵（2014）研究结果表明，导致就业质量整体偏低的主要因素有超时工作、劳动强度、劳动报酬、培训状况以及工会等。罗竖元（2015）研究发现，劳动力类型与市场化程度不同，新生代农民工择业对就业质量的影响也不同。汪昕宇、陈雄鹰、邹建刚（2016）研究结果表明，婚姻状况、从事岗位种类以及文化程度均对农民工就业满意度有显著影响，而提拔机遇、工资是否会上涨、岗位更替以及劳资关系的不满是导致满意度低的主要原因。樊茜、金晓彤、徐尉（2018）研究发现，职业培训和受教育程度对新生代农民工的就业稳定性、工作满意度以及就业单位选择会产生不同程度的影响。明娟（2018）研究表明，转换工作对新生代农民工就业质量的影响存在异质性，自愿性转换工作对就业满意度的影响最小。

（2）各影响因素之间的关系。黄莉芳、王芳、徐立霞（2017）研究结果表明，新型农民工受教育程度不仅对其非农就业满意度有直接正向影响，还会通过就业时间和就业区域对其非农就业满意度产生间接影响，而以社交网络为主的社会资本对非农就业质量产生间接正向影响。沈诗杰（2018）对不同影响因素的作用路径进行了实证研究，结果发现，社会资本和人力资本对新生代农民工的就业质量有两个方面的作用路径，而心理资本在两者影响就业质量的过程中具有调节作用。邓睿和冉光和（2018）研究发现，社会网络资本可提升城市新生代农民工的就业质量，虽然自身健康对农民工就业质量没有显著直接影响，但可能通过提升农民工的社会资本而间接影响其就业质量。

2.2.2.5.4　新生代农民工就业质量的空间差异

中国有 1.6 亿新生代农民工在城市工作，寻求更好的生活方式和更多的发展空间。新生代农民工在务工地域的选择上逐渐向大中城市集聚，这说明，相比于小城市和小城镇，新生代农民工更偏向在大中城市务工和居住（赵倩等，2014；解永庆、缪杨兵、曹广忠，2014）。

2.2.3　大学生就业质量

2.2.3.1　大学生就业质量的特征

（1）整体特征。王孝莹和王新月（2016）研究发现，高校毕业生就业满意度较低，其中职业发展和职业待遇均在整体满意度之下，职业内外部环境因子和职业稳定因子则在整体满意度之上。而与青年农民工相比，大学毕业生就业质量较高，这说明，高等教育能促进农村学生向上流动（吴克明、余晶、卢同庆，2015）。张旭路、蒋承、李利利（2016）研究发现，从就业结果来看，来自城市的大学生起薪高于来自农村的大学生，在主要劳动力市场上，城市籍大学生占比更高。高振强和王志军（2018）通过实证研究发现，高校毕业生在就业单位行业、性质以及地域方面存在明显偏好。

（2）不同专业的大学生就业质量的特征。周凌波、黄梦、王伯庆（2014）研究发现，无论在就业质量还是数量方面，与非工程类大学毕业生相比，工程类大学毕业生的优势正渐趋缩小。郭娇、罗珣、王伯庆（2015）对 2014 年麦可思就业调查的相关数据进行了实证分析，从长期发展、中期晋升以及短期就业这三个方面出发，分析了中国工程类大学毕业生的就业状况。

2.2.3.2　大学生就业质量的测度

陈伟等（2015）构建了大学生就业质量的评价指标体系，包含 4 个一级指标、11 个二级指标，并运用层次分析法（AHP）为各指标赋权。郭琦

（2015）基于就业质量的内涵，灵活运用可行能力理论，构建了包括可行能力、健康以及就业满意度在内的就业质量指标，并运用大学生的微观调查数据，对其就业质量进行比较分析。张抗私和王雪青（2016）采用 AHP 方法构建了大学毕业生就业质量指标评价体系，并分别从单位性质和学位层次两个方面对其就业质量进行比较分析。吴新中和董仕奇（2017）从高校毕业生个体出发，构建了包括 5 个一级指标、16 个二级指标的就业质量评价体系。

2.2.3.3　大学生就业质量的影响因素

（1）宏观影响因素。胡海燕和孙淇庭（2014）对毕业生就业状况进行实证研究，结果发现，高等教育对就业机会有显著影响。赵俊英（2015）却发现经济发展并未提高毕业生就业质量。梁英（2014）研究结果显示，城乡背景给毕业生就业带来一定的行业隔离，影响其工作稳定性、福利以及满意度。蔡海静和马汴京（2015）研究结果显示，高校扩招降低了新毕业生的失业率，但其就业质量并未得到明显提升。张郁萍（2017）研究结果发现，经济发展、人才缺口以及教育背景是影响就业质量的主要因素。

（2）中观影响因素。王占国（2015）研究结果表明，毕业生就业质量存在显著的性别差异，这主要是受高等教育分流的影响。张丽芬和孙淇庭（2015）研究发现，就业服务对高校毕业生的就业质量和就业机会有显著影响。张抗私和王雪青（2016）研究表明，学位层次越高，毕业生的就业质量越高，两者之间存在显著的同向变动关系，单位性质也会影响高校毕业生的就业质量。于苗苗、马永红、刘贤伟（2018）研究发现，高校就业服务路径和培养路径对毕业生高质量就业会产生一定的促进作用，而社会需求路径对高质量就业的影响最大。

（3）微观影响因素。白玉芳（2014）研究结果显示，社会资本和人力资本是主要影响因素，而其影响程度的大小又受到本地区就业环境和就业政策的影响。钟秋明和刘克利（2015）研究发现，就业伦理观、价值观、条件观等对高校毕业生的就业质量均有显著影响。黄敬宝（2015）的研究证实了资源分布不均，且该现象在进一步强化，这可能会削弱人力资本投资并导致社会阶层固化。曲垠姣、岳昌君、纪效珲（2018）实证结果显示，国家助学金、国家奖学金以及勤工助学岗位等会明显提升被资助毕业生的就业质量。

2.2.4　失地农民

王轶和石丹淅（2016）对影响失地农民就业质量的相关因素进行了实证分析，结果发现，工资水平、行业分布、健康状况、工作年限、户籍、婚姻状况、受教育程度等对其就业质量均有显著影响。王晓刚（2015）、王轶和石丹淅（2016）构建了包括就业能力、工资福利与保障、就业稳定性以及工作质量在内的评价指标体系，以衡量失地农民的就业质量，分析发现其就业质量普遍较低。马继迁和郑宇清（2016）研究发现，家庭经济资本对就业质量的四个方面（工资收入、工作稳定性、职业发展、工作满意度）都有正向影响。戚晓明（2017）对中国失地农民就业状况进行分析发现，人力资本对被征地农民就业质量均有一定影响，而家庭禀赋对就业质量的影响并不显著，被征地农民受教育程度越高，就业质量却越低，健康水平越高，就业质量越高。

2.2.5　贫困群体

尹海洁和王翌佳（2015）对东北地区贫困群体就业质量进行分析发现，该群体就业岗位固化、收入低、社保缺失且以非正规就业为主，就业质量偏低，个体因素是影响其就业质量的主要因素，原生家庭所起作用十分微弱。廖文和陈成文（2015）研究发现，低收入群体存在就业保障缺乏、就业机会相对较少、就业质量偏低等问题，整体就业状况较差，低收入群体选择异地就业，则就业机会有较大提升。丛胜美和张正河（2016）构建了种粮农民体面劳动评价体系，分为个人价值实现、社会属性、劳动条件等五个维度并进行实证检验。

2.2.6 其他群体就业质量研究

陈书伟和韩丽（2017）研究了青藏地区世居少数民族的就业质量，结果发现，其就业质量整体偏低，后致和先赋因素对就业质量的影响较为显著。廖杉杉和邱新国（2018）对农产品电商的就业质量进行了实证分析，结果发现，就业服务、就业保护、就业水平等是影响其就业质量的主要因素。曾湘泉和王辉（2018）从岗位因素、教育培养和个人效用三个层次出发，构建了中国中职毕业生的就业质量评价指标体系。陈婷婷（2018）研究证实，生育子女对流动女性的就业质量产生显著消极影响，但这种影响会随着社会资本介入而减弱。

2.3 就业质量研究评价

国外就业质量研究历史较长，内容深入、系统，包含了就业质量内涵、评价体系、测评等方面。这些方面研究给我们一些有益的启示，尤其是一些就业质量较高国家的实证研究方法及相关研究结论，能够为中国提高就业质量提供有益的借鉴。但是就业质量的研究需要进一步加强。国内研究起步较晚，但发展迅速，对于就业质量概念、不同就业群体的就业质量指标体系的相关成果日益增多。国内就业质量研究中，已有研究为本书奠定了良好的基础，但仍存在以下局限。

（1）在研究群体方面，新生代农民工的研究相对较少。新生代农民工作为未来城市的建设的主要群体之一，其就业质量关系到他们能否融入城市，对城市发展和城市居民生活水平的提高具有不可替代的作用。

（2）在评价指标体系方面，已有研究中的评价指标多具有主观性。国外的指标比较复杂，并且由于与中国国情不同，采取国外的评价指标可获得性及可信度都不高。国内的评价指标问卷缺乏权威权和统一性，更缺少把中国和外国国情相结合，主观、客观指标结合起来的评价指标体系。

（3）在数据方面，大部分研究均使用各类统计年鉴中的宏观数据，缺乏微观数据，尤其缺乏基于全国范围内大样本就业质量调查数据。

（4）在研究内容方面，多是针对某特殊就业群体的就业质量问题，如就业质量状况、影响因素等，对以下研究相对较少：一是对就业质量空间差异的测评及演变趋势的刻画研究较少；二是对就业质量影响因素及其作用机理的研究相对较少，特别是缺少影响因素间的关联关系与递阶结构研究；三是忽视了就业质量的空间差异引发的效应研究。

本书将在已有研究基础上，采用欧洲基金会四维度的就业质量评价指标体系的基础性框架，结合中国国情，构建中外、主客观相结合的就业质量评价指标体系，对全国新生代劳动者进行抽样，运用熵权法和专家打分法确定权重，对其就业质量进行科学测度，分析新生代劳动者就业质量的群体差异和空间差异，全面揭示新生代农民工就业质量的空间差异特征，利用结构方程模型（SEM）、结构解释模型（ISM）等揭示新生代农民工就业质量空间差异的效应及其影响因素，利用扎根理论、结构方程模型（SEM）分析新生代农民工就业质量空间差异效应的机理并进行实证检验，提出分流和吸引大中城市的部分新生代农民工，回流到中小城市（镇）就业或创业，提升整体新生代农民工就业质量的对策建议。

2.4　小结

本章重点介绍了国内外就业质量研究的进展。首先，国外就业质量主要从就业质量的内涵、就业质量的测量指标、就业质量的测评三个方面开展研究。其次，国内的就业质量主要从就业质量的内涵，针对农民工、大学生、失地农民工、贫困群体等群体展开就业质量的研究。最后，对国内外就业质量的研究进行评价。

第 3 章　相关理论概述

本章梳理了本书运用的相关理论和相关概念。主要理论有：人力资本理论、社会资本理论、公平正义理论、极化理论和社会空间理论。在新生代农民工就业质量的研究中，这些理论都在直接或间接地起到指导作用，或者说我们都在遵循这些理论。

3.1　相关理论

3.1.1　人力资本理论

人力资本理论是在经济学和管理学中的重要理论之一，在提升劳动力就业质量、促进劳动者增收、提升企业绩效及促进经济发展等方面均有广泛的应用。

亚当·斯密（Smith，1776）最早提出了人力资本理论的有关概念，他从物质资本的角度，指出劳动者的教育和技能投入都是一种资本，但是他只片面地关注物质而忽视了其他方面的重要性。随后，"人力资本之父"舒尔茨（Schultz，1961）首次把人力资本作为一个独立的理论概念从劳动的范畴之中分割出来。他指出，资本分为有形资本和无形资本两类，而无形资本体现在劳动者身上就是人力资本，并且将教育划入人力资本的范

畴，指出劳动者所具有的知识、技能、能力等人力资本都是在一定的教育
和培训过程中所获得的；除此之外，医疗、劳动力转移、培训等都属于人
力资本的形成方式，也是劳动者就业质量提升的重要方式；他还提出人力
资本支出的部分实质上是人力资本投资的一部分，这将决定劳动力的质
量，而劳动力质量的重要性高于劳动力数量的重要性。明瑟（Mincer，
1974）以人力资本理论为理论基础去研究劳动者收入分配问题，在此基础
上，建立著名的"明瑟收入函数"。明瑟指出，每个劳动者对人力资本投
资的不同，就会出现收入上的不同，人们如果可以随着年龄的不断增加同
时也不断地增加人力资本投资，那么未来就会带来较高的收益，收入曲线
也会处于递增的状态，如果对人力资本的投资较少，那么收入曲线就会处
于较为平坦的状态。贝克尔（Becker，1987）主要从微观角度对人力资本
进行了分析研究，提出人力资本除了包括教育、培训、知识、能力外，还
包括健康与寿命等方面，为人力资本微观方面的研究奠定了基础。贝克尔
认为人力资本投资属于一种人们为了获取未来更好福利的投资，并不是简
单为了享受当下，这对今后的研究具有十分深远的意义。中国众多学者立
足于中国国情，对人力资本进行深入研究。李忠民（1999）认为，人力资
本是人体中通过物化于商品、服务等外界事物而获得收益的一种资源。李
宝元（2001）强调了人力资本的资本性质，认为其具有资本的收益性，并
预期在未来会给其主体带来一定的收益性。张帆（2000）认为，狭义的人
力资本是指个体在其成长过程中用于教育、医疗等方面的支出，广义的人
力资本除了狭义的概念中所包含的内容外，还包括将儿童养育到 10 周岁所
需要耗用的成本。刘方龙和吴能全（2013）将人力资本划分为专用性人力
资本和通用性人力资本，其中，专用性人力资本是指劳动者在单位或工作
过程中所学习和积累的各种具有专业性的知识和技能，通用性人力资本是
指劳动者具有能够跨行业、跨企业使用的通用性或基础性的知识和技能。

　　人力资本有助于增加收入，缩小贫富差距，促进经济增长的作用。罗
锋和黄丽（2011）指出，通过培训提升农民工人力资本，进而能够明显提
升其收入。谢沁怡（2017）指出，人力资本对劳动者收入的增长具有重要
的影响，健康的人力资本可以避免劳动者陷入贫困。程名望等（2014）研

究发现，健康这一因素具有减贫效应。张建清和卜学欢（2016）研究发现，劳动者健康、教育和工作经验提高后，有助于促进农村和城镇居民收入的增加。王文静和王迪（2014）研究发现，人力资本影响中国区域经济增长，其中，东部地区的产出弹性最大，然后是西部地区，最小的是中部地区，肯定了劳动者在工作过程中因技能提高而对经济增长的贡献。

相比新生代农村大学毕业生，新生代农民工的人力资本少，因而以人力资本理论为指导，研究通过增加新生代农民工的人力资本提升其就业质量，具有理论和实践意义。

3.1.2　社会资本理论

社会资本理论是一个应用极为广泛的理论，在政治学、社会学、经济学等领域中均有所使用，不同的学者也根据不同的理论框架对其进行了丰富与拓展，而本书先从社会资本的定义入手，对该理论进行深入的梳理，并着重梳理其对劳动者的影响。

在社会资本的定义上，国内外学者的研究主要集中在以下方面："社会资本"一词最早由汉尼芬（Hannifin，1916）提出，他认为社会资本是社会群体或家庭中具有的亲切感、同胞情及能够获取资源、满足需求的社会关系，强调社会资本是个人或家庭构成的连带关系，社会成员是关系网络中的参与者或受众。布迪厄（Bourdieu，1985）从资源角度出发，把社会资本看作一种实际的或潜在的资源的集合，这种集合也是一种大家所公认的、熟悉的体制化关系的网络。林南（Lin，2005）认为，社会资本是指嵌入社会关系中的资源，行动者在行动中通过有意识的活动所获得，并且可以获得一定的效益。博特（Bott，1992）指出，社会资本是家人、朋友、同事和更普遍的联系，通过社会网络中的这些群体，可以得到使用多种资本的机会。普特南（Putnam，2001）从社会规范的角度出发，指出社会资本是由一系列的信任、规范和网络构成，其中信任是社会资本中最为关键的因素，集体合作意愿的实现得益于这种具有组织性质的网络。张其仔（1997）是中国国内研究社会资本理论较早的学者之一，他从网络关系的角度出发，指出社会资本是一种多元化的社会网络关系。

3.1.3 公平正义理论

公平观念最早形成于古希腊对于社会关系和政治中不平衡关系的分析和调节。据亚里士多德《雅典政制》一书的记载，梭伦认为，公平就是不偏不倚。在梭伦之后，柏拉图认为公平在本质上等同于正义，他明确地指出，所谓正义，即一切正当之人、事物与行为之间完全公平。亚里士多德把公平的原则从形式上比较系统地表述为同样的情况同样地对待，平等的情况应当平等地对待，不平等的情况应当不平等地对待。除此之外，亚里士多德把公平的具体表现形态分为相对公平和绝对公平。

在中世纪，公平概念被广泛演绎为一种社会精神性的象征和光辉。又可分为上帝面前的人人平等思想和原罪说的平等思想。在自由主义启蒙运动时期，西方一些思想家以自然法理论为基础，展开了对公平问题的讨论与研究。到18世纪，西方一些思想家开始从人的现实性角度出发对公平问题展开论述，其代表人物有伏尔泰、孟德斯鸠、卢梭等。到了近现代，由于社会分化，各种社会不公现象层出不穷，关于公平的论争此起彼伏，自由主义和平等主义各执一词。在当代，由于西方社会贫富悬殊，这一时期的思想家都以收入平等为主题，对社会公平进行了广泛的研究，具有代表性的有洛伦茨、阿瑟·奥肯、罗尔斯、哈耶克、诺奇克等。

总之，从公平理论发展演进的整个历史过程来看，人们对公平基本内涵的认识在不断地深化。从人类社会历史变迁和发展的基本轨迹和角度来看，不论在任何一个时代，绝对的、永恒的公平都是不可能存在的，公平的基本内涵主要是由这一时期的经济生活条件以及由这些条件决定的社会关系和政治关系来说明。

3.1.3.1 古希腊正义论者的公平观

正义是古代希腊政治观念中的一个核心的观念。苏格拉底认为，人一旦认识了自己，掌握了知识，就成为改变不合理的社会秩序的力量。而在柏拉图看来，正义是个人的德行和国家的德行的统一；是对个人的要求和对国家的要求的统一，要求实现整体与部分、部分与部分之间的协调与和谐。

存在的不足：柏拉图所宣扬的国家正义是反对民主与平等的严格的等级制；柏拉图等级制思想包含着对劳动者阶级的极端鄙视和敌视；柏拉图的国家正义理论强调的是统治阶级的整体利益；柏拉图等级制思想剥夺了劳动者后代受教育的权利；柏拉图的公平正义观是一种存在等级差别的不完整的公平观。

柏拉图分工正义理论的价值：（1）柏拉图把社会秩序建立在分工的基础上，提出了实现社会秩序稳定的构想；（2）柏拉图把社会分工与人的天赋才能联系起来，提出了分工有利于效率提高的思想；（3）柏拉图的分工正义理论包含一定的突破等级制的限制，择优汰劣的用人思想；（4）柏拉图的分工正义理论蕴含一定程度的公平与效率相结合的思想；（5）柏拉图关于国家起源的思想包含着唯物主义的成分。

亚里士多德认为，公正实质上的意义就是一种政治的或城邦的公正，这种公正的意义是"为了自足存在而共同生活"，即使城邦这种公正是政治共同体中的每一个成员能够幸福地共同生活在一起的保证。

亚里士多德等级制的政治思想与柏拉图既一脉相承，又有显著的区别。亚里士多德对柏拉图的等级制和平均主义式的政治共产主义思想，持否定和批判的态度；亚里士多德主张法治，同时又承认了法律依赖于民主政体；主张通过建立中产阶级直接掌权的社会性民主政体；他认识到平等对于社会稳定的重要意义和平等本身的重要性和相对性。亚里士多德的货币分配正义理论主要包含着按劳分配和按照自身贡献进行分配的正义性思想。分配正义理论不仅包含着等价交换和平等的货币分配以及作为一般商品和等价物的分配正义思想，还包含着在经济和政治上的分配和选贤任能的分配正义思想。

3.1.3.2 功利主义的思想与公平观

可以分为古代的功利主义思想、边沁功利主义的公平观和穆勒的功利主义公平观。

古代的功利主义哲学思想：功利主义哲学思想的基本理论和渊源最早甚至可追溯到古希腊时代。古希腊哲学和唯物主义哲学家赫拉克里特认为，人生最终目的就是在于追求理想中的一种幸福生活，人的情感和精神快乐远远高于人的肉体快乐。在他本人看来，"如果幸福在于肉体的快感，那么就应当说，牛找到草料吃的时候是幸福的"。代表人物有德谟克利特、伊壁鸠鲁、亚里士多德、霍布斯、洛克等。

边沁功利主义公平观。快乐和幸福原理是边沁功利主义的重要理论基石。边沁功利主义原理的基础是完全建立在避苦求乐和幸福是对人的心理本性的假设之上的；在心理学家边沁那里，"快乐"与"幸福"基本上是属于两个同义词。边沁所谓的"功利原理"，就是"当我们对任何一种行为予以赞成或不赞成的时候，我们是看该行为是增多还是减少当事者的幸福，换句话说，就是看该行为增进或者违反当事者的幸福为准"。

穆勒功利主义公平观。穆勒是法国边沁功利主义的早期追随者和功利主义公平观学说的又一个集大成者。他不仅继承和发展了法国边沁功利主义公平观思想，而且对其公平观作了重要的研究修正并改进和发展其功利主义理论，使功利主义公平观学说更加丰富、更加系统化、更加完善。

边沁对功利主义思想和理论的形成与贡献。边沁功利主义充分阐明了个人幸福与他人幸福、社会幸福的密切关系，充分包含了社会平等的功利主义思想；认为教育工作是人类实现"最大多数人的最大幸福"的重要手段和路径。功利主义理论的缺陷：其共同福利的计算方法是不可行的；回避了幸福如何在人与人之间进行分配的问题；功利主义与正义、自由之间存在着难以克服的矛盾。

3.1.3.3 罗尔斯分配正义理论的公平观

罗尔斯分配正义理论是当代西方最具有影响力的公平正义理论，在收入和财富分配问题上，罗尔斯提倡公平要优先于效率。罗尔斯认为"正义的主要问题是社会的基本结构"。在罗尔斯看来，现实中的社会一切都是不平等的。罗尔斯主张："应该从政治正义的观点来处理最严重的不平等，即公民生活前景方面的不平等。"一个社会必须为所有的人建立平等的可接受教育和就业机会，使越来越多的年轻人希望能够在社会中得到更好的高等教育和职业培训，通过教育缩小了人们能够把握就业机会的重要性和能力的差异，缩小他们之间在分享社会财富和分享政治资源以及分享社会市场份额方面的能力差距。

在罗尔斯看来，在市场经济条件下，在开放的社会体系中，虽然财富和收入的分配无法做到平等，但它必须符合每个人的利益。同时，受教育和培训以及就业升迁机会，权力地位和领导性职务也必须是所有人都能有机会平等进入。同时，又在这一条件的约束下安排社会与经济的不平等，使每个人都有权利和机会从中获益，尽可能多地实现实质上的平等。

3.1.3.4 诺齐克持有正义理论

在对待分配正义原则上，诺齐克则强调社会经济领域彻底贯彻自由原则，反对推行人为的分配平等。诺齐克坚决反对罗尔斯具有平等正义倾向的经济利益差别分配原则。他把自由与平等优先、权利与公平至上的差别原则，继续贯彻经济社会和国家经济的利益差别和分配领域，提出了诺齐克持有平等正义的自由和权力至上理论。诺齐克的持有正义理论是建立在权利概念的基础上的，持有正义与否要看一个人是否对其拥有权利。诺齐克持有正义理论的权利原则是历史原则，在他看来，分配是否正义依赖于它是如何演变过来的，看其来路是否正当，而不是看当下的结果，看其目的和发展趋势。

3.1.3.5 马克思分配正义观

罗尔斯等当代西方的哲学家，对社会制度关于实现社会分配正义的重要性和功能的深入研究，普遍缺乏历史唯物主义和社会辩证唯物主义的哲学方法论基础。他们往往不在研究生产力和生产关系、经济基础和上层建筑的唯物主义辩证关系中深入探讨社会制度对于实现社会分配正义的重要性和功能，而只是比较抽象地分析和谈论社会制度的内在公正性以及与实现社会分配正义的重要性和关系。马克思是在其总体性视域内，在充分批判资本主义私有财产分配制度和批判资本主义生产关系的前提下，在其阐发中国市民主义社会与资本主义人类的社会基本辩证关系的社会主义维度中，介入了正义分配的论题并进一步厘定产权分配正义基本思想。具体呈现的是作为一个分配正义包括"个人所有权""分配正义"以及"人的自我实现"在内的自下而上、层层递进的分配正义立体性结构，因而也就形成了一个包含了这三重既不同又密切相关的分配正义意蕴的马克思分配正义观。

3.1.3.6　庇古福利经济学的公平观

福利经济学的发展和萌芽最早出现于资本主义初期。庇古认为，个人经济福利的总和等于一国的全部经济福利，即社会经济福利。他进一步指出，经济福利在很大程度上是受到国民所得福利数量和程度，以及国民所得在各个社会经济成员之间的关系和分配方式的影响。社会经济福利的大小取决于两个因素，即国民收入的数量和国民收入的分配。国民收入总量和社会经济福利成正比，社会经济福利和国民收入分配倾向穷人成正比。

庇古福利经济学的价值在于：阐明了外部效应的内涵，私人边际净产品价值与社会边际净产品价值的关系；指出了低工资的危害和解决低工资问题的重要意义；提出了增加工人就业和对工人及其子女的能力投资的主张；阐明了资源优化配置与增加国民收入的关系；阐述了劳资关系、劳动报酬和劳动力转移对国民收入的影响。

3.1.3.7　现代中国公平正义观

公平正义是人类追求美好生活的永恒主题，也是中国特色社会主义的内在要求。随着中国经济社会的进一步发展和改革的进一步深入，实现中国社会公平正义已经成为建设中国特色社会主义的一项重大任务。

党的十八大以来，习近平总书记高度重视中国公平正义建设问题，并指出"全面深化改革必须以促进社会公平正义、增进人民福祉为出发点和落脚点"。

"社会公平正义"是党的十九大报告中的高频词汇，强调了社会公平正义思想是习近平新时代中国特色社会主义思想的有机组成部分。社会公平正义是人民美好生活的基本需要，决定着人民生活的获得感、幸福感、安全感。党的十九大报告既强调要坚持在发展中保障和改善民生，保证全体人民在共建共享发展中有更多获得感，也强调针对特定主体和特定对象采取具体的补足措施。

3.1.4　极化理论

1950 年，法国经济学家佩鲁（1955）首次提出增长极理论，论证了经济增长不遵循均衡路径。他认为在一定的区域内各行各业的经济发展不可能做到全部平衡，通常是由少数具有各种优势的地区优先发展，率先成为增长极。增长极的发展要求区域内必须有具备革新精神的企业主体，通过行业之间相互促进、协同发展、模仿共进并最终形成区域内稳定的增长极。增长极的发展吸纳周围地区的资本投入、优质劳动力、生产技术等生产要素，共同营造出区域内良好的发展大环境，形成行业和企业、部门的规模经济效益。一个或数个发展迅速的增长极不断促进地区新行业、新产品、新技术和新型生产模式、组织形式的更替，成为带动全局经济发展的多功能经济片区。

1957 年诺贝尔经济奖获得者纲纳·缪尔达尔在其《经济理论与不发达地区》一书中提出了"扩散效应"和"回波效应"概念。"扩散效应"是指某一国家（或地区）因经济技术和政策原因，前期具备相对发达的产业基础，兴建大量的企业并形成地区内的一个经济中心，通过扩散效应和辐射效应带动周边地区经济的发展。他认为周边区域经济上行的同时，也会反过来刺激中心区域的经济发展，从而形成一个在一定范围资本不断循环往复、积累上升的过程。"回波效应"则与此相反，该理论是指某个经济中心的经济发达状态，可能会减弱不发达地区经济发展的可能性；这种"回波效应"通常是由于大量资源集中投放一个经济中心所造成的；在人力、资金和技术等资源逐步投入的过程中，经济中心的资本积累循环上升，而这些资源流出区域的经济积累会逐步衰弱，并呈现出循环下降的过程。

"扩散效应"和"回波效应"对空间经济发展的作用存在明显的逆向
关系，但都体现了资本循环积累的过程。缪尔达尔"循环积累因果原理"
可以解释区域间经济发展不是均匀扩散的，发展超前的地区通过不断积累
有利因素，进一步强化区域经济优势，从而逐渐拉大与欠发达地区之间的
差距。缪尔达尔认为，发展中国家想要改变贫困地区在此循环中的不利地
位，政府必须进行经济和社会制度改革，通过国家政策的有效干预，刺激
和帮助落后地区发展。

1958 年赫希曼提出了具有较高收入水平的核心区与周围落后的边缘区
之间存在着另外两种效应——"极化效应"和"涓滴效应"。"极化效应"
是指经济中心对落后地区产生的不利影响，"涓滴效应"则是发达地区或
中心城市群的经济发展对经济萧条区段或城市边缘的有利影响。他认为需
要大力发展中心城市，通过主导产业的扩张和优先增长，带动其他相关部
门产业发展，进而实现整体的经济增长。赫希曼的"核心—边缘"理论及
其内部效应与缪尔达尔的结论相对应，他们认为区域间经济发展进程平衡
与否是取决于"扩散效应"与"回波效应"（"极化效应"和"涓滴效
应"）哪个更占据优势。缪尔达尔认为，区域自然市场推动力下，基础设
施水平、文化教育水平和产业发展潜力等各类因素，决定着两种效应作用
表现的强弱，但主要还是表现为"贫者更贫"。赫希曼对此的态度比较积
极，他认为长期发展趋势下，不同经济基础的区域间最终也一定能够达到
均衡状态。

1965 年，威廉姆逊在《区域不平衡与国家发展过程》一文中提出了经
济发展的"倒'U'型曲线"论点，该曲线描述了不同发展阶段、不同区
域之间表现出的不平衡程度。在发展早期阶段，区域间的差距还是比较
小，随着时间的推移经济发展不断提升至更高层次，区域间的差距明显增
大；当经济发展水平达到了制高点时，区域之间的经济差异又将缩小，直
至最终倾向至均衡的状态。

国内许多学者都已经承认基尼系数能够测度两极分化的程度，中国社
会已经进入两极分化状态。中国城乡居民收入分配的现状不仅存在着收入

不平等，还伴随着收入的两极分化。中国经济学家提出了"梯度推移理论"，区域间经济发展水平存在着差距，主导产业的优劣在决定地区经济发展层次的高低，一个国家的各地区发展水平也呈现出不同主次顺序和发展先后的梯度差异（夏禹龙和冯之浚，1982）。

两极分化与不平等是两个不同的概念。从就业质量角度来看，两极分化是指就业质量中间层次的群体消失，一极的人就业质量非常高；另一极的人就业质量非常低。两极分化将会导致社会紧张，这种社会紧张势必会对经济运行产生消极影响。农民工就业质量也是极化理论作用的结果，是城市的"极化效应"和"回波效应"造成就业质量的城级差别。

3.1.5　社会空间理论

进入工业社会以来，人们发现建构任何种类的社会科学知识，绘制空间的话语行为都是先决条件，离开对空间的谈论，有关情境性、区位和位置性的探讨都是无意义的。由此兴起的社会空间研究对我们习以为常的空间进行反思，探寻空间在社会建构中的模式和效用，以期修正传统的社会理论（张品，2012）。

3.1.5.1　社会空间的内涵

社会空间一词的含义与具体来源，从表面上分析可以得出：社会空间由"社会"与"空间"两部分组成。社会空间从字面上可以理解成"社会的"空间。这就区别于"精神的"空间与"自然的"空间。本书表达的"社会空间"的内涵，是社会与空间二者之间的联系。

首先，按照社会空间的内涵分析，可以分为以下四个方面。

（1）社会环境中各类群体社会生活相互连接的空间，也就是人类文明得以传承的地理区域。最早提出这种理论的学者是涂尔干。涂尔干（1893）认为，社会空间与人类生存发展的居住所是统一概念。涂尔干理解"社会空间"的含义不仅是人类社会生活的具体反映，更是成为人类社会生活的重要组成部分。人类一旦缺失了这种"空间"，社会生活也就不复存在。涂尔干研究"社会空间"的前提因素在于把"社会空间"看作社会群体由于社会性联系而相互共存的社会性地理区域。其中社会生活中的其他因素也会影响着"社会空间"的存在，如"文化传统""风俗习惯"等。

（2）个体与个体在"社会空间"中的社会性联系。社会空间领域划分成个体相互联系的区域，每个社会意义上的个体也拥有各自的社会空间领域，并且个体与个体之间存在着社会性的联系。这种联系成为人类得以生存、发展的前提条件。洛韦（1952）将社会空间的联系划分为主客观的关系，他认为社会空间的客观性指的是社会各地域之间的群体之间赖以存在的生存区间，这种社会空间随着社会个体自身的能力大小而做出相应的改变。

（3）社会中的个体在社会群体中的地位以及发挥的作用。社会空间存在数理意义上的坐标系，将社会中的个体以坐标系的形式定义成不同的坐标，从而可以进行社会个体社会角色的定义。空间往往被定义成某种地理区域的场所，社会的空间概念往往会与地理空间的概念具有等同性，然而地理中的"空间"概念，并不与社会"空间"概念相符合。在社会学中用以描述空间的概念极具普遍性，在社会中用以谈论身份地位的高低差异，社会性的人群流动密度大小，社会边界、距离大多涉及社会空间的参与。

（4）人类自存在以来的实践活动而产生的区域。人类产生之后创造出社会结构，从而划分为经济基础与上层建筑、社会意识形态系统和城市中的组织运行状况等。

以上四种对于"社会空间"内涵的阐述并不能完全涵盖"社会空间"理论的全部内容，而是进行了统一分析与内涵加工，从某种角度来看，"社会空间"的定义富有多样性。其中把"社会空间"看作人类社会实践产物的定义，富含合理性与辩证性，而把"社会空间"看作人类群体因其社会性活动而产生的区域，忽略了人类社会活动的多样性，个人的社会空间、社会活动的区域以及边界都应该考虑进去，这些都是社会空间的重要组成部分。

其次，"社会空间"理论，具有狭义、广义之分。具体来说，有关"社会"与"空间"理论均可成为"社会空间"理论的组成部分。这些理论并未准确提出明确的概念，其笼统的概念仍可覆盖狭义的"社会空间"理论。广义的"社会空间"理论主要解释了"社会"与"空间"之间的具体联系，狭义的"社会空间"理论从"社会空间"理论的界定以及与其他理论之间的联系上进行分析。

广义的社会空间理论大体上由以下三部分内容构成。

（1）人类生存的地理环境与社会存在之间的关系。国内外学者对这一方面的研究主要结论是地理环境决定人类社会发展的具体走向。地理环境的作用在于对特定的人类经济、社会、文化存在导向与制约作用。这种说法被定义成"地理因素决定论"，使该理论成为地理研究的主导性方向，并在现代地理学中产生了深远的影响。但是有学者指出，地理因素并不是决定人类社会存在、发展的唯一决定性因素，它只是对人类社会的发展进程产生一定的影响。

（2）国家主权、领土与社会之间联系的理论。这种理论一般出现在政治地理学、区域地理学等。此外，在涉及国家、主权、领土的理论中，地缘政治学与经济政治学是主要理论来源。

（3）城市现状的研究与社会发展之间联系的理论。城市的产生在于人类自身的需求是否得到了满足。城市是商品进行交换的场所，还具有政治机构权利实现的能力。从这一方面得出城市既是社会分工细化的结果，又是社会分工得以集中生产的场所。

最后，广义的"社会空间"理论涵盖了"社会"与"空间"理论的全部内容，并从多个角度进行细分，观察与探索了空间的不同媒介与社会之间的具体联系。所以说，社会空间理论不能从其表面意义上理解，而是采用辩证分析法对社会空间理论进行分析，才能正确地理解其中深远的内涵。

3.1.5.2　主要社会空间理论

社会空间理论具有时代性，每一阶段的理论会跟随时代的更迭而与时俱进，当下具有权威性社会空间理论研究有以下三种。

3.1.5.2.1　三种主要社会空间理论

（1）列斐伏尔的"空间生产"理论。

在学术界被广泛承认的社会空间理论学说来源于 1974 年列斐伏尔（Lefebvre，1991）出版的《空间的生产》一书，书中描述了人类社会的历史发展历程，既包括人类对于生存空间的具体认识，又包括对于空间发展的探索过程。作者指出，在人类历史发展中，空间存在方式有人类生存发展的真实空间与思维发展的精神空间，而这两种空间实际存在物质与精神、现实与意识的双重分离，列斐伏尔所研究的社会空间理论学说的实践性、科学性在一定程度上弥补了空间的二元学说割裂。列斐伏尔论述的重点在于批判资本主义的空间生产，论述社会主义社会空间生产的合理性，将社会主义革命高度上升到一个新的层次。

列斐伏尔认为，物质资料生产的空间正在被其他意义上的空间所取代，只不过社会发展的进程变得十分缓慢。首先，从比较意义上来说，"自然空间"是一切物质资料空间来源的基础，自然空间区别于社会空间，是人类社会进行物质资料生产与社会性活动的基础。"自然空间"的产生区别于人类社会实践活动，是一切人类社会关系的衍生物。其次，不同阶级的社会都有其独特的社会性，而且附带有独特的社会意识与社会生产方式。从而演变成为相应的社会空间生产，空间生产又具有独特的社会性。列斐伏尔的社会空间理论不是静止的区域，而是运动发展着的状态。列斐伏尔通过"社会生产性"把空间以独特的意义表达出来，对空间进行解构说明，并将其中的社会性表达出来，以社会意识和社会存在的内涵通过空间表现出来，因此，空间也具有其社会性与政治性。

（2）大卫·哈维的社会空间生产理论。

大卫·哈维的社会空间生产理论注重实践是社会性活动的基础。人类自诞生以来，便通过自身的社会活动改变社会进程与历史发展。大卫·哈维的研究重点在于城市空间的产生以及资产阶级形态下资本主义社会中城市空间的整体概况。因此，此后研究的主要问题是资本主义社会生产资料的积累过程，以及资本主义社会性生产的空间组织形式的具体变化和空间关系的变化。

（3）马克思主义社会空间理论。

马克思、恩格斯社会空间理论从资本主义概念对"社会空间"进行特定的研究。主要从三个方面进行研究：资本主义社会的全球化生产、资本主义城市空间的生产、宏微观世界的空间生产。其中，"城市空间生产"是资本主义社会内部体系空间变迁的主体，城市是人类社会生产与社会进程与历史发展的核心地域。

3.1.5.2.2　社会空间理论内容研究

按照社会空间的内容分析，可以分为以下四个方面。

（1）空间被包含于社会，是一种社会性产品，包含以下四层含义。

第一，社会空间本是一种基于自然界产生的空间而分化出的原材料，随着工业社会的到来，自然资源被人类以各种工业工具的使用而消耗殆尽。社会空间作为一种社会性产品，是根据自然空间作为资源、原材料，按照不同社会、不同阶级的要求，以追逐交换价值最大化为目的而加工、生产出来的。第二，每一种社会形态都有自己的社会空间。社会空间并不是一个空洞的"单词"，而是有着自身存在的意义。一是社会空间有着基础的社会关系，是大自然生物之间产生的关系，例如，人和人之间产生的社会性关系，家庭成员、父子、母子、夫妻关系等，这种使人类得以繁衍生息的关系得到了各界社会学专家的高度关注；二是社会人力资源产生的关系，即在社会物质资料生产过程中人与人之间的关系，这种关系包括生产过程中形成的生产力与生产关系，例如，物质资料的个人占有、产品如何分配、产品的剥削之间的关系。社会空间既是各种社会关系得以存在的场所，又是统治阶级进行阶级统治的工具。这几种关系全部反映在社会关系形成的社会空间当中。第三，社会空间作为一种社会关系的附属品，既是有实际意义存在的产品，又是一种社会关系抽象的产品。列斐伏尔用马克思主义商品理论分析了社会空间产品，认为马克思主义的劳动力商品价值具有特殊的结构，劳动力商品的价值有一个最低限度。第四，社会空间有其自由发展着的历史。列斐伏尔提出，每一种生产方式都生产自己的社会空间，从而成为推动人类社会空间化的决定性力量。

（2）空间有附属于自己的社会意义。物质资料的生产都有自身的社会意义，对于个体、群体以及整个社会都有自己的意义。个体在进行社会空间改造时，其自身的经济地位、文化水平、阶级层次的区分也相应而来。个体可以在进行社会改造时深刻认识到自身社会实践的具体方式、目的、过程等。通过自身改造社会的行为进而认识社会生产资料的意义，包括具体的社会生产方式、社会生产资料、社会生产关系、社会意识形态、社会上层建筑等。

（3）社会空间是不断与时俱进、更新发展的。空间在其社会发展中并不是在完全社会监管下的发展，而是和其他社会因素共同发展。在与其他社会因素共同发展中产生一定的社会冲突、矛盾。在不断社会发展中，社会空间性不断进行更新、发展，形成了自身独特的空间体系。旧式的社会空间体系不断被新式的空间理论更新、替代，不断发展。

（4）社会空间理论作为一个近代社会发展中刚出现的全新概念，社会空间理论问题在多个学科领域出现了明显"空间转向"趋势。这种趋势的出现意味着社会空间的社会空间性已经成为当今社会一种全新的理论要点或者研究倾向。

3.1.5.2.3　社会空间理论研究展望

社会空间理论的兴起，是当今社会多个学科领域共同研究的产物，是各个学科融合、发展的代表学科领域之一。列斐伏尔的社会空间理论是对马克思主义理论的延展与创新，并不是完全进行否定。由列斐伏尔开创的社会空间理论，是社会理论的空间性运动，并在之后的研究中为各个领域的变革、创新铺设了道路，进而对之后的社会空间领域研究带来了深刻的影响。

空间的社会性与人类生存的发展方式息息相关。空间理论不仅存在于新兴城市空间之中，还存在于人的思维当中。当下社会正在进入全球化、信息化时代，对未来社会空间理论的展望与研究必定会站在前者与现代研究者不断批判继承的研究基础之上，与时俱进、开拓创新才能有所进步。当今时代各界研究学者正在从各种角度重塑与建构社会空间理论，这不仅为现代社会空间理论留下研究史料，而且更为各国社会的发展与进步做出不可磨灭的卓越贡献。

3.1.5.2.4 中国社会空间理论研究进展状况和具体应用

中国对于社会空间理论的研究，在20世纪80年代早期便涌现了一大批学者、专家，"空间"一词渐渐出现在哲学、建筑学、城市学、社会学等各个研究领域当中。国内学者对于"社会空间"的研究呈现多元化、层次化、高度化趋势，尤其是在"空间生产"领域的具体研究，呈现出饱和状态，在具体学术期刊的文章发表及专著翻译上，国内学者对于社会空间理论已经有了一定的研究成果，并在各种研究领域和具体的结论应用中走向正轨。随着现代学者社会空间研究的不断深入，在探索其理论与现实意义以及其演绎、转化思路上具有开创性，同时注意到社会空间理论对于中国当代社会科学学术研究具有启示、借鉴意义。

在国内研究早期，学者们对于社会空间理论的观点不一致，在具体研究当中出现分歧，呈现了观点"两极化"发展趋势。有些学者认为，学术研究应呈开放、包容状态，主动接受并创新国外研究结论，主张"洋为中用"，主张借鉴国外研究学者的初创型成果；持相反观点的学者认为，国外社会空间的研究结论并不适用于中国，并从当时阶级相异、意识形态上的对立加以批判与反驳，断然否决国外研究结论适用于中国，并认为这是文化入侵的表现形式。

随着改革开放以及全球化时代的来临，国内学者的思维开始向国际化接轨，并逐渐接受了国外研究结论的开创性与合理性，国内学者对于"社会空间"的研究也逐渐形成自主性与客观性。

尽管对于"社会空间"结论的研究，与国外研究相比，中国研究呈现滞后性、片面性等不利局面，但参与研究的学者已经在研究中呈现一定的规模，并形成多领域、全方位、宽角度的研究现状。从研究角度来看，国内学术界学者对于社会空间的研究方向大致分为以下三类。

（1）在研究视角上，国内学者注重利用马克思主义对于资本主义社会的批判视角来探讨"社会空间"理论。例如，以刘怀玉（2003）和李春敏（2012）为代表的学者具体研究列斐伏尔资本主义批判的演变过程，及具体空间转向之间的关联性。以上两位学者坚持利用马克思主义历史唯物主义，以及辩证法原理的批判视角进行社会空间理论研究。

（2）在研究方法上，国内学者注重运用不同的研究方法进行"社会空间"理论的考察。例如，冯雷（2008）运用现代主义与后现代主义两分法思维考究"社会空间"理论。

（3）在研究对象方面，国内学者从不同研究对象关联度方面进行社会空间理论的关联。例如，曾文和张小林（2015）从社会空间的分支：社会网络空间、社会生活空间、空间尺度加以联系与区分。

综上所述，国内学者在具体研究视角、方法、对象上对社会空间理论不断深入研究，并形成了相应的研究群体。研究的立场与具体结论偏向也进行了合理的纠正，朝着客观性、国际性、多样性方向发展。最终为中国社会科学研究，尤其在哲学、建筑学、城市学、社会学、美学等领域的拓展贡献了建设性力量。总之，随着城市化建设的不断推进，社会空间理论逐渐渗入城市学研究中，对中国城市化推进、城镇化问题优化、城乡一体化进程、城乡二元融合发展等方面都具有建设性作用与启示借鉴意义。农民工是一个高度流动的群体，以社会空间理论为指导研究其就业质量，可以获得更科学的研究成果。

3.2 相关概念

3.2.1 劳动者群体的划分

从城乡角度，把新生代劳动者分为新生代城镇劳动者和新生代农村劳动者；从是否受过高等教育角度，新生代劳动者分为新生代知识型劳动者（指接受过高等教育，从事工作以知识和智力为基础工作的新生代劳动者）和新生代普通劳动者（指没有接受过高等教育，从事工作以体力和经验为基础工作的新生代劳动者）；从城乡和是否受过高等教育的角度，新生代劳动者又可以分为新生代城镇知识型劳动者、新生代农村知识型劳动者、新生代城镇普通劳动者、新生代农村普通劳动者。具体界定如下。

新生代城镇劳动者指户口在城镇，以2018年本书调研时间为基准时间（条件下同），年龄为15~38周岁（新生代是指1980年后出生），每年从事非农工作（二三产业）累计6个月及以上者。大专及以上文化程度的为新生代城镇知识型劳动者，高中及以下文化程度的为新生代城镇普通劳动者。

新生代农村劳动者指户口在农村，年龄15~38周岁，每年从事非农工作（二三产业）累计6个月及以上者。大专及以上文化程度的为新生代农村知识型劳动者，高中及以下文化程度的为新生代农村普通劳动者。

3.2.2　新生代农民工

新生代农民工指户口在农村，年龄15~38周岁，每年从事非农工作（二三产业）累计6个月及以上，高中及以下文化程度的劳动者。

3.2.3　区域就业质量和个体就业质量

就业质量可以分为区域就业质量和个体就业质量。区域就业质量是指国家或地区整体的就业质量，是一个国家或地区在就业状况、社会保护、就业能力和就业环境等方面的状况。个体就业质量是指微观个体的就业质量，是指劳动者个体在职业和就业安全、健康与福利、职业和技能发展、工作与非工作和谐度的客观就业状况及对上述客观状况的主观评价。如果没有特别说明，对劳动者个体而言，是指个体就业质量，如果针对国家或区域整体而言，是指区域就业质量。

3.3　小结

本章重点介绍了本书研究相关的理论和概念，为以后的分析奠定基础。相关理论包括人力资本理论、社会资本理论、公平正义理论、极化理论及社会空间理论等。对相关概念的界定主要是对新生代城镇劳动者、新生代农村劳动者、新生代知识型劳动者、新生代普通劳动者及新生代农民工的概念进行界定。

第4章 21世纪以来中国就业质量的空间非均衡及动态演进

本章构建了区域就业质量指标评价体系,首先运用熵权法测算出中国就业质量的综合指数,衡量就业质量发展水平,并对其空间分布进行刻画;其次利用 Dagum 基尼系数及其分解方法,厘清非均衡的构成及其来源;最后运用 Kernel 密度估计考察了中国就业质量的内部动态演进过程。

4.1 问题提出

就业不仅是个人融入社会的重要方式,也是取得收入、实现自我价值,增强幸福感、安全感的重要保障。劳动者的就业质量,作为民生福祉的重要组成部分,体现了社会、经济高质量发展的内在要求,也是当下我们应该关注的重点。随着中国经济进入新常态,环境保护约束、企业升级和突发公共卫生事件多重叠加,大量企业生存困难,对劳动者的就业质量造成负面影响引起社会各界的广泛关注。中国区域资源禀赋和社会经济发展差异较大,就业质量受此影响必然存在空间不平衡。因此,探索21世纪以来中国就业质量的空间非均衡特征及其动态演进规律,具有较大的理论和现实意义。

从国内外文献来看,国外对就业质量的研究相当成熟,普遍认为就业质量的概念释义应从不同的维度和层次入手。20世纪70年代,国际劳工组织提出的"体面劳动"、欧盟委员会提出的"工作质量"等，主要关注就业质量的内涵及指标体系构建。（1）就业质量内涵。早期的管理理论认为，较高的工作效率、人职匹配度，以及有竞争力的工作报酬是构成高质量就业的三个主要因素（Maslow，1943；Aldrich M，2010）。随后增加了工作时间、工作环境以及心理需求等内容（Clark A E，1997；Sousa - Poza A，2000）。进而，就业质量的内涵进一步扩展至员工参与领域，并上升到技能培训、劳动保护、职业规划等劳动者发展权层面（Ustilloet M D et al.，2011）。（2）就业质量的指标体系构建。国外主要就业质量指标体系有欧洲就业质量指数（EJQI）、体面劳动指数（DWI）、雇佣质量指标体系（QEI）等，基本覆盖了工作安全、职业发展前景、工作生活协调、身心健康等主要指标。西方国家对就业质量的研究做了大量开拓性的工作。

　　国内对就业质量的研究主要集中于就业质量指标评价体系构建、测度、分布特征以及区域差异情况，例如，赖德胜（2011）研究发现，全国就业质量总水平较低，但个别省份高，地区差异较大。孟浩和王仲智（2015）研究发现，与中西部相比，中国东部和东北地区就业质量最高，中部次之，西部最低。孔微巍、廉永生、张敬信（2017）研究发现，中国30个省（区、市）的就业质量地区差异主要体现为东、中、西三大区域内部各省（区、市）之间的差异，而三大区域之间的差异相对较小。关于差异的动态演进方面，史楠（2018）构建二级指标评价体系，并对中国各省份2010～2015年的就业质量进行了测度，结果表明，受就业环境、自身能力以及职业安全等各方面因素的影响，各省份就业质量差异明显，且这种差异呈现一定程度的动态变化。王军和詹韵秋（2018）利用中国2000～2016年省级动态面板数据分析了就业质量的地区差异，并刻画了技术进步对就业质量产生影响的空间异质性，认为技术进步对东部地区的就业质量影响最大，中西部次之。

　　整理现有文献，发现存在以下两个方面的不足：第一，在方法的使用上，大部分文献运用的是传统的基尼系数、变异系数等；第二，大多数研究注重于从静态角度出发，分析中国就业质量水平发展的非均衡性，而缺少必要的动态分析。本书在前述学者研究的基础上，引入更加先进的测度方法，从动态视角出发，构建适合中国国情的就业质量评价指标体系并进行测度。拟从以下四个方面对已有研究进行补充：首先，区域就业质量的界定，指一个国家或地区在就业状况、社会保护、就业能力和就业环境等方面的综合状况；其次，构建就业质量指标评价体系，运用熵权法测算出中国就业质量的综合指数，衡量就业质量发展水平，并对其空间分布进行刻画；再次，利用 Dagum 基尼系数及其分解方法，厘清非均衡的构成及其来源；最后，运用 Kernel 密度估计考察中国就业质量的内部动态演进过程。此外，我们选择的样本时期跨度为 2000~2018 年，跨度较长，能较好地反映就业质量动态演进趋势，而且研究样本是从 21 世纪开始，研究结论具有较好的时代意义。

本书基于空间经济学的视角，关注就业质量的空间非均衡及动态演进。中国不同地区经济发展、资源禀赋差异较大，就业质量也必然存在空间差异。因此，通过探索 21 世纪以来中国就业质量的空间非均衡特征及其分布动态演进规律，可以为促进就业均衡发展，进而缩小区域经济发展差距政策的制定提供一定依据。

4.2 就业质量指标体系构建和数据来源

4.2.1 就业质量指标体系构建

从多维度去识别就业和测量就业质量已经基本达成了共识，但是近些年中国尚未形成相对统一和相对完整的就业质量评价指标体系。主要原因是相关机构或学者要实现目的的不同，构建的就业质量评价指标体系会在指标的维度和指标的选择上存在一定程度的差异性。本书区域就业质量评价指标体系的构建：一是依据前期研究区域就业质量的概念；二是注重指标体系构建的代表性、可操作性，特别是注重简明科学性和数据可获性；三是同时参考了赖德胜和石丹淅（2012）、孔微巍和廉永生（2017）等的研究成果，构建了区域就业质量评价指标体系，包括 4 个一级指标就业状况、社会保护、就业能力（反映各个年度的人力资本投入水平及状况）和就业环境（反映各年度的经济发展水平及劳动力的供给状况）。就业状况方面，主要从反映各年度劳动就业状况的角度出发，选取职工平均工资（在岗）、工资总额占国内生产总值（GDP）比重、第三产业就业比重、失业率 4 个指标进行衡量。社会保护方面，主要从反映劳动者享受的社会福利及保护状况等角度出发，选取平均社保参保比例、人均社保支出 2 个指标进行衡量。就业能力方面，主要从人均教育经费、劳动力受教育年限 2 个指标进行考察。就业环境方面，主要从人均 GDP 水平、劳动年龄人口占比 2 个指标进行衡量。最终构建中国就业质量的评价指标体系，具体指标体系如表 4 - 1 所示。

表 4 - 1　　　　　　　　　　中国就业质量评价指标体系

一级指标	二级指标	代码
就业状况（X1）	职工平均工资（在岗）	X_{11}
	工资总额占 GDP 比重	X_{12}
	第三产业就业比重	X_{13}
	失业率	X_{14}
社会保护（X2）	平均社保参保比例	X_{21}
	人均财政社保支出	X_{22}
就业能力（X3）	人均教育经费	X_{31}
	劳动力受教育年限	X_{32}
就业环境（X4）	人均 GDP 水平	X_{41}
	劳动年龄人口占比	X_{42}

4.2.2　数据来源

数据来源于相关年份的《中国统计年鉴》及各省统计年鉴、《中国劳动统计年鉴》《中国人口和就业统计年鉴》，选取国内 31 个省（区、市）

2000～2018 年的年度数据，用来反映中国各省份历年就业质量的整体情况。此外，西藏等省区若干年份个别指标存在数据缺失，本书采用线性趋势法进行补充。数据不包括香港、澳门和台湾地区。

4.3 研究方法

4.3.1 熵权法

熵权法是根据各指标传递的信息量大小来确定各指标权重的一种客观赋权方法，由于它的客观性和高精度，特别适合区域面板数据处理，具体操作方法分为以下五个步骤。

（1）计算正负向指标：

正向指标：

$$X_{ij} = \frac{x_{ij} - \min X_j}{\max X_j - \min X_j} \quad i = 1, 2, 3, \cdots, n; \ j = 1, \cdots, m$$

负向指标：

$$X_{ij} = \frac{\max X_j - x_{ij}}{\max X_j - \min X_j} \quad i = 1, 2, 3, \cdots, n; \ j = 1, \cdots, m$$

（2）计算样本值占该指标的比重：

$$P_{ij} = \frac{X_{ij}}{\sum_{i=1}^{n} X_{ij}}$$

（3）计算指标熵值：

$$e_j = -k \sum_{i=1}^{n} P_{ij} \ln(P_{ij}), \ 其中，\ k = 1/\ln(n) > 0，为调节系数。$$

（4）计算各项指标的权值：

$$w_j = \frac{(1 - e_j)}{\sum_{i=1}^{m} (1 - e_j)}, \ j = 1, \cdots, m$$

（5）计算综合得分：

$$S_i = \sum_{j=1}^{m} W_j \cdot P_{ij} \cdot 100 \,,\quad i = 1 \,,\, \cdots \,,\, n$$

4.3.2　Dagum 基尼系数及其分解方法

Dagum 基尼系数的特点有两个：一是能够解决地区差异的来源和样本之间的交叉重叠问题；二是能够分析子样本的分布特征。近些年，这一方法在多个领域得到应用（刘华军、何礼伟、杨骞，2014；刘那日苏和郝戊，2017）。计算公式如式（4−1）所示，其中，$y_{ji}(y_{hr})$ 是 $j(h)$ 地区内某省份（直辖市／自治区，下同）的就业质量；$\bar{y}$ 是全国各省份就业质量的平均值；n 是省份的个数；k 是地区个数；$n_j(nh)$ 是 $j(h)$ 地区内省份个数。

$$G = \frac{\sum\limits_{j=1}^{k} \sum\limits_{h=2}^{k} \sum\limits_{i=1}^{n_j} \sum\limits_{r=1}^{nh} |y_{ji} - y_{hr}|}{2n^2\bar{y}} \tag{4−1}$$

$$\overline{Y}_h \leqslant \cdots \overline{Y}_j \leqslant \cdots \leqslant \overline{Y}_k \tag{4−2}$$

先对地区内就业质量的均值进行排序，如式（4−2）所示，将基尼系数分解为三个部分：地区内差距 G_w、地区间差距 G_{nb} 和超变密度 G_t。三部分的关系为：$G = G_w + G_{nb} + G_t$（Dagum，1997）。

$$G_{jj} = \frac{\dfrac{1}{2\overline{Y}_j} \sum\limits_{i=1}^{n_j} \sum\limits_{r=1}^{n_j} |y_{ji} - y_{jr}|}{n_j^2} \tag{4−3}$$

$$G_{jh} = \frac{\sum\limits_{i=1}^{n_j} \sum\limits_{r=1}^{n_k} |y_{ji} - y_{hr}|}{n_j n_h (\overline{Y}_j + \overline{Y}_h)} \tag{4−4}$$

$$G_W = \sum_{j=1}^{k} G_{jj} p_j s_j \tag{4−5}$$

$$G_{nb} = \sum_{j=2}^{k} \sum_{h=1}^{j-1} G_{jh} (P_j S_h + P_h S_j) D_{jh} \tag{4−6}$$

$$G_t = \sum_{j=2}^{k} \sum_{h=1}^{j-1} G_{jh}(P_j S_h + P_h S_j)(1 - D_{jh}) \qquad (4-7)$$

$$D_{jh} = \frac{d_{jh} - P_{jh}}{d_{jh} + P_{jh}} \qquad (4-8)$$

式（4-3）表示地区内基尼系数 G_{jj}，式（4-4）表示地区间的基尼系数 G_{jh}，其中，$P_j = \frac{n_j}{n}$ 为 j 地区省份数与全国省份总数的比值；$S_j = \frac{n_j \times \overline{Y}}{(n \times Y)}$，j = 1，2，…，k。$D_{jh}$ 为 j、h 地区间相对就业质量影响，其定义如式（4-8）所示。

$$d_{jh} = \int_0^\infty dF_j(y) \int_0^y (y - x) dF_h(x) \qquad (4-9)$$

$$P_{jh} = \int_0^\infty dF_h(y) \int_0^y (y - x) dF_j(y) \qquad (4-10)$$

其中，d_{jh} 利用式（4-9）计算，p_{jh} 用式（4-10）计算。d_{jh} 为地区间就业质量的差值，等于 j、h 地区中所有 $y_{jh} - y_{hr} > 0$ 的样本值加总的数学期望；P_{jh} 为超变一阶矩，理解为 j、h 地区中所有 $y_{hr} - y_{jh} > 0$ 的样本值加总的数学期望。$F_j(F_h)$ 分别为 j(h) 地区的累积密度分布函数。

4.3.3 Kernel 密度估计

核密度估计是利用连续的密度曲线来刻画随机变量的分布形态，如式（4-11）所示，其中，f(x) 为密度函数，观测值为 n，带宽为 h，K($) 是核函数。

$$f(x) = \frac{1}{Nh} \sum_{i=1}^{N} K\left(\frac{X_i - x}{h}\right) \qquad (4-11)$$

本书选择常用的高斯核函数进行估计，公式如下：

$$K(x) = \frac{1}{\sqrt{2\pi}} \exp\left(-\frac{x^2}{2}\right) \qquad (4-12)$$

4.4　中国就业质量空间非均衡的基本事实

本书研究过程中利用 ArcGIS 10.2 软件分别绘制了 2000 年、2018 年中国就业质量的空间分布图。我们把就业质量分为高就业质量（大于 35，百分制，下同），一般就业质量（20～35]，较差就业质量（15～20]，最差就业质量（小于 15）四个等级，可以发现中国就业质量的空间分布非均衡特征显著。

由分析数据可知，2018 年全国就业质量为 36.1，相比 2000 年上升了 13.6。就业质量高于 15 的省份有 27 个，其中最高的是北京，达到 96.2；除北京外，就业质量超过 35 的省份，还有上海（72.5）、天津（52.6）等；西藏、浙江、青海、广东、江苏等省份就业质量都没有超过 50；西藏、海南、浙江的就业质量上升幅度较大，就业质量都超过 10。对比 2000 年和 2018 年的就业质量，可以发现，全国就业质量呈上升趋势，就业质量小于 15 的省份从 7 个减少到 4 个，就业质量高于 35 的省份从 5 个增加到 7 个。分区域来看，2000 年东部地区最高，其次是西部地区，最低的是中部地区①；2018 年区域差异明显增大，地区差异呈现出中部地区的由东部向西向扩散的趋势。此外，就业质量在不同省份差距悬殊。2000 年全国就业质量为 22.5，高于 35 的省份有 5 个，分别为：北京（87.9）、上海（73.6）、天津（53.3）、青海（38.6）、辽宁（37.6）；低于 15 的省份有 7 个，就业质量最低的是安徽和贵州，分别为 11.9 和 9.0；介于两者之间的省份有广东、黑龙江、新疆、吉林、西藏、浙江、宁夏、江苏、福建、内蒙古、陕西、山西、甘肃、重庆、湖北、海南、山东、云南、河北 19 个省份。

---

① 东部地区包括北京、天津、河北、辽宁、上海、江苏、浙江、福建、山东、广东、海南共 11 个省（区、市。下同）；中部地区包括山西、吉林、黑龙江、安徽、江西、河南、湖北、湖南共 8 个省份；西部地区包括内蒙古、广西、云南、四川、重庆、贵州、西藏、陕西、甘肃、青海、宁夏和新疆共 12 个省份。

2000 年中国东部地区质量就业高的省份为北京、上海、天津、辽宁，西部地区仅有青海，而中部地区没有达到高质量就业的省份，其中低质量就业的省份占一半（见表 4 - 2）。2018 年，东部地区高就业质量增加了广州和浙江，但辽宁就业质量降为一般就业质量，西部地区增加西藏，但四川、贵州和广西三省份的就业质量由最差提高到较差等级。同时，从整体上来看，质量就业的集聚程度进一步加深，呈现东部地区领先，西部地区跟进，中部地区努力追赶发展的非均衡发展态势。从个别省份来看，西藏的就业质量由 2000 年的 29.2 上升到 2018 年 49.6，海南的就业质量由 2000 年的 19.5 上升到 2018 年的 32.1，出现较大幅度的提高。总体而言，就业质量呈现由中部向东西两部提高的空间非均衡发展趋势。

表 4 - 2　　　　　　　　　　全国就业质量指数　　　　　　　　单位：%

省份	2000 年	2003 年	2006 年	2009 年	2012 年	2015 年	2018 年
北京	87.9	93.3	95.5	93.2	93.0	99.6	96.2
天津	53.3	51.1	52.3	53.0	53.6	59.2	52.6
河北	17.2	14.8	15.1	15.4	11.3	12.3	13.3
山西	22.0	19.7	23.6	22.3	23.9	23.5	20.7
内蒙古	24.1	21.6	22.1	28.7	32.8	36.6	28.7
辽宁	37.6	33.4	32.5	34.1	32.8	35.6	28.4
吉林	29.7	26.7	24.4	23.7	22.6	27.2	26.1
黑龙江	30.3	25.3	25.4	23.8	19.6	25.2	22.7
上海	73.6	76.3	77.8	75.1	71.9	73.6	72.5
江苏	25.3	25.6	28.3	31.0	31.2	35.4	33.5
浙江	28.5	36.1	34.0	35.3	37.0	40.4	38.9
安徽	11.9	11.3	10.7	13.3	15.0	15.8	14.8
福建	24.7	22.3	20.3	20.7	23.2	25.3	24.1
江西	14.3	12.4	10.6	12.9	14.2	15.7	15.5
山东	18.9	18.0	19.8	20.5	18.6	23.7	15.7

续表

省份	2000 年	2003 年	2006 年	2009 年	2012 年	2015 年	2018 年
河南	12.1	11.2	13.2	13.7	11.5	12.1	11.9
湖北	21.1	16.5	17.1	16.3	15.8	23.5	22.8
湖南	12.6	15.5	15.5	14.3	11.0	13.8	12.2
广东	33.9	32.3	32.2	33.0	33.1	39.3	37.4
广西	12.8	12.7	12.0	11.5	7.8	11.5	15.8
海南	19.5	15.9	17.1	21.9	29.1	32.4	32.1
重庆	21.5	19.3	18.1	20.2	28.0	33.4	28.5
四川	14.2	15.5	11.7	13.0	13.2	18.0	17.6
贵州	9.0	8.3	6.8	10.4	10.4	14.2	16.8
云南	18.8	15.3	12.0	11.3	11.4	15.7	17.1
西藏	29.2	41.7	30.9	38.9	38.6	58.2	49.6
陕西	22.6	20.4	18.5	22.7	24.6	27.2	25.4
甘肃	21.5	19.9	14.1	19.2	16.9	22.7	19.9
青海	38.6	31.4	26.6	31.5	40.0	40.5	37.7
宁夏	25.3	23.9	22.8	23.3	27.7	32.6	25.6
新疆	29.9	30.5	25.8	25.7	26.8	30.8	29.9
全国	22.5	22.4	22.4	33.1	31.2	36.8	36.1

注：页面所限，只列出部分年份数据。

　　从全国东中西部地区就业质量指数（％）来看，如表 4 - 3 所示，2000 年，东部地区的就业质量为 38.2，西部地区和中部地区仅为东部地区的 50％和 58％。到 2018 年，东部地区的就业质量为 40.4，西部地区和中部地区仅为东部地区的 45％和 64％。可以看出，相比东部地区，西部地区的就业质量相对缩小（除 2006 年前后），中部地区的就业质量相对扩大。

表4-3　　　　　　　　全国东中西部地区就业质量指数　　　　　　　单位：%

年份	东部（A）	中部（B）	西部（C）	A：B：C（A＝100）
2000	38.2	19.3	22.3	100：50：58
2003	38.1	17.3	21.7	100：45：57
2006	38.6	17.6	18.5	100：45：48
2009	39.4	17.5	21.4	100：45：54
2012	39.5	16.7	23.2	100：42：59
2015	43.3	19.6	28.5	100：45：66
2018	40.4	18.3	26.1	100：45：64

注：页面所限，只列出部分年份数据。

4.5　中国就业质量空间非均衡程度的测度及分解

中国就业质量地区差异的测度结果如表4-4和图4-1所示，2000～2018年中国就业质量整体呈现不稳定状态。具体而言，在2000～2007年，就业质量的地区差异逐渐增大，在2007年达到一个高峰，峰值为0.335；在2007～2011年就业质量的地区差异下降到2009年到3.11，又开始上升，在2011年实现高峰值0.330；2011～2018年，就业质量地区差异缓慢缩小，到2017年达到谷底，数值为0.288，2018年又有所回升，数值为0.294。

从区间差距来看，如表4-4和图4-2描述了中国就业质量地区差异的来源及其贡献率，可以发现，地区间差距的贡献率最高，平均达到54.375%，可以看出，总体差距的主要来源是地区间差距。东部—中部地区间的差距最高，平均达到0.400，然后为东部—西部，平均达到0.349，中部—西部最低，平均只有0.241。相对2000年，2018年地区间差距的贡献率下降6.334个百分点，而地区内的贡献率和超变密度的贡献率分别上升1.320个和5.014个百分点。

表 4 - 4　　　　　　　　就业质量基尼系数及其分解结果

年份	G总	地区内基尼系数（G_{jj}）			地区间基尼系数（G_{jh}）			贡献率（%）		
		东部	中部	西部	东部—中部	东部—西部	中部—西部	G_{nb}	G_t	G_w
2000	0.293	0.285	0.207	0.198	0.383	0.328	0.220	56.946	14.062	28.992
2001	0.295	0.291	0.187	0.205	0.387	0.329	0.217	57.561	13.202	29.237
2002	0.316	0.316	0.209	0.246	0.401	0.334	0.266	49.853	19.604	30.543
2003	0.319	0.316	0.198	0.228	0.408	0.358	0.234	55.697	14.732	29.571
2004	0.323	0.301	0.193	0.227	0.416	0.374	0.225	59.316	12.287	28.397
2005	0.333	0.314	0.215	0.220	0.420	0.394	0.225	58.779	12.929	28.292
2006	0.330	0.311	0.197	0.217	0.411	0.397	0.216	59.246	12.657	28.097
2007	0.335	0.324	0.216	0.235	0.407	0.395	0.238	54.167	16.777	29.057
2008	0.331	0.309	0.185	0.239	0.413	0.391	0.229	58.099	13.500	28.401
2009	0.311	0.299	0.172	0.219	0.398	0.359	0.219	58.046	13.310	28.644
2010	0.328	0.321	0.189	0.250	0.413	0.367	0.250	54.380	15.916	29.704
2011	0.330	0.317	0.200	0.265	0.412	0.360	0.270	52.597	17.409	29.994
2012	0.325	0.313	0.199	0.255	0.411	0.352	0.271	52.678	17.518	29.804
2013	0.310	0.292	0.202	0.233	0.401	0.336	0.256	54.067	16.709	29.223
2014	0.302	0.291	0.205	0.213	0.390	0.334	0.237	54.224	16.699	29.077
2015	0.302	0.297	0.207	0.242	0.382	0.317	0.262	48.971	20.447	30.582
2016	0.295	0.300	0.222	0.224	0.372	0.308	0.257	47.502	21.692	30.805
2017	0.288	0.303	0.212	0.194	0.384	0.298	0.246	50.383	19.461	30.156
2018	0.294	0.311	0.212	0.198	0.390	0.305	0.248	50.612	19.076	30.312
平均	0.314	0.306	0.201	0.227	0.400	0.349	0.241	54.375	16.210	29.415

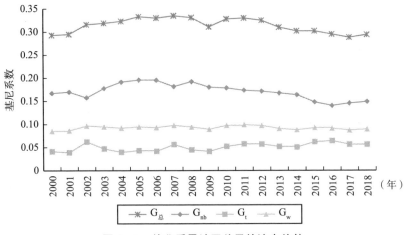

图 4 - 1 就业质量地区差异的演变趋势

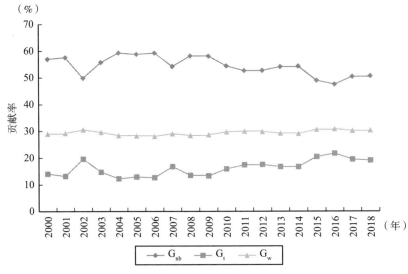

图 4 - 2 就业质量地区差异的来源

4.6　中国地区就业质量的动态演进

4.6.1　全国省际就业质量的动态演进：基于 Kernel 密度估计

本书选择高斯核函数，基于中国 31 个省份的就业质量数据，绘制 Kernel 密度估计二维图（见图 4-3）。图形显示全国就业质量的地区差异先"下降"后"上升"。具体而言，与 2000 年相比，2009 年、2018 年密度函数中心随时间变化向先向左后向右发生移动，峰值呈稍微下降趋势，核密度估计曲线存在明显的右拖现象。这一方面说明中国就业质量有所提高，特别是部分省份就业质量极高；另一方面也表明就业质量的地区差异持续

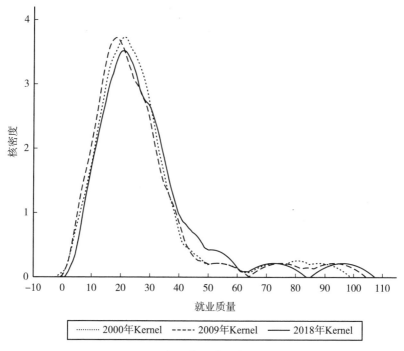

图 4-3　全国就业质量的分布演进

扩大。2000 年 Kernel 密度估计曲线呈明显的双峰分布，2009 年 Kernel 密度估计曲线出现三峰分化的端倪，而 2018 年 Kernel 密度估计曲线呈明显的三峰分布。显示出就业质量地区差异扩大，特别是在就业质量超过 50 的高就业质量区域，分化更为显著。2018 年与 2000 年相比，密度函数中心没有变化，但峰值有所降低、宽度变宽，Kernel 密度估计曲线由双峰分布变为三峰分布，这表明就业质量有所提高但地区差异存在扩大态势。

4.6.2 基于三大区域层面的 Kernel 密度估计

2000～2018 年中国东部地区就业质量的分布演变如图 4－4 所示。观察东部各省份就业质量 Kernel 密度图可以发现：（1）2000～2018 年密度函数中心无显著变化，但峰值明显降低且宽度有所增加，这表明东部就业质量的区内差异总体呈略微上升态势。（2）核密度估计曲线存在明显的右拖现象，这表明某些省份就业质量很高。（3）Kernel 密度估计曲线呈明显的四峰分布，即就业质量呈现明显的多极分化特征。

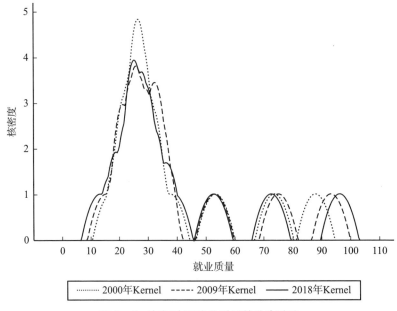

图 4－4 东部地区就业质量的分布演进

　　图 4 - 5 描述了 2000 ~ 2018 年中部地区就业质量的分布演进规律。从整体来看：（1）2000 ~ 2018 年，密度函数中心轻微向右移动，Kernel 密度函数宽度经历了"先缩小后扩大"的过程，峰值先上升后下降，这说明就业质量地区差异呈现出先缩小后扩大的趋势。（2）2000 年 Kernel 密度估计曲线呈现较明显的双峰分布，到 2009 年，Kernel 密度估计曲线双峰特征几近消失，而到 2018 年，Kernel 密度估计曲线再呈明显的双峰特征，表明中部地区内就业质量的两极分化现象经历了"轻度收敛进一步扩大"的过程。

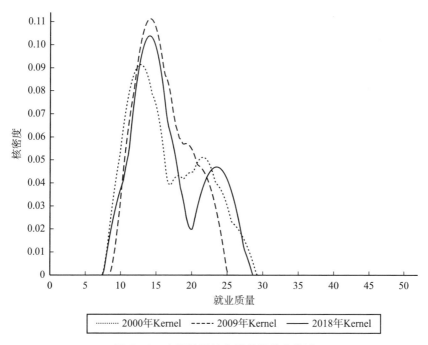

图 4 - 5　中部地区就业质量的分布演进

　　图 4 - 6 描述了 2000 ~ 2018 年中国西部地区的就业质量分布演变。具体有：（1）从整体来看，密度函数中心位置略微右移，整体曲线明显向右移动，宽度有所变大。这表明在样本考察期内就业质量有所提升，地区差异有所增大。（2）相比 2000 年，2009 年密度函数呈现由单峰向多峰转变

的态势，表明在样本考察期内就业质量存在多极分化势头。到 2018 年，密度函数呈明显的三峰状态，表明在区域整体就业质量提高的过程中，区内差距有所扩大并呈现明显的三极分化态势。

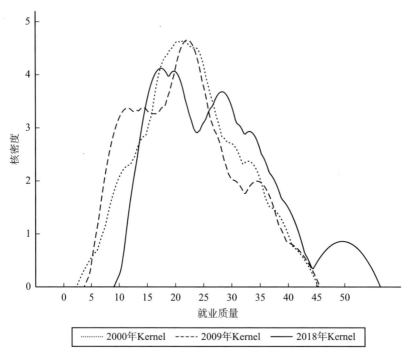

图 4 - 6　西部地区就业质量的分布演进

　　图 4 - 7 描述了 2018 年中国东中西部地区的就业质量分布状态。具体有：（1）从整体来看，东部地区密度函数中心位置最大，整体曲线明显居于最右边，波峰起伏明显，峰值最低，宽度最大，这表明东部地区就业质量最高，区内差距最大，多极分化最为显著。（2）中部地区密度函数中心位置最小，整体曲线处于最左边，双峰较为明显，峰值最高，宽度最小，这表明在样本考察期内，中部地区就业质量最低，区内差距最小，但也呈一定的两极分化状态。（3）西部地区密度函数中心位置居中，整体曲线介于东部地区和西部地区之间，三峰较为明显，峰值远低于中部地区，但稍

高于东部地区，宽度远大于中部地区但远小于东部地区，这表明西部地区就业质量高于中部地区但低于东部地区，区内差距介于东中部之间，且呈三极分化状态。

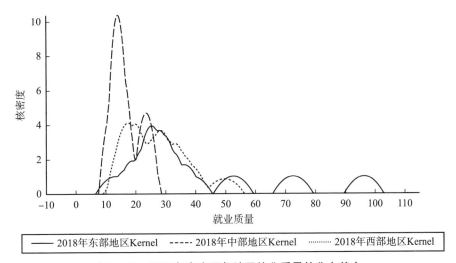

图 4 - 7　2018 年东中西部地区就业质量的分布状态

4.7　结论与建议

本书使用中国 31 个省份 2000～2018 年就业的相关数据，构建宏观就业质量的指标评价体系，实证分析了就业质量的地区差距及其演进动态。主要研究结论如下：（1）利用 ArcGIS 绘制的中国就业质量分布图显示，2000～2018 年，中国整体就业质量提升较快，但呈现空间非均衡的区域分布特征，具体表现为就业质量东部、西部地区高而中部地区低的"U"型空间分布。（2）基尼系数测算及其分解结果显示，一方面，中国就业质量空间分布不均衡，总体差距呈波动态势；另一方面，地区间差距仍是其主要来源，而且超变密度对总体差异的贡献率呈上升趋势。（3）Kernel 密度估计显示，虽然中国就业质量总体水平不断提高，但地区差距呈现扩大趋势，特别是东部地区，多极分化更为明显。之所以出现上述结果，主要原因如下：第一，就业质量的空间非均衡与经济发展的空间非均衡存在较强的相关性，换言之，经济发达地区的就业机会更多，就业收入和福利待遇相应较高，所以经济发达地区的就业质量往往更高。第二，就业质量的空间非均衡与人口规模、人口迁移有关，互为因果关系，形成两极分化。越是人口大省和人口流出省，其就业质量越低。多数人口向就业质量高的区域流动，流入经济越发达的地区就业质量越高。第三，就业质量的空间非均衡与城市的等级有关。越是特大城市、大城市越容易形成虹吸效应，导致周边一定范围内的地区成为就业质量的低洼地。第四，就业质量与国家政策扶持存在较强的关联性。例如，西部地区某些省份的就业质量高，在很大程度上得益于国家政策的扶持。

根据以上的分析结论，可以得出以下启示。

首先，警惕经济发展—就业质量非均衡的恶性循环。中国经济社会发展原本存在显著的非均衡现象，而就业质量的空间非均衡又会进一步促使劳动力由经济不发达地区流向发达地区，并反过来加剧经济发展的非均衡，形成不断自我强化的恶性循环。因此，一方面需要加快实现养老、医疗等劳动保障领域的全国统筹，提高城乡市场二元融合，消除区域分割、跨区域接续困难等现象，并在过程中淡化各区域就业市场收入差异，淡化就业市场准入资格的地域保护，淡化城乡户籍制度差异，以及淡化各单位间的不平等福利待遇差异，从而减轻经济不发达地区对人才的外推力，抑制劳动力流出，切断经济发展非均衡向就业质量非均衡转化的现实路径；另一方面，可以从提升经济欠发达地区低就业质量群体的素质入手，通过加大财政补贴、开办职业培训班、鼓励用工单位开展在职培训等措施，提升低质量就业群体尤其是农民工的人力资本水平，并提高人才回流补贴力度，从而全面提升就业质量，提高欠发达地区对人才的吸引力，并进一步促进欠发达地区经济增长。通过利用就业质量提升的杠杆效应，促进经济发展—就业质量非均衡的恶性循环向良性循环方向转化。

其次，着重缩小地区间就业质量的差别。研究结果显示，东中西部地区间差距是就业质量非均衡的主要来源。针对这一问题，一方面，要发挥东部地区的引领和帮扶作用，以结对支援和联谊城市等形式，加大东中西部协调发展力度，利用东部地区市场建设经验，根据东中西部不同的地理要素和资源禀赋特点，充分分析和发掘中西部地区具有潜在比较优势的产业，合理有序引导相关产业向中西部地区转移。例如，可利用中西部收入低的优势，引进东部人力资源需求高的行业以及企业，在降低生产成本的同时，提升中西部市场建设的步伐，提高中西部劳动者就业收入，实现双赢发展。另一方面，对中西部地区而言，要在规范劳动力市场的同时，加强经济建设，特别要加强城市群建设，充分发挥政府的引导作用。积极利用财政的转移支付功能，提高工资收入水平，扩大工资总额占国内生产总值（GDP）比重，加大社会保障支出，加大人才吸引力度，并制定一系列相应配套制度，以监督和推动地方人才吸引政策的有效落实。紧密围绕国家投资动态、扶持政策优惠方向，特别是倾斜中西部地区中小城市（镇）县域经济建设与需求谋划项目，紧跟中西部地区中小城市（镇）、农村中特有的特色产业与优势资源开发动向，从创业、资金和优惠政策等方面对符合条件的返乡留乡人员给予大力支持，力求从产业支持和政策保障方面促进中西部低就业质量地区形成良好的就业环境。

再次，缩小地区内就业质量的差距。分析结果显示，中国地区内就业质量差距呈现扩大趋势，特别是东部地区，多极分化更为明显。针对这一问题，一方面，各区域尤其是东部区域内的大城市要发挥其扩散效应，合理引导相关产业向区域内就业质量低的地区转移，避免人口机械流动、过度集聚，减缓大城市病，降低大城市的人力资本虹吸效应；另一方面，要注重本区域内的协调发展，通过城市群、城市带和"一带一路"建设等，形成多中心城市协调发展的网络结构，同时加快推进公共就业服务均等化，进一步优化和完善公共就业信息和服务网络的布局，将公共就业服务信息、培训教学信息、政策咨询和相关职业介绍等基本公共服务内容延伸覆盖到乡镇、社区。各级公共基本就业信息服务管理机构全面向城乡劳动者开放，对于城乡劳动者实行公平的信息服务待遇，并逐步实现基本公共就业服务的均等化，促进农村劳动力加快向城市转移和逐步融入城市，缩小地区内就业质量的差别。

最后，构建多层级多区域劳动力市场监察预警系统，打造国家级劳动力信息平台。一方面，构建国家—省—市—县—乡村五级劳动力市场监察机制，构建劳动力市场运行评价指标体系，完善劳动力流动就业与用工需求之间的合理配置。各级市场监察机构及时发布供求缺口信息，提升劳动力就业的抗风险能力，降低劳动力就业选择成本及企业需求选择成本，进一步降低用工成本，为提升劳动者就业质量奠定稳定基础。另一方面，基于地理信息系统（GIS）空间研究原理，统筹各部门数据库合理布局，建设全国劳动力登记普查机制，完善劳动力与用工单位信息录入，充分运用现代数字技术统筹管理全国范围劳动力流动与劳动力供求信息，及时为全国劳动与就业提供有效的供求参考。

4.8 小结

本章构建区域就业质量的指标评价体系，使用中国 31 个省份 2000～2018 年就业的相关数据，并运用 Dagum 基尼系数及其分解方法与 Kernel 密度相结合，实证分析了 21 世纪以来中国就业质量的地区差异及其动态演进。结果表明：（1）利用 ArcGIS 绘制的就业质量分布图显示，整体就业质量提升较快，呈现东、西部高而中部低的"U"型空间非均衡特征；（2）基尼系数测算及其分解结果显示，就业质量空间分布的总体差距呈上下波动态势与空间分布不均衡状态，但就业质量的总体差距主要来源于地区间的差距；（3）Kernel 密度估计表明，虽然中国就业质量总体不断提高，但地区差异呈现扩大趋势，特别是在高就业质量省份的区域，多极分化更为明显。

第 5 章　就业质量的评价指标体系界定及综合评价

本章根据就业质量的内涵构建了就业质量的评价指标体系，运用熵权法与专家打分法相结合确立各指标的权重，并基于全国问卷调查数据，对新生代劳动者就业质量进行综合评价。

5.1　内涵界定

本章在文献归纳和问卷调研的基础上，结合中国劳动者国情和劳动者个体的特点，拟从主观和客观两个维度定义就业质量。就业质量是劳动者个体职业和就业安全、健康与福利、职业和技能发展、工作与非工作和谐度的客观就业状况及对上述客观指标的主观评价。

5.2　就业质量评价指标体系构建

5.2.1　研究方法

近年来国内外关于多指标综合评价的方法很多，大致可分为两类：一类是主观赋权法；另一类是客观赋权法。这两种方法各有利弊，如能综合两种方法的优点，把主客观方法有机结合起来，结论更为科学合理。本书首先采用熵权法；其次用专家打分法对其进行修正处理，从而实现主客观赋权法的有机结合。根据初步调查数据资料，运用熵权—专家打分法赋予上述各指标以权重，进而对就业质量进行科学测度和评价。

5.2.1.1　熵权法

信息熵权法是一种客观赋权方法，能够克服人为确定权重的主观性及多指标变量间信息的重叠性。该方法获得各指标权重的原理是对指标信息的价值系数进行估算，若出现某一指标有很高的价值系数，该指标提供的信息量越大，在综合评价中所起作用越大，权重就越大；反之，该指标权重越小。具体计算公式如下：

（1）构建原始数据矩阵：$X = (x_{ij})_{(mn)}$。

（2）数据标准化。由于各个指标的量纲可能不同，需要对决策矩阵进行归一化处理，获得新的矩阵。采用极差法对矩阵 X 进行标准化处理，获得新矩阵 Y，其中，正向指标和逆向指标采用的公式分别为：

正向指标：

$$X_{ij} = \frac{x_{ij} - minX_j}{maxX_j - minX_j} \quad i = 1, 2, 3, \cdots, n; j = 1, \cdots, m$$

负向指标：

$$X_{ij} = \frac{maxX_j - x_{ij}}{maxX_j - minX_j} \quad i = 1, 2, 3, \cdots, n; j = 1, \cdots, m$$

（3）计算各指标的信息熵。根据信息论中信息熵的定义，一组数据的信息熵 $E_j = -k \sum_{i=1}^{n} p_{ij} ln p_{ij}$。其中，$p_{ij} = Y_{ij} / \sum_{i=1}^{n} Y_{ij}$，$k = 1/ln(n)$，为避免 $ln p_{ij} = 0$，则定义 $P_{ij} = \frac{1 + y_{ij}}{\sum_{i=1}^{m} (1 + y_{ij})}$。

（4）确定各指标权重。根据信息熵的计算公式，计算各个指标的信息

熵为 E_1，E_2，$\cdots$，E_k。通过信息熵计算各指标的权重：$W_i = \dfrac{1 - e_j}{\sum\limits_{j=1}^{n} (1 - e_j)}$

$(i = 1,\ 2,\ \cdots,\ k)$。

5.2.1.2　专家打分法

专家打分法。将评价对象中的各项指标项目依照评价指标和重要程度，给予不同的权重，即对各因素的重要程度做区别对待。则：$W_i = \sum\limits_{i=1}^{n} A_i W_i\ (i = 1,\ 2,\ \cdots,\ k)$。

其中，W 表示评价对象总得分；W_i 表示评价对象 i 指标项得分；A_i 表示 i 指标项的权值，且 $\sum\limits_{i=1}^{n} A_i = 1$，$0 < A_i \leqslant 1$。

5.2.1.3　熵权法与专家打分法有机结合

熵权法过程计算出的各指标的权重，是根据各项指标值的变异程度来确定的。但从评估本身的意义来看，依照数据离差的分布所确定的指标权重，并不必然体现指标在系统评估中的客观实际情况，而通过主观赋权法则能很好地弥补该不足。因此，主客赋权法的有机结合将会是指标确定权重比较理想的方法。

5.2.2　就业质量评价指标体系构建

新生代劳动者就业质量的评价指标体系情况如表 5 – 1 所示。

表5-1   新生代劳动者就业质量的评价指标体系

一级指标	二级指标	序号	三级指标	具体指标
职业和工作安全	就业状况	1	职业类型	(1) 社会管理者（党政事业单位工作人员）； (2) 企业劳动管理者（企业或公司管理人员）； (3) 一线劳动者〔办事人员、工人、服务行业工作人员、个体经营者（户）〕
		2	就业行业	(1) 工业； (2) 建筑业； (3) 流通部门； (4) 为生产和生活服务的部门； (5) 为提高科学文化水平和居民素质服务的部门； (6) 为社会公共需要服务的部门
		3	单位规模	就业单位规模
		4	签订劳动合同类型	(1) 无劳动合同（自我经营、临时工）（%）； (2) 以完成一定任务为期限的合同（%）； (3) 固定期限合同（%）； (4) 聘用合同（%）
		5	一年未就业的天数（天）	未就业天数
		6	就业单位工作多少年（年）	当前就业单位工作了多少年
		7	3年共更换几个就业城市（个）	近3年共更换几个就业城市
		8	3年共更换几个就业单位（个）	近3年共更换过几个就业单位
	工资收入	9	月平均工资收入（元）	月平均工资收入
		10	年平均工资收入（元）	年平均工资收入
	社会保护	11	是否有工会	是否有工会
		12	工会的作用	工会在维权方面的作用
	劳动者权利	13	是否享有带薪休假	(1) 不享有；(2) 不清楚；(3) 享有
		14	是否享有病假工资	(1) 不享有；(2) 不清楚；(3) 享有
		15	是否对女职工实行特殊保护	(1) 不享有；(2) 不清楚；(3) 享有

续表

一级 指标	二级指标	序号	三级指标	具体指标
健康 与 福利	健康状况	16	身体健康安全性	当前工作对身体的健康危害程度（存在伤及肢体隐患；有毒化学物质危害等为安全性），5 点量表，1 表示最小，5 表示最大
	风险暴露程度	17	工作环境舒适度	工作环境的安全程度（存在高温、低温、噪声、粉尘污染岗位为安全程度小），5 点量表，1 表示最小，5 表示最大
	福利保障	18	是否享有养老保险（%）	（1）否；（2）不清楚；（3）是
		19	是否享有医疗保险（%）	（1）否；（2）不清楚；（3）是
		20	是否享有失业保险（%）	（1）否；（2）不清楚；（3）是
		21	是否享有工伤保险（%）	（1）否；（2）不清楚；（3）是
		22	是否享有生育保险（%）	（1）否；（2）不清楚；（3）是
		23	是否享有住房公积金（%）	（1）否；（2）不清楚；（3）是
职业 和 技能 发展	任职要求	24	技能等级	（1）无任何等级职业资格证书； （2）具有初级职业资格证书； （3）具有中级职业资格证书； （4）具有高级职业资格证书
		25	所学专业与工作岗位的匹配度	所学专业与工作岗位的匹配度
	培训状况	26	近 3 年累计接受培训时间（天）	近 3 年累计接受培训的时间
	学习型组织	27	单位组织员工培训次数	近 3 年单位组织员工学习的次数
	职业发展	28	从事工作对升职加薪的作用	当前工作对升职加薪的作用

一级指标	二级指标	序号	三级指标	具体指标
工作与生活和谐	工作与生活和谐	29	非农就业时间（月）	周工作时间
		30	平均一个月休息天数（天）	平均一个月休息几天
		31	一周平均加班次数（次）	一周的平均加班次数
		32	一周平均加班时间（小时）	一周的平均加班时间
		33	居住和工作地点的距离（千米）	平均每天上下班共耗用时间（小时）反映
	就业所在地的社会基础设施	34	公共交通的便利程度	5点量表，1表示最小，5表示最大
		35	公共服务的完善程度	5点量表，1表示最小，5表示最大
就业质量满意度	职业和工作安全的满意度	36	就业状况的满意度	5点量表，1表示最小，5表示最大
		37	工资收入的满意度	5点量表，1表示最小，5表示最大
		38	社会保护的满意度	5点量表，1表示最小，5表示最大
		39	享有劳动者权利的满意度	5点量表，1表示最小，5表示最大
	健康与福利的满意度	40	健康状况的满意度	5点量表，1表示最小，5表示最大
		41	就业单位工作环境的满意度	5点量表，1表示最小，5表示最大
		42	就业单位福利保障的满意度	5点量表，1表示最小，5表示最大
	职业和技能发展的满意度	43	资格证书对职业发展的满意度	5点量表，1表示最小，5表示最大
		44	培训状况的满意度	5点量表，1表示最小，5表示最大
		45	学习型组织的满意度	5点量表，1表示最小，5表示最大
		46	职业发展的满意度	5点量表，1表示最小，5表示最大
	工作与生活和谐的满意度	47	工作与生活和谐的满意度	5点量表，1表示最小，5表示最大
		48	社会基础设施的满意度	5点量表，1表示最小，5表示最大

5.3　就业质量的评价结果

5.3.1　主客观有机结合赋权法的应用

采用前面构建的就业质量评价指标体系，将熵权法和专家打分法结合起来确定指标权重，对全国 11165 位新生代劳动者的就业质量进行评价，具体方法如下：

（1）给定原始数据矩阵：$X = (x_{ij})_{(mn)}$，对其进行无量纲化处理，得到矩阵：$Y = (x_{ij})_{(mn)}$。

（2）利用熵权法公式，计算出权重，得到权重 $W_{1j} = (W_{11}，W_{12}，\cdots，W_{1n})^T$。

（3）利用专家打分法，对就业质量指标的权重进行打分。本书课题组邀请了 9 位专家，其中，有 3 位企业人力资源中高层管理者，4 位深入研究就业的专家，2 位作为政府人力资源和社会保障部门相关政策制定者，取 9 位专家权重的平均数，得到一个新的权重 $W_{2j} = (W_{21}，W_{22}，\cdots，W_{2n})^T$。

（4）权重的集成。利用这个新的权重 W_2 和"（2）"中的权重 W_1 进行集成，得到新的指标权重：$W_j = \dfrac{W_{1j} W_{2j}}{\sum\limits_{j=1}^{n} W_{1j} W_{2j}}$，$j = 1，2，\cdots，n$。

（5）对标准化后的指标进行修正，得到新的标准化的指标（数据矩阵）。这个结果与单纯用熵权法、专家打分法确定的指标权重都不同，它既考虑了专家的主观经验，又体现了新生代劳动者自身的就业特征，这种方法科学合理，比较适合新生代劳动者的实际情况。

5.3.2　数据来源

本书数据来源于国家社会科学基金"新生代农民工就业质量课题组"于 2018 年 2 ~ 8 月组织的"全国新生代劳动者就业质量调查"数据库。笔者从全国 60 所学校的在校学生（含研究生、本科生和专科生）①，选拔出 1600 名大学生作为调查员并对他们进行调研培训。每个高校指定一个负责人，负责问卷的发放和回收。每个学生 10 份问卷，接到问卷后，利用假期回到户籍所在地或者居住地展开调查。调查结束后，由各高校负责人负责将填好的问卷统一回收并寄回。选择受访者采用右手原则对住户开展调查，楼层里也是按一定间隔抽取靠右手的样本（间隔也相同）。共发放调查问卷 16000 份，回收 13016，回收率为 81.63%，其中，有效问卷为 10662 份，有效率为 81.91%。样本共涉及新生代劳动者 11165 人，其中，新生代城镇劳动者 3599 人（新生代城镇知识型劳动者 2683 人，新生代城镇普通劳动者 916 人），新生代农村劳动者 7566（新生代农村知识型劳动者 3305 人，新生代农村普通劳动者 4261 人）。

5.3.3　就业质量的综合评价结果

利用上述公式，可以得到新生代劳动者职业和工作安全、健康与福

---

① 安徽交通职业技术学院、北方工业大学、沧州医学高等专科学校、沈阳化工大学、长江大学、成都理工大学、川北医学院、东北师范大学、东华理工大学、福建农林大学、福建师范大学、广东金融学院、广东行政职业学院、广西财经学院、广西大学、广西生态工程职业技术学院、贵州民族大学、海南大学、河北承德医学院、黑龙江职业学校、黑龙江职业学院、湖北文理学院、湖南理工学院、华东交通大学理工学院、淮北师范大学、黄淮学院、吉首大学、江西科技师范大学、辽宁装备制造职业技术学院、聊城大学、临沂大学、鲁东大学、南京工业大学、攀枝花学院、齐齐哈尔工程学院、青岛农业大学、三门峡职业技术学院、山东财经大学、山东工商学院、山东管理学院、山东建筑大学、山东农业大学、山东农业工程学院、山东女子学院、山东协和学院、上海城建学院、上海工会管理学院、上海应用技术大学、宿迁学院、泰山学院、天津理工大学、天津理工大学中环信息学院、天津农学院、西北民族大学、西南科技大学、西南民族大学、新疆医科大学、榆林学院、长江大学、浙江经贸职业学院（按拼音排序）。衷心感谢这些学校老师、学生们的辛勤付出，同时，也非常感谢这次参与调查的新生代劳动者。

利、职业和技能发展、工作与生活和谐、就业质量满意度及整体就业质量的评价值，为了方便和直观，换算成百分制。如表 5 - 2 所示，最大的是工作与生活和谐，评价值为 62.12，第二是就业质量满意度，评价值为54.83，第三是职业和工作安全，评价值为 51.02，第四是健康与福利，评价值为 51.01，第五是职业和技能发展，评价值为 38.90，整体就业质量评价值为 50.39。

表 5 - 2　　　　　　　　　　就业质量评价结果

项目	评价值（%）
职业和工作安全	51.02
健康与福利	51.01
职业和技能发展	38.90
工作与生活和谐	62.12
就业质量满意度	54.83
整体就业质量	50.39

5.4　小结

本章从劳动者就业质量的内涵出发，构建了新生代劳动者就业质量的评价指标体系，并利用全国 11165 个新生代劳动者调查数据进行评价，评价结果显示，整体就业质量评价值为 50.39。从具体维度来看，最大的是工作与生活和谐，第二是就业质量满意度，第三是职业和工作安全，第四是健康与福利，第五是职业和技能发展。

第6章 新生代劳动者就业质量的空间差异分析

本章基于全国新生代劳动者的调查数据，分析就业质量的空间差异，主要通过描述性分析，考察了中国新生代劳动者就业质量的空间差异，而空间差异分为三大差异：一是城乡差异；二是区域差异；三是城级差异。

6.1 新生代劳动者非农就业质量的城乡差异

改革开放以来，在由农业社会向工业社会转型，乡村社会向城市社会转化的过程中，中国劳动者的职业和身份都发生了重大变化，特别是对从农村转移到城市的劳动者，影响更大。中国要完成城市化，即农民工要完成市民化，农村新生代劳动者是城市化的主力军，而他们的就业质量是完成市民化的关键。如何提高他们的就业质量成为政府、企业和学者关注的重大问题。要提高他们的就业质量，先要厘清他们与城市新生代劳动者就业质量的差别在哪里，这样才能够有针对性地采取措施。本章运用社会调查数据，描述了新时代中国新生代劳动者群体间非农就业质量的差别。该研究不仅可以作为制定统筹城乡发展政策的参考依据，对于提高新生代普通劳动者的就业质量，促进新生代农村转移劳动者完成市民化，具有重大理论和现实意义，而且可以为新生代城乡劳动者就业质量差异的后续研究提供有用"史料"。

6.1.1　文献综述

对新生代劳动者就业质量的研究主要针对新生代农民工和大学毕业生两大群体。

新生代农民工的就业质量，主要从以下三个方面进行研究：（1）新生代农民工就业质量的特征研究。研究显示，新生代农民工整体的就业满意度较低，就业存在职业流动频繁、工作时间超时、收入水平偏低、上下级关系偏紧等（马继迁和张宏如，2014；汪昕宇、陈雄鹰、邹建刚，2016；曹科岩，2017）。（2）新生代农民工就业质量的测度。对新生代农民工就业质量的测度多是从微观角度展开（林竹，2013；张卫枚，2013）。（3）新生代农民工就业质量的影响因素。由于市场化程度与劳动力类型的不同而呈现出就业质量的差异性（罗竖元，2015）。因工作原因带来的自愿性工作转换对就业质量的冲击最小，更换工作机会、涨薪机会、晋升机会、与老板关系的不满是导致满意度低的最主要原因（汪昕宇、陈雄鹰、邹建刚，2016）；人力资本、社会资本对其就业质量具有双重作用路径，心理资本在人力资本、社会资本影响其就业质量中具有调节作用（沈诗杰，2018）。

大学毕业生就业质量的研究也主要从以下三个方面进行：一是大学生就业质量的特征。有学者认为大学毕业生就业质量的总体状况不容乐观，存在着不同程度的性别差异、城乡差异、区域差异、校际差异，高校毕业生整体满意度不高，就业单位和行业分布以民营企业和制造业为主（杨钋、郭建如、金轶男，2013；王孝莹和王新月，2016；黄兢，2018）。二是大学毕业生就业质量的测度。通过构建大学毕业生评价指标体系，从不同角度对大学毕业生就业质量进行比较（张抗私和王雪青，2016；王以梁和秦雷雷，2017）。三是大学生就业质量的影响因素。社会资本、学位层次、单位性质、国家奖学金、国家助学金、勤工助学岗位等对大学生就业质量具有重要的影响（薛在兴，2014；李善乐，2017；曲垠姣、岳昌君、纪效珲，2018）。

可以看出，新生代劳动者就业质量的研究，分为新生代农民工和大学毕业生两大群体，均从就业质量的特征、就业质量的测度、就业质量的影响因素进行研究。但是作为新生代劳动者，他们不同群体就业质量的城乡差异鲜有研究。新生代劳动者是城市的主要建设者，是劳动力市场的关键力量。进入新时代，新生代劳动者非农就业质量处于一种什么样的水平？他们群体间在非农就业方面存在着怎样的差异？所有这些无疑成为理论界和实践界都必须面对的重要理论和现实问题。

本章余下部分的安排是：6.1.2 介绍相关概念和数据来源；6.1.3 分析整体就业质量的城乡差异；6.1.4 分析新生代劳动者就业质量的城乡差异；6.1.5 归纳文章的主要结论，并得出相应的启示。

6.1.2 相关概念和数据来源

6.1.2.1 相关概念

从城乡的角度，把新生代劳动者分为新生代城镇劳动者和新生代农村劳动者；按是否受过高等教育，新生代劳动者分为新生代知识型劳动者（指接受过高等教育，从事工作以知识和智力为基础工作的新生代劳动者）和新生代普通劳动者（指没有接受过高等教育，从事工作以体力和经验为基础工作的新生代劳动者）。从城乡和是否受过高等教育的角度，新生代劳动者又可以分为新生代城镇知识型劳动者、新生代农村知识型劳动者、新生代城镇普通劳动者、新生代农村普通劳动者。具体界定如下。

新生代城镇劳动者指户口在城镇，年龄为 15~38 周岁（新生代一般是指 1980 年后出生），每年从事非农工作（二三产业）累计 6 个月及以上者。大专及以上文化程度的为新生代城镇知识型劳动者，高中及以下文化程度的为新生代城镇普通劳动者。

新生代农村劳动者指户口在农村，年龄为 15~38 周岁，每年从事非农工作（二三产业）累计 6 个月及以上者。大专及以上文化程度的为新生代农村知识型劳动者，高中及以下文化程度的为新生代农村普通劳动者。

6.1.2.2 数据来源

本节数据来源于国家社会科学基金"新生代农民工就业质量课题组"于 2018 年 2~8 月组织的"全国新生代劳动者就业质量调查"数据库，数据具体来源于《新生代劳动力就业质量数据库》，详细见 5.3.2 一节。样本共涉及中国 31 个省（区、市）和 357 个地市 1797 个县（市、区）的新生代劳动者 11165 人，其中，新生代城镇劳动者 3599 人（新生代城镇知识型劳动者 2683 人，新生代城镇普通劳动者 916 人），新生代农村劳动者 7566（新生代农村知识型劳动者 3305 人，新生代农村普通劳动者 4261人）。样本的基本情况如表 6－1 所示。

表 6－1　　　　　　　　新生代劳动者样本的基本情况　　　　　　单位：%

项目		新生代劳动者		新生代普通劳动者		新生代知识型劳动者	
		新生代城镇劳动者	新生代农村劳动者	城镇普通劳动者	农村普通劳动者	城镇知识型劳动者	农村知识型劳动者
性别	女	51.10	45.35	48.47	40.41	51.99	51.71
	男	48.90	54.65	51.53	59.59	48.01	48.29
年龄	小于 30 岁	52.68	67.71	46.18	61.16	54.90	76.16
	大于等于 30 岁	47.32	32.29	53.82	38.84	45.10	23.84
婚姻状况	已婚	56.24	47.22	64.85	55.15	53.30	37.00
	未婚	43.76	52.78	35.15	44.85	46.70	63.00
健康状况 健康状况	患病但有劳动能力	0.83	0.90	1.42	1.24	0.63	0.45
	一般	7.50	7.86	9.39	9.46	6.86	5.81
	比较健康	43.51	39.73	44.32	40.30	43.24	39.00
	非常健康	48.15	51.51	44.87	49.00	49.27	54.74

笔者在已有研究的基础上，采用欧洲基金会个体视角的四维度就业质量评价指标体系的基础性框架，结合中国国情，构建主客观相结合，包括

5个一级指标、17个二级指标、48个三级指标的就业质量评价指标体系。5个一级指标指：职业和工作安全、健康与福利、职业和技能发展、工作与生活和谐及就业满意度，其中，前四个指标是客观指标，最后一个指标是主观指标。

6.1.3 整体就业质量的城乡差异

运用第5章的相关公式，可以得到新生代劳动者整体就业质量的综合评价值。如表6-2所示，整体就业质量上，新生代劳动者的城乡差异较大，新生代城镇劳动者的就业质量为58.01，新生代农村劳动者的就业质量为46.77，两者之比为100∶81。新生代城镇普通劳动者的就业质量为45.44，新生代农村普通劳动者的就业质量为39.90，两者之比为100∶88。新生代城镇知识型劳动者的就业质量为62.30，新生代农村知识型劳动者的就业质量为55.62，两者之比为100∶89。可以看出，新生代劳动者城乡差异最大，然后是新生代普通劳动者，而新生代知识型劳动者城乡差异最小。三个群体相比，造成新生代劳动者整体就业质量城乡差异最大的原因，除劳动者的城乡身份外，还有文化程度，即是否受过大学教育，是二者叠加的结果。

表6-2　　　　　　　　新生代劳动者整体就业质量的城乡差异

项目	新生代劳动者			新生代普通劳动者			新生代知识型劳动者		
	城镇（A）	农村（B）	B∶A A=100	城镇（A）	农村（B）	B∶A A=100	城镇（A）	农村（B）	B∶A A=100
整体就业质量	58.01	46.77	81	45.44	39.90	88	62.30	55.62	89

6.1.4 新生代劳动者就业质量的城乡差异

从职业和工作安全、健康与福利、职业和技能发展、工作与生活和谐、就业满意度五个方面比较分析新生代劳动者就业质量。

　　6.1.4.1　职业和工作安全的城乡差异

　　作为评价的维度之一，职业和工作安全由就业状况、收入、社会保护和劳动者权利 4 个二级指标，15 个三级指标来反映。

　　6.1.4.1.1　就业状况的城乡差异

　　就业状况方面，用职业类型、就业行业、就业单位规模、劳动合同类型、未就业天数、当前就业单位工作了多少年、近 3 年共更换过几个就业城市、近 3 年共更换过几个就业单位 8 个三级指标反映。

　　（1）职业和行业的城乡差异。一般而言，不同的职业，劳动者的收入、福利待遇等都不相同。劳动者职业类型按层次由低到高可以分为一线劳动者［办事人员、工人、服务行业工作人员、个体经营者（户）］、企业劳动管理者（企业或公司管理人员）和社会管理者（党政事业单位工作人员），如表 6 – 3 所示。可以看出，一线劳动者中，新生代普通劳动者城乡差异较小（11%），新生代农村知识型劳动者比这同一指标高出 38%，城乡差异较大；在企业劳动管理者和社会管理者中，新生代农村普通劳动者分别占新生代城镇普通劳动者的 58% 和 36%，新生代农村知识型劳动者分别是新生代城镇知识型劳动者的 77% 和 68%，城乡差异大幅缩小。可见，新生代知识型劳动者大幅缩小了职业的城乡差异。

　　一般情况下，从事的行业不同，劳动者的就业质量也存在较大的城乡差异。从劳动者的行业分布来看（见表 6 – 3），新生代农村普通劳动者多在工业和建筑业低端行业就业（农村普通劳动者与城镇劳动者之比分别为 169 和 161），新生代城镇普通劳动者多在生产和生活、社会公共服务部门和流通部门高端行业就业（农村普通劳动者与城镇劳动者之比分别为 76 和 93），新生代农村知识型劳动者在高端行业就业比例的增加（农村知识型劳动者与城镇知识型劳动者之比分别为 90 和 126），整体上缩小了就业行业的城乡差异。造成上述差异的原因在于：工业和建筑业的工作岗位一般劳动强度较大、工作环境较差，新生代城镇劳动者对此不屑一顾，而新生代农村普通劳动者由于就业压力和自身条件的局限等，往往不得已在上述行业就业。相反，生产和生活、社会公共服务部门和流通部门的多数工作岗位对劳动者素质的要求较高，从而把绝大多数新生代农村劳动者排除在这些行业之外。

表6-3　　　　　　　新生代劳动者职业和工作安全的城乡差异　　　　单位：%

项目		新生代劳动者			新生代普通劳动者			新生代知识型劳动者		
		城镇（A）	农村（B）	B：A A=100	城镇（C）	农村（D）	D：C C=100	城镇（E）	农村（F）	F：E E=100
职业类型	社会管理者	29.06	12.55	43	10.15	3.62	36	35.52	24.07	68
	企业劳动管理者	18.73	10.35	55	9.28	5.35	58	21.95	16.80	77
	一线劳动者	43.10	64.22	149	70.52	77.95	111	33.73	46.50	138
	其他	9.11	12.88	141	10.04	13.08	130	8.80	12.62	144
就业行业	工业	10.92	18.12	166	14.74	23.75	161	9.62	10.87	113
	建筑业	5.92	9.52	161	6.66	11.26	169	5.67	7.26	128
	流通部门	18.78	24.20	129	30.90	28.66	93	14.65	18.46	126
	生产和生活及社会公共服务部门	64.38	48.16	150	47.71	36.33	76	70.08	63.41	90

（2）就业单位的城乡差异。一般而言，就业单位规模越大，就业单位越稳定，整体收入较高，福利待遇及社会声望都较好，就业质量就越好。如表6-4所示，从就业单位规模分析结果显示，新生代城镇普通劳动者要大于新生代农村普通劳动者（农村普通劳动者与城镇劳动者之比为94），而新生代城镇知识型劳动者就业单位规模大于新生代农村知识型劳动者（农村知识型劳动者与城镇知识型劳动者之比为85），城乡差异呈现扩大之势。

用人单位与员工签订劳动合同，有利于保证劳动者权益。单位与劳动者签订劳动合同的不同，往往意味着就业质量的重大差异。劳动合同按就业劳动保护的级别由低到高依次为：无劳动合同（自我经营、临时工）、以完成一定任务为期限的合同、固定期限合同和聘用合同。从用人单位与劳动者签订的劳动合同来看（见表6-4），就业合同签订方面，在无劳动合同和以完成一定任务为期限的合同上，新生代农村普通劳动者大于新生代城镇普通劳动者；在固定期限合同和聘用合同上，新生代普通劳动者城乡差异依然较大，但在新生代知识型劳动者身上城乡差别缩小非常明显，特别在固定期限合同上，新生代知识型劳动者仅存在微小的城乡差别（1%）。

表6-4　　　　　　　　新生代劳动者就业单位的城乡差异

项目		新生代劳动者			新生代普通劳动者			新生代知识型劳动者		
		城镇（A）	农村（B）	B：A A=100	城镇（C）	农村（D）	D：C C=100	城镇（E）	农村（F）	F：E E=100
单位规模（人）		997	767	77	673	634	94	1108	939	85
签订劳动合同类型	无劳动合同（%）	20.01	33.95	170	37.88	44.29	117	13.90	20.64	148
	以完成一定任务为期限的合同（%）	3.47	5.75	166	5.57	6.57	118	2.76	4.69	170
	固定期限合同（%）	33.73	28.17	83	26.31	21.57	82	36.27	36.67	101
	聘用合同（%）	28.04	14.79	53	13.54	8.05	59	32.99	23.48	71
	其他（%）	14.75	17.34	118	16.70	19.53	117	14.09	14.52	103

（3）工作充分性和稳定性的城乡差异。没有就业的天数是劳动者就业不充分的表现。一般而言，一年中没有就业的天数越多，整体收入较少，就业质量就越差。从没有就业的时间来看，如表6-5所示，新生代农村普通劳动者一年未就业的天数比新生代城镇普通劳动者同一指标高出18%，新生代农村知识型劳动者一年未就业的天数比新生代城镇知识型劳动者同一指标高出13%。新生代普通劳动者就业充分性要大于新生代知识型劳动者，但是新生代普通劳动者就业充分性的城乡差异要大于新生代知识型劳动者。可能的原因是：新生代农村普通劳动者由于素质较低，就业不稳定，导致没有就业的天数较多，而新生代农村知识型劳动者由于非农工作经验不足，就业期望高，没有找到适合的工作，采取减少就业或暂时不就

业的举措，导致不仅比新生代城镇知识型劳动者未就业的天数高，而且比新生代农村普通劳动者还要高。

表 6－5 　　　　　　新生代劳动者工作充分性和稳定性的城乡差异

项目	新生代劳动者			新生代普通劳动者			新生代知识型劳动者		
	城镇（A）	农村（B）	B：A A＝100	城镇（C）	农村（D）	D：C C＝100	城镇（E）	农村（F）	F：E E＝100
一年未就业的天数（天）	32.52	36.88	113	30.81	36.35	118	33.11	37.56	113
就业单位工作多少年（年）	4.84	3.43	71	4.99	3.75	75	4.79	3.03	63
近3年共更换几个就业城市（个）	0.29	0.57	198	0.32	0.67	209	0.28	0.45	162
近3年共更换几个就业单位（个）	0.55	0.93	170	0.61	1.05	173	0.52	0.77	147

就业单位是劳动者就业的载体，劳动者在现在单位的就业时间，反映劳动者工作的稳定性（见表6－5）。在一个单位工作时间越长，工资福利待遇可能越高，就业质量也会越高。新生代农村知识型劳动者工作年限相对较少（3.03年），不仅少于新生代城镇知识型劳动者（4.79年），而且也少于新生代农村普通劳动者（3.75年）。可能的原因是：新生代农村普通劳动者由于素质较低的原因，就业单位较差，就业不稳定，导致工作变动较多，所以在当前就业单位工作年限较少。而新生代农村知识型劳动者由于学历高，受教育年限长，工作年限相对较少，因此，就业单位工作年限不仅少于新生代城镇知识型劳动者，而且也少于新生代农村普通劳动者。

劳动者更换就业城市是工作地点的变动，在多数情况下会带来其职业或就业单位的变换，这也是劳动者就业不稳定的表现。从近3年共更换过几个就业城市这一指标来看，如表6－5所示，新生代农村普通劳动者平均更换就业城市（0.67次）远高于新生代城镇普通劳动者（高出109%），新生代农村知识型劳动者（0.45 次）高于新生代城镇知识型劳动者（高出 62%），也高于新生代城镇普通劳动者（0.32 次），但远小于新生代农村普通劳动者。可能的原因是：新生代农村普通劳动者由于素质较低，就业不稳定，导致更换就业城市较多，远高于新生代城镇普通劳动者；新生代农村知识型劳动者由于学历高，选择就业地点的余地较大，加上就业期望较高，致使更换的就业城市比较多，不仅高于新生代城镇知识型劳动者，还要高于新生代城镇普通劳动者，但远小于新生代农村普通劳动者。

劳动者就业的不稳定性不仅体现在更换就业城市，更体现在更换就业单位，更换就业单位越多，表明劳动者就业越不稳定，就业质量就越低。从近 3 年共更换几个就业单位可以看出（见表 6 - 5），新生代农村普通劳动者更换就业单位较多，为 1.05 个，远高于新生代城镇普通劳动者（0.61 个）；而新生代农村知识型劳动者（0.77 个）不仅高于新生代城镇知识型劳动者（0.52 个），还要高于新生代城镇普通劳动者。可能的原因是：新生代农村普通劳动者由于自身素质较低，从事的很多是临时性工作，更换就业单位频繁，远高于新生代城镇普通劳动者；而新生代农村知识型劳动者由于学历高，加上就业期望较高，致使更换的就业单位比较多，不仅高于新生代城镇知识型劳动者，还要高于新生代城镇普通劳动者，但远小于新生代农村普通劳动者。

6.1.4.1.2　工资收入的城乡差异

在收入方面，用月平均工资收入和年平均工资总收入 2 个三级指标反映。本书收入主要是工资收入，由于选择的新生代农村普通劳动者和新生代知识型劳动者非农就业时间大于等于 6 个月，他们基本不从事农业生产。从劳动者的工资收入来看，如表 6 - 6 所示，新生代农村劳动者要小于新生代城镇劳动者，其中，新生代城镇普通劳动者和新生代农村普通劳动者月平均工资收入相差不大，而新生代知识型劳动者的月平均工资收入和年平均工资收入城乡差异都较大。可能的原因是：相对于新生代农村知识型劳动者，新生代城镇知识型劳动者就业行业和就业单位较好，就业较为稳定和充分，带来较高的收入。

表6-6　　　　　　　　新生代劳动者收入的城乡差异　　　　　　单位：元

项目	新生代劳动者			新生代普通劳动者			新生代知识型劳动者		
	城镇 (A)	农村 (B)	A：B A＝100	城镇 (C)	农村 (D)	D：C C＝100	城镇 (E)	农村 (F)	F：E E＝100
月平均工资收入	6092.78	5170.80	85	4887.46	5014.67	103	6503.84	5372.07	83
年平均工资收入	67029.99	54721.60	82	54228.83	52984.61	98	71395.64	56960.82	80

6.1.4.1.3　社会保护的城乡差异

社会保护方面，用是否有工会、工会在维权方面的作用2个三级指标反映。

具有良好的社会保护是劳动者就业质量高的重要体现。在中国，工会是保护劳动者的重要力量之一。从用人单位有工会所占比例来看（见表6-7），新生代劳动者城乡差异较大，新生代知识型劳动者远高于新生代普通劳动者。用5点量表度量工会在维护劳动者权益方面的作用，1表示没有作用，5表示非常有作用。从工会所起的作用来看，新生代知识型劳动者高于新生代普通劳动者。可能的原因是：新生代普通劳动者从事个体经济和私营企业的比较多，个体经济和私营企业多数规模比较小，很多没有成立工会，致使他们在有工会的单位就业的比例相对较少。因此，认为工会所起的作用比较小。

表6-7　　　　　　　　新生代劳动者组织保障的城乡差异

项目		新生代劳动者			新生代普通劳动者			新生代知识型劳动者		
		城镇 (A)	农村 (B)	A：B A＝100	城镇 (C)	农村 (D)	D：C C＝100	城镇 (E)	农村 (F)	F：E E＝100
是否有 工会 （％）	没有工会	30.54	44.63	146	47.71	52.64	110	24.67	34.31	139
	不清楚	21.89	29.20	133	27.07	29.10	107	20.13	29.32	146
	有工会	47.57	26.17	55	25.22	18.26	72	55.20	36.37	66
工会维权作用		2.71	2.31	85	2.28	2.12	93	2.85	2.54	89

6.1.4.1.4　劳动者权利的城乡差异

是否带薪休假、是否病假工资不仅是劳动者休息权利的体现，更是劳动者较高就业质量的反映（见表 6 - 8）。在是否带薪休假上，新生代劳动者存在较大的城乡差异，两者之比为 69，新生代普通劳动者城乡差异缩小较大，两者之比为 79，新生代知识型劳动者进一步缩小了城乡差异，两者之比为 83。在是否享有病假工资上新生代劳动者存在较大的城乡差异，两者之比为 63，新生代普通劳动者城乡差异有所减少，两者之比为 100∶74，新生代知识型劳动者进一步缩小了城乡差异，两者之比为 100∶77。可以看出，在是否享有带薪休假、是否享有病假工资上，新生代劳动者存在较大的城乡差异，新生代普通劳动者城乡差异有所减少，新生代知识型劳动者更进一步缩小了城乡差异。主要原因是新生代农村劳动者，特别是新生代农村普通劳动者，在就业行业、就业单位上的劣势，以及对权利的认知和诉求弱于新生代城镇劳动者。

就业单位对女职工实行特殊保护，不仅有利于提高女性劳动者的就业质量，而且有利于促进社会文明进步和社会和谐发展。如表 6 - 8 所示，在就业单位对女职工实行特殊保护上，新生代劳动者的城乡差异较大（两者之比为 80），而在新生代普通劳动者和新生代知识型劳动者城乡差异有较大幅度的缩小（两者之比分别为 89 和 90）。可以看出，在就业单位对女职工实行特殊保护上，新生代劳动者城乡差异较大，而新生代普通劳动者和新生代知识型劳动者城乡差异有所减少。

表 6 - 8　　　　　　　　　新生代劳动者权益的城乡差异　　　　　　　　单位：%

项目	新生代劳动者			新生代普通劳动者			新生代知识型劳动者		
	城镇 (A)	农村 (B)	A∶B A = 100	城镇 (C)	农村 (D)	D∶C C = 100	城镇 (E)	农村 (F)	F∶E E = 100
是否享有带薪休假	58.60	40.31	69	36.90	28.97	79	66.02	54.93	83
是否享有病假工资	52.46	33.28	63	31.77	23.40	74	59.54	46.05	77
是否对女职工实行特殊保护	76.10	60.91	80	56.88	50.74	89	82.67	74.03	90

6.1.4.2　健康与福利的城乡差异

健康是人力资本投资的基本形式之一，可以说没有健康就没有一切，更谈不上就业质量。福利是提高人力资本的保障，可以说福利越好，就业质量越高。我们用工作健康、风险暴露程度和组织保障 3 个二级指标，8 个三级指标反映。结合问卷数据，工作健康用当前工作对身体健康安全性（处于伤及肢体隐患及有毒化学物质危害工作环境的安全性）反映，用 5 点量表表示，1 表示安全性最低，5 表示安全性最高；风险暴露程度用工作环境的舒适度（处在高温、低温、噪声、粉尘污染的工作岗位舒适度差）反映，用 5 点量表表示，1 表示舒适度最低，5 表示舒适度最高；组织保障用就业单位是否给缴纳"五险一金"（养老保险、医疗保险、失业保险、工伤保险、生育保险、住房公积金）反映。

工作对身体健康安全性来看，调查结果表明（见表 6 - 9），总体上新生代劳动者工作对身体健康安全性整体存在较大的差异，但是在新生代知识型劳动者、新生代普通劳动者内部的城乡差异有所减小。

存在高温、低温、噪声、粉尘污染的工作岗位，工作环境舒适度差。从当前工作对身体健康安全性来看（见表 6 - 9），新生代劳动者工作环境舒适度呈现较大的城乡差异，但是在新生代知识型劳动者、新生代普通劳动者内部的城乡差异有所减小。

表 6 - 9　　　　　　　　　　健康与福利的城乡差异

项目	新生代劳动者			新生代普通劳动者			新生代知识型劳动者		
	城镇（A）	乡村（B）	B：A A＝100	城镇（C）	乡村（D）	D：C C＝100	城镇（E）	乡村（F）	F：E E＝100
身体健康安全性	3.38	3.21	95	3.21	3.10	97	3.44	3.36	98
工作环境舒适度	3.27	3.09	95	3.03	2.96	98	3.35	3.26	97
养老保险（％）	70.35	44.21	63	48.36	30.32	63	77.86	62.12	80
医疗保险（％）	75.83	59.73	79	56.44	48.72	86	82.45	73.92	90
失业保险（％）	61.68	37.18	60	36.14	23.21	64	70.41	55.19	78

项目	新生代劳动者			新生代普通劳动者			新生代知识型劳动者		
	城镇 （A）	乡村 （B）	B：A A = 100	城镇 （C）	乡村 （D）	D：C C = 100	城镇 （E）	乡村 （F）	F：E E = 100
工伤保险（%）	67.02	50.67	76	44.54	39.33	88	74.69	65.30	87
生育保险（%）	57.68	35.78	62	34.17	22.08	65	65.71	53.43	81
住房公积金（%）	54.93	28.68	52	28.49	16.73	59	63.96	44.08	69

用人单位为劳动者缴纳的"五险一金"既是劳动者的组织保障，也是劳动者收入的另一种形式（见表6－9）。用人单位为劳动者缴纳的"五险一金"，城乡差异巨大，但是在新生代知识型劳动者身上进步明显，不仅城乡差异大幅度减少，并且缴纳的比例也有大幅度的提高。这表明，在用人单位为新生代劳动者缴纳"五险一金"的城乡差异有进一步缩小之势。

通过以上的分析不难看出，在健康与福利方面，城乡劳动者之间的差异巨大。原因在于中国原有城镇劳动者的社会保障体系比较健全，而广大农村劳动者的社会保障体系尚不健全，即使农村劳动者到城镇打工，很多单位也不给他们缴纳各种保险。另外，由于中国社会保障没有实行全国统筹，农村劳动者在变换工作或就业地点时，其各种劳保关系的转移和接续困难重重，造成他们参加社会保险的积极性也不够高。可喜的是，这种情况在新生代农村知识型劳动者身上发生巨大的改变，高于新生代城镇普通劳动者，但低于新生代城镇知识型劳动者。

6.1.4.3 职业和技能发展的城乡差异

职业和技能发展是就业质量的重要内容，从长远角度来看，个体若从事有利于自身技能发展的工作，自然有益于就业质量的提高。在此就业质量的维度中，借助任职要求、培训状况、是否学习型组织和职业发展4个二级指标，5个三级指标考察。任职要求用技能等级、特长与工作岗位的匹配度2个指标反映，培训状况用近3年累计接受培训的时间，是否学习型组织用近3年单位组织员工学习的次数，职业发展用从事工作对升职加薪的作用反映。

技能等级是劳动者就业能力的体现,劳动者技能等级越高,反映劳动者就业能力越强,找的工作单位越好,工资福利待遇可能越高,就业质量也会越高。如表 6 - 10 所示,从职业资格证书上来看,城乡差异较大,不利于新生代农村劳动者的职业发展。从新生代普通劳动者来看,除初级职业资格证书外,城乡差异都有所减小,而新生代知识型劳动者大幅度缩小了在中级、高级职业资格证书上的城乡差异。

专业与工作岗位的匹配度也是劳动者就业能力得到发挥的一种体现,专业与工作岗位的匹配度越高,学有所用,就业质量相对会更好。新生代劳动者所学专业与工作岗位完全匹配度,用 5 点量表表示,1 表示最小,5 表示最大。所学专业与工作岗位的匹配度(见表 6 - 10),数据显示,新生代劳动者专业与工作岗位的匹配度存在较大城乡差异,两者之比为 91,但是新生代知识型劳动者、新生代普通劳动者的城乡差异较小(1%)。

劳动者接受职业技能培训的时间越长,学到的技能越多,就业质量相对越好。从近 3 年累计接受职业技能培训的时间来看,如表 6 - 10 所示,接受职业技能培训的时间由长到短的顺序是:新生代城镇知识型劳动者、新生代农村知识型劳动者、新生代农村普通劳动者和新生代城镇普通劳动者。

学习型组织有利于员工成长,反映就业质量的高低,用单位组织员工培训的次数反映就业单位是否是学习型组织(见表 6 - 10),这意味着在学习型组织方面,新生代劳动者之间的城乡差异最大,两者之比为 86,新生代普通劳动者之间的城乡差异相对较小,两者之比为 96,新生代知识型劳动者居中,两者之比为 92。

员工的职业发展是就业质量的重要表现。职业发展用从事工作对升职加薪的作用测度,用 5 点量表表示,1 表示最小,5 表示最大。从事工作对升职加薪的作用来看,如表 6 - 10 所示,新生代农村普通劳动者要稍高于新生代城镇普通劳动者,而新生代知识型劳动者不存在城乡差异。总体上,在职业发展方面,新生代城镇劳动者要稍好于新生代农村劳动者。

表 6-10　　　　　　　　　　　职业和技能发展的城乡差异

项目		新生代劳动者			新生代普通劳动者			新生代知识型劳动者		
		城镇 (A)	农村 (B)	B:A A=100	城镇 (C)	农村 (D)	D:C C=100	城镇 (E)	农村 (F)	F:E E=100
任职要求	技能等级 无任何等级职业资格证书	33.90	51.84	153	57.42	68.37	119	25.87	30.53	118
	具有初级职业资格证书	31.84	28.62	90	24.89	20.29	82	34.22	39.36	115
	具有中级职业资格证书	22.92	13.58	59	13.10	8.85	68	26.28	19.67	75
	具有高级职业资格证书	11.34	5.96	53	4.59	2.49	54	13.64	10.44	77
	所学专业与工作岗位的匹配度	3.04	2.76	91	2.46	2.43	99	3.23	3.19	99
培训状况	近3年累计接受培训时间（天）	17.26	12.89	75	9.29	10.29	111	19.98	16.25	81
学习型组织	单位组织员工培训次数	2.22	1.92	86	1.77	1.70	96	2.38	2.19	92
职业发展	从事工作对升职加薪的作用	3.18	3.10	97	2.89	2.96	102	3.28	3.28	100

6.1.4.4　工作与生活和谐的城乡差异

工作与生活和谐用工作和非工作时间、就业所在地的社会基础设施 2 个二级指标，7 个三级指标来测度。在工作和非工作时间方面，用年均非农就业时间、平均一个月休息天数、一周平均加班次数、一周平均加班时间、居住和工作地点的距离 5 个指标反映。就业所在地的社会基础设施用公共交通的便利程度和公共服务的完善程度 2 个指标反映。

6.1.4.4.1　工作和非工作时间的城乡差异

劳动者有充足的就业时间才能保证就业质量。如表 6-11 所示，在就业的充分性方面，新生代农村劳动者小于新生代城镇劳动者，新生代普通劳动者和新生代知识型劳动者存在城乡差异（两者之比均为95）。可能的原因是，本次调查都是大于等于6个月以上新生代劳动者，在一定程度上缩小了非农就业时间的城乡差异。

劳动者要有充足的休息时间才能保证身心健康，才能更好地保证就业质量。调查资料显示（见表6－11），新生代普通劳动者的休息时间城乡差异较大（100：83），而新生代知识型劳动者进一步缩小了城乡差异（100：89），不仅如此，新生代农村知识型劳动者的休息时间也有了大幅度提高。

劳动者一般一天工作8个小时，如果超过就算加班，加班可以算是就业质量弱化的表现之一。加班的多少可以用加班次数和加班时间反映。如表6－11所示，在加班次数和加班时间上，城乡存在一定的差异，但是这种差异在新生代知识型劳动者身上大大缩小。

居住和工作地点的距离越大，上下班耗用的时间就越多，越会耗费一个人的体力和精力，进而对劳动者就业质量产生一定的负面影响。新生代农村普通劳动者居住和工作地点的距离（7.31千米）高于新生代城镇普通劳动者（6.62千米），但远低于新生代农村知识型劳动者（8.70千米）。可能的原因是新生代农村普通劳动者很多都在就业地点（工地）居住，新生代农村知识型劳动者多是在城市市中心工作，但居住在成本较低的郊区。

6.1.4.4.2 就业地点的社会基础设施的城乡差异

劳动者就业地点的社会基础设施是劳动者工作与生活和谐的一种体现。公共交通越便利、公共服务越完善，越有利于劳动者就业和生活。如表6－11所示，公共交通的便利程度（公共汽车、地铁、道路、停车场），公共服务完善程度，用5点量表表示，1表示最小，5表示最大。就业地点的社会基础设施方面存在一定的城乡差异，但是差异不大，都在2%以内。这是因为，新生代农村劳动者到城市务工或经商，基本无差异地享有和当地城市人一样的社会基础设施。

表 6 - 11		新生代劳动者工作与生活和谐的城乡差异								
项目		新生代劳动者			新生代普通劳动者			新生代知识型劳动者		
		城镇 （A）	农村 （B）	B：A A=100	城镇 （C）	农村 （D）	D：C C=100	城镇 （E）	农村 （F）	F：E E=100
工作与非工作时间	非农就业时间（月）	10.92	10.43	95	10.97	10.45	95	10.91	10.41	95
	平均一个月休息天数（天）	5.90	4.64	79	4.64	3.87	83	6.33	5.64	89
	每周的平均加班次数（次）	1.54	1.76	115	1.37	1.81	132	1.60	1.70	106
	每周的平均加班时间（小时）	3.00	3.25	108	2.66	3.34	125	3.12	3.14	101
	居住和工作地点的距离（千米）	8.21	7.92	96	6.62	7.31	110	8.75	8.70	99
社会基础设施	公共交通的便利程度	3.63	3.56	98	3.54	3.52	99	3.67	3.61	98
	公共服务的完善程度	3.52	3.40	97	3.40	3.32	98	3.56	3.51	98

6.1.4.5　就业满意度的城乡差异

就业质量包括主观维度和客观维度，以上从客观维度分析了职业和工作安全、健康与福利、职业和技能发展、工作与生活和谐 13 个二级指标，35 个三级指标的客观就业质量的差异。主观就业质量的评价，用被调查者对上述 13 个二级客观指标的主观评价，形成 4 个二级指标，13 个三级指标反映，用 5 点量表表示，1 表示最小，5 表示最大。如表 6-12 所示，数据显示，就业满意度城乡存在一定差异，并且由于新生代知识型劳动者数量的增加，就业满意度不断提高，城乡差异呈现缩小的趋势。与上述客观指标相比，城乡差异相对较小。这是因为，就业满意度是一个人对自己就业状况的自我感受。新生代农村劳动者能在城里找到一份工作，原来从事农业，现在从事非农业，原来是农民，现在向市民转化，工作环境和身份发生改变，并且收入相比从事农业有了大幅度提高，从而主观就业质量高于客观就业质量。

表 6 - 12　　　　　　　新生代劳动者就业质量满意度的城乡差异

项目		新生代劳动者			新生代普通劳动者			新生代知识型劳动者		
		城镇（A）	农村（B）	B：A A = 100	城镇（A）	农村（B）	B：A A = 100	城镇（A）	农村（B）	B：A A = 100
职业和工作安全	就业状况的满意度	3.37	3.21	95	3.19	3.11	97	3.42	3.35	98
	工资收入的满意度	3.08	2.93	95	2.93	2.85	97	3.13	3.04	97
	社会保护的满意度	3.34	3.13	94	3.15	3.00	95	3.41	3.30	97
	享有劳动者权利的满意度	3.36	3.16	94	3.19	3.03	95	3.41	3.33	98
健康和福利	健康状况的满意度	3.33	3.10	93	3.11	2.94	95	3.40	3.30	97
	就业单位工作环境的满意度	3.45	3.24	94	3.23	3.10	96	3.52	3.42	97
	就业单位福利保障的满意度	3.20	2.93	92	2.97	2.80	94	3.27	3.10	95
职业和技能发展	资格证书对职业发展满意度	3.31	3.10	93	3.07	2.91	95	3.40	3.33	98
	培训状况的满意度	3.27	3.10	95	3.06	2.96	97	3.34	3.28	98
	学习型组织的满意度	3.33	3.19	96	3.15	3.07	98	3.39	3.33	98
	职业发展的满意度	3.38	3.24	96	3.22	3.14	97	3.43	3.37	98

项目		新生代劳动者			新生代普通劳动者			新生代知识型劳动者		
		城镇 （A）	农村 （B）	B：A A=100	城镇 （A）	农村 （B）	B：A A=100	城镇 （A）	农村 （B）	B：A A=100
工作与 生活的 和谐	工作与生活和谐 的满意度	3.43	3.31	97	3.33	3.26	98	3.46	3.38	98
	社会基础设施的 满意度	3.43	3.29	96	3.26	3.21	99	3.48	3.38	97

6.1.5　结论与启示

6.1.5.1　结论

通过对全国 11165 位新生代劳动者调查样本的分析发现，新生代城乡劳动者在职业和工作安全、健康与福利、职业和技能发展、工作与生活和谐等客观维度的就业质量差异较大，而主观维度就业质量的差异较小；新生代城镇普通劳动者和新生代农村普通劳动者就业质量的差异最大，而新生代农村知识型劳动者与新生代城镇知识型劳动者就业质量的差异大幅缩小，很多指标甚至超过新生代城镇普通劳动者。具体来看：（1）新生代城乡劳动者在职业和工作安全方面存在较大的城乡差异，新生代普通劳动者缩小较大，新生代知识型劳动者进一步缩小了城乡差异。（2）健康与福利方面，新生代知识型劳动者身上进步明显，不仅城乡差异大幅度减少，并且保险缴纳的比例也有大幅度的提高。（3）职业和技能发展。新生代知识型劳动者和新生代普通劳动者的城乡差异较小，新生代知识型劳动者要比新生代普通劳动者占有更大的优势。（4）工作与生活和谐。新生代农村劳动者小于新生代城镇劳动者，新生代普通劳动者小于新生代城镇劳动者，而新生代知识型劳动者的城乡差异进一步缩小。（5）从主观就业质量来看，就业满意度存在一定城乡差异，就业满意度不断提高，城乡差异呈现缩小的趋势，且与客观指标相比，城乡差异相对较小。

6.1.5.2 启示

针对上述发现，本书认为在提高劳动者就业质量方面，应注意以下三个方面。

（1）认识新生代城乡劳动者就业质量差异的原因，是缩小城乡就业质量差异的前提。当前中国新生代劳动者在职业和工作安全、健康与福利、职业和技能发展、工作与生活和谐、就业质量满意度等方面的差异，一方面具有客观必然性；另一方面又是不平等的城乡二元体制的遗存或惯性影响造成的；另外，新生代城乡劳动者就业质量差异也是因中国区域发展的不平衡和不充分所致，当前新时代是注重质量的时代，因而提高劳动者的就业质量更具有必要性和迫切性。

（2）从社会转型的角度来看，新生代农村劳动者在个人素质方面往往不及原有的新生代城镇劳动者。在他们完成由农民向市民的蜕变之前，与新生代城镇劳动者存在一定的差距是很自然的。可喜的是，这种状况在新生代农村知识型劳动者身上得到了极大的改善，有些指标甚至超过了新生代城镇普通劳动者，很多指标接近新生代城镇知识型劳动者。可以看出，提高农村劳动者的教育水平特别是高等教育水平，是缩小就业质量城乡差异的重大举措。

（3）对于因不平等的城乡二元体制的遗存或惯性影响而造成的城乡差异，应该通过体制改革和政策调整，特别是通过培育和发展城乡统一的劳动力市场等改革举措，使之尽快消失。而对于由于区域发展的不平衡不充分导致的就业质量的城乡差异，应该通过协调城乡发展和区域发展，加强区域特别是农村落后地区的社会经济发展来解决。

6.2 新生代劳动者就业质量的区域差异研究

党的十八大报告提出，"要推动实现更高质量的就业，实施就业优先战略和更加积极的就业政策"，实现更高质量的就业，有利于稳定社会秩序，提升人民工作生活的幸福感和满足感。新生代劳动者这一劳动群体，是城市的新生力量，在劳动力市场中具有重要地位。在中国大力鼓励高质量就业的背景下，各地区均已出台相关政策促进当地就业质量的提升，但是，由于各地区发展水平、产业结构、资源禀赋等的不同，致使各地区劳动者的就业质量存在一定的区域差异。因此，厘清中国新生代劳动者就业质量的区域差异，对于缩小就业质量的区域差异和促进区域协调发展具有十分重要的意义。

6.2.1　文献综述

学术界对于新生代劳动者就业质量的研究较多，以群体划分为依据，主要集中在以下两个方面。

（1）新生代大学生就业质量的区域差异。柴国俊和邓国营（2011）指出，副省级或直辖市工作的大学生较在地级城市的同类大学生享有工资溢价，工资水平呈现明显的区域差异。刘敏和陆根书（2015）研究发现，东部地区高校毕业生的就业质量高于中西部地区。

（2）新生代农民工就业质量的区域差异。金晓彤和李杨（2014）通过对新生代农民工的调查发现，东南地区新生代农民工的月收入与月消费水平最高，然后为华北地区，月收入和月消费最低的为东北地区。赵晓波、崔宏静、李茉（2017）从新生代农民工的工资收入差距入手，发现东部地区新生代农民工的绝对收入差距最大，然后为中部及东北地区，西部地区最小。

学者们从不同角度探究了中国新生代劳动者就业质量，研究对象多是某一群体（如农民工、大学生等）就业质量的某一方面，没有发现针对全国新生代劳动者东中西部区域差异的研究。本节依据中国 31 个省份的调研数据，分析东中西部地区新生代劳动者就业质量的区域差异，为提升各地区新生代劳动者就业质量的政策制定提供参考。

6.2.2 相关概念和数据来源

6.2.2.1 相关概念

为了便于读者理解，首先对书中使用的相关概念进行界定。新生代劳动者指年龄为 15～38 周岁，每年从事非农工作（二三产业）累计 6 个月及以上的劳动者。从城乡的角度，把新生代劳动者分为新生代城镇劳动者和新生代农村劳动者。

6.2.2.2 数据来源

本节数据来源于国家社会科学基金"新生代农民工就业质量课题组"于 2018 年 2～8 月组织的"全国新生代劳动者就业质量调查"数据库，详细见 5.3.2 一节。样本共涉及国内 31 个省（区、市）和 398 个地市 1797个县（市、区）的新生代劳动者 11165 人，其中，东部地区的新生代劳动者 6230 人，中部地区的新生代劳动者 2453，西部地区的新生代劳动者2482 人，如表 6－13 所示。

表 6－13　　　　　不同区域新生代劳动者样本的基本情况　　　　　　单位：%

项目		东部	中部	西部
性别	女	46.74	48.92	46.66
	男	53.26	51.08	53.34
年龄	小于 30 岁	62.47	61.56	65.15
	大于等于 30 岁	37.53	38.44	34.85
婚姻状况	已婚	49.33	54.34	47.99
	未婚	50.67	45.66	52.01

续表

	项目	东部	中部	西部
健康状况	患病有劳动能力	0.77	1.14	0.89
	一般	7.16	8.68	8.30
	比较健康	39.41	41.38	44.40
	非常健康	52.66	48.80	46.41

6.2.3　新生代劳动者整体就业质量区域差异

本书根据中国官方的中国行政区域划分方法，把区域划分为东、中、西部三个地区。其中，东部地区包括 11 个省份，分别是辽宁、北京、天津、河北、山东、江苏、上海、浙江、福建、广东、海南。中部地区包括 8 个省份，分别是山西、吉林、黑龙江、安徽、江西、河南、湖北、湖南。西部地区包括 12 个省份，分别是陕西、甘肃、青海、宁夏、内蒙古、新疆、西藏、四川、重庆、云南、贵州、广西。

运用第 5 章的方法及公式，可以得到新生代劳动者整体就业质量的评价值。如表 6 - 14 所示，整体就业质量上，新生代劳动者东部地区为 51.13，中部地区为 47.94，仅为东部地区的 94%，西部地区为 50.97，与东部地区基本相同。可以看出，新生代劳动者的就业质量东西部基本相同，中部地区相对较差。对新生代农民工而言，东部地区最高，然后是西部地区，中部地区最小。对新生代城镇普通劳动者而言，东、中、西部地区的就业质量分别 48.82、40.95 和 43.54，三者之比为 100∶84∶89，可以看出，东部地区最高，然后是西部地区，中部地区最小。对新生代农村知识型劳动者而言，东、中、西部地区的就业质量分别 56.27、53.42 和 55.93，三者之比为 100∶95∶99。由此可见，新生代农村知识型劳动者的就业质量东西部相差不大（1%），西部地区相对较差，仅为东部地区的 95%。对新生代城镇知识型劳动者而言，就业质量东西相差不大（1%），西部地区相对较差，仅为东部地区的 92%。综上调查数据显示，新生代劳动者各个群体的就业质量，东部地区最高，然后是西部地区，而中部地区最差。新生代城镇普通劳动者的东中西部相差最大，新生代农村知识型劳动者的东中西部相差最小。

表 6 - 14　　　　　　新生代劳动者整体就业质量的区域差异　　　　单位：%

项目	东部（A）	中部（B）	西部（C）	A：B：C（A＝100）
新生代城镇知识型劳动者	63.96	58.53	62.56	100：92：99
新生代农村知识型劳动者	56.27	53.42	55.93	100：95：99
新生代城镇普通劳动者	48.82	40.95	43.54	100：84：89
新生代农民工	40.96	38.20	38.44	100：93：94
整体就业质量	51.13	47.94	50.97	100：94：100

6.2.4　新生代劳动者就业质量的区域差异

笔者在已有研究的基础上，采用欧洲基金会个体视角的四维度就业质量评价指标体系的基础性框架，结合中国国情，构建主客观相结合，包括5 个一级指标、17 个二级指标、48 个三级指标的就业质量评价指标体系。5 个一级指标指：职业和工作安全、健康与福利、职业和技能发展、工作与生活和谐、就业满意度，其中，前四个指标是客观指标，最后一个指标是主观指标。

6.2.4.1　职业和工作安全的区域差异

作为评价的维度之一，职业和工作安全包括就业状况、收入、社会保护和劳动者权利4 个二级指标，15 个三级指标。

6.2.4.1.1　就业状况的区域差异

就业状况方面，用职业类型、就业行业、就业单位规模、劳动合同类型、未就业天数、当前就业单位工作了多少年、近 3 年共更换过几个就业城市、近 3 年共更换过几个就业单位8 个三级指标反映。

（1）职业和行业的区域差异。在东中西部地区新生代劳动者职业的区域差异方面，如表 6 - 15 所示，东中西部地区职业类型和就业行业存在一定的差异性。西部地区社会管理者（党政事业单位工作人员）所占比例最高，为 22.60%，然后是中部和东部地区；中部地区企业劳动管理者（企业或公司管理人员）比例低于东西部地区；自东向西，新生代劳动者中一线劳动者［办事人员、工人、服务行业工作人员、个体经营者（户）］所占比例依次减少。

东中西部地区新生代劳动者选择就业行业最多为生产生活及社会公共服务部门，然后是流通部门和工业部门，建筑业从业比例相对较小。具体的区域差异表现为：东部地区工业部门从业比例最高，为 18.65%，然后是中部，西部地区占比最小；在建筑业、生产生活及社会公共服务部门中，西部地区所占的比例最高，分别为 10.40% 和 57.20%；中部地区流通部门从业比例略高于东西部地区。

东中西部新生代劳动者职业类型存在显著差异，所选择行业的分布无明显差异，生产生活及社会公共服务部门、建筑行业和社会管理岗位就业比例表现为东、中、西部地区依次递增趋势，工业部门和一线劳动岗位就业的比例自东向西依次递减。这与地区经济发展水平和产业结构相一致，中国东部地区工业发达，在工业部门就业也是一个不错的选择，致使中部地区企业管理者（企业或公司管理人员）和一线劳动者数量较多；西部生产和生活及社会公共服务部门大多是就业比较好的单位，成为新生代劳动者优先就业目标，所以出现了西部地区社会管理者（党政事业单位工作人员）比例较高的情况，同时，西部地区正大力进行基础设施的建设，对建筑工人的需求较多。

表 6-15		新生代劳动者职业和行业的区域差异			单位：%
项目		东部 （A）	中部 （B）	西部 （C）	A：B：C （A=100）
职业 类型	社会管理者（党政事业单位工作人员）	14.85	20.76	22.60	100：140：152
	企业劳动管理者（企业或公司管理人员）	13.70	10.73	13.74	100：78：100
	一线劳动者［办事人员、工人、服务行业工作人员、个体经营者（户）］	59.92	57.38	51.13	100：96：85
	其他	11.53	11.13	12.53	100：97：109

续表

项目		东部 （A）	中部 （B）	西部 （C）	A：B：C （A = 100）
就业 行业	工业	18.65	13.09	11.33	100：70：61
	建筑业	7.56	8.32	10.40	100：110：138
	流通部门	22.74	23.11	21.08	100：102：93
	生产和生活及社会公共服务部门	51.05	55.48	57.20	100：109：112

（2）就业单位的区域差异。新生代劳动者就业单位的区域差异方面（见表 6-16），东部地区单位的平均规模最大，为 942 人，西部地区平均规模最小，为 667 人。东部地区以签订固定期限劳动合同为主，占总数的33.05%；中部地区无劳动合同的比例最高，占比为 32.57%；西部地区无劳动合同占比很高，为 28.49%，此外，固定期限劳动合同占比也较高，为 27.52%。可以看出，中部地区无劳动合同的比例高于东西部地区，东部地区新生代劳动者与用人单位签订固定期限劳动合同的比例高于中西部地区，但是聘用合同的签订率低于中西部地区。这主要是因为签订劳动合同类型与就业行业有关，东部地区从事工业的较多，固定期限劳动合同的签订比例较高，西部地区从事生产和生活及社会公共服务部门的较多，聘用合同签订的比例较高。

表 6-16　　　　　新生代劳动者就业单位的区域差异

项目		东部 （A）	中部 （B）	西部 （C）	A：B：C （A = 100）
单位平均规模（人）		942	762	667	100：81：71
就业 单位 签订 劳动 合同 类型	无劳动合同（自我经营、临时工）（%）	28.62	32.57	28.49	100：114：100
	以完成一定任务为期限的合同（%）	5.01	5.50	4.55	100：110：91
	固定期限合同（%）	33.05	24.58	27.52	100：74：83
	聘用合同（%）	17.43	18.83	23.37	100：108：134
	其他（%）	15.89	18.51	16.08	100：116：101

（3）工作充分性和稳定性的区域差异。新生代劳动者工作充分性和稳定性的区域差异方面，如表 6－17 所示，一年未就业的天数最多的地区是西部地区，长达 36.91 天，比东部地区高出 7%，然后是中部地区，为 36.64 天，比东部地区高出 6%；当前就业单位工作年数，东西部地区相差不大，中部地区高出 3%；劳动者 3 年共更换过的城市，中部地区和西部地区劳动者更换过的城市个数均高出东部地区 4%；3 年共更换过的就业单位，东部地区劳动者更换单位的个数最多，平均为 0.83 个，中部地区仅为东部地区的 90%，西部地区为东部地区的 95%。可以看出，东部地区的工作充分性和稳定性较高，中西部地区的工作充分性和稳定性相对较差。造成上述差异的原因主要在于：东部地区二三产业发达，具有较多的就业机会，就业较充分且稳定性强，而中、西部相反。

表 6－17　　　新生代劳动者工作充分性和稳定性的区域差异

项目	东部 （A）	中部 （B）	西部 （C）	A：B：C （A = 100）
一年未就业的天数（天）	34.44	36.64	36.91	100：106：107
当前就业单位工作了多少年（年）	3.86	3.96	3.88	100：103：100
3 年共更换过几个就业城市（个）	0.47	0.49	0.49	100：104：104
3 年共更换过几个就业单位（个）	0.83	0.75	0.79	100：90：95

6.2.4.1.2　工资收入的区域差异

新生代劳动者收入的区域差异方面（见表 6－18），东部地区平均月工资收入和平均年工资收入明显高于中西部地区。东部地区新生代劳动者的平均月工资收入最高，为 5948.78 元，高出中部地区 1307.68 元，然后是西部地区，为东部的 85%，中部地区最低，为东部的 78%；在平均年工资收入方面，最高的依然为东部地区，高出最低的中部地区 14920.54 元，然后是西部和中部地区，分别为东部地区的 84% 和 77%。从以上差异中可以看出，东部地区劳动者的收入水平显著高于西部地区，西部地区略高于中部地区。新生代劳动者收入水平与地区的经济发展水平密不可分，经济发展水平较高的东部沿海一带,劳动者的工作水平整体也高,二者呈正相关关系;国家对西部地区的支持较大,加上西部地区加大人才吸引力度,从而劳动者的收入水平高于中部。

表 6-18 新生代劳动者收入的区域差异

项目	东部 (A)	中部 (B)	西部 (C)	A:B:C (A=100)
平均月工资收入(元)	5948.78	4641.10	5078.2	100:78:85
平均年工资收入(元)	64222.67	49302.13	54074.84	100:77:84

6.2.4.1.3 社会保护的区域差异

在社会保护方面,用是否有工会、工会在维权方面的作用 2 个三级指标反映。

如表 6-19 所示,西部地区新生代劳动者就业单位成立工会的比例为 37.51%,高出东部地区 19%,同一指标中部地区比东部地区高 4%。可以看出,新生代劳动者对工会作用的认知程度普遍不高,有近三成劳动者不清楚单位是否设立工会组织,未成立工会的单位比例也较高。工会组织为劳动者维权的作用东、中、西部地区存在一定的差异。东部地区和西部地区新生代劳动者认为工会组织为劳动者维权的作用相当,但略高于中部地区。

表 6-19 新生代劳动者社会保护的区域差异

项目		东部 (A)	中部 (B)	西部 (C)	A:B:C (A=100)
是否 有工会	没有工会	41.12	40.40	37.19	100:98:90
	不清楚	27.45	26.87	25.30	100:98:92
	有工会	31.43	32.74	37.51	100:104:119
工会维权作用		2.45	2.39	2.45	100:97:100

6.2.4.1.4　劳动者权益的区域差异

劳动者权利方面用是否享有带薪休假、是否享有病假工资、所在的单位是否对未成年人实行特殊保护 3 个三级指标反映。西部地区劳动者享受带薪休假和病假工资方面的比例最高，分别高出东部地区 2% 和 5%（见表 6 - 20），中部地区最少，分别为东部地区的 92% 和 94%。其中，在是否享有带薪休假方面，西部地区享有带薪休假的比例为 47.76%；在是否享有病假工资方面，西部地区有病假工资的劳动者占 41.62%。在是否对女职工实行特殊保护方面，东部地区和西部地区所占比例相差不大，分别为 66.71% 和 66.42%，中部地区所占比例最低，为 62.90%。可见，新生代劳动者受到的权益，西部地区整体略高于东部，中部地区劳动者就业权益保护程度最低。

表 6 - 20　　　　　　　　　　新生代劳动者权益的区域差异　　　　　　　　单位：%

项目	东部（A）	中部（B）	西部（C）	A∶B∶C（A = 100）
是否享有带薪休假	46.85	42.99	47.76	100∶92∶102
是否享有病假工资	39.51	37.17	41.62	100∶94∶105
是否对女职工实行特殊保护	66.71	62.90	66.42	100∶94∶100

6.2.4.2　健康与福利的区域差异

当前工作对身体健康安全性的区域差异方面，东部地区当前工作环境对身体健康安全性、工作环境舒适度、参保比例均优于中西部地区，如表 6 - 21 所示。其中，东部地区劳动者工作对身体健康安全性略高于中西部地区，工作环境安全度也略高于中西部地区。东部地区养老保险、失业保险、工伤保险、生育保险和企业年金的缴纳比例最高，西部地区次之，中部地区最低，特别是失业保险和生育保险的缴纳方面，中部地区仅为东部地区的 77%；医疗保险的缴纳方面，西部地区略高于东部。出现上述差异主要因为东部地区现代企业制度比较完善，对于员工工作环境和工作安全性的要求高，同时新生代劳动者自身的社会保障意识较强，社会保险的参与比例整体高于中部和西部地区。东部地区新生代劳动者工作对身体健康的负面影响要小于中西部地区；东部地区用人单位为劳动者缴纳的保险比例最高，其次是西部地区，中部地区劳动者社会保险参与程度最低。

表 6 - 21 　　　　　　　新生代劳动者健康与福利的区域差异

项目	东部 （A）	中部 （B）	西部 （C）	A∶B∶C （A＝100）
身体健康安全性	3. 29	3. 23	3. 24	100∶98∶98
工作环境舒适度	3. 16	3. 14	3. 11	100∶99∶98
养老保险（％）	55. 04	45. 01	54. 15	100∶82∶98
医疗保险（％）	66. 71	57. 77	67. 49	100∶87∶101
失业保险（％）	47. 90	36. 65	46. 33	100∶77∶97
工伤保险（％）	59. 78	47. 21	54. 96	100∶79∶92
生育保险（％）	45. 67	35. 14	43. 35	100∶77∶95
企业（职业）年金（％）	38. 65	32. 45	37. 99	100∶84∶98

6.2.4.3　职业和技能发展的区域差异

在新生代劳动者职业和技能发展的区域差异方面，用任职要求、培训状况、学习型组织和职业发展 4 个二级指标来反映（见表 6 - 22）。

任职要求方面，东部地区对新生代劳动者的技能等级要求较高，具有高级职业资格证书和中级职业资格证书的比例最高，西部地区具有初级职业资格证书的人数占比最高，且专业对所从事职业的帮助程度高于东中部地区。在培训状况这一方面，西部地区新生代劳动者近 3 年累计接受培训的天数最多，为 16.77 天，高出东部地区 22％，中部地区最低。学习型组织方面，单位组织员工培训次数这一指标东中西部相差不大，最多的为西部地区，为 2.09 次，最少的为东部地区，为 1.99 次。职业发展方面，东部地区当前工作对升职加薪的作用最大，中部地区为东部地区的 97％，西部地区为东部地区的 97％，但中西部差距很小。数据显示，东部地区新生代劳动者职业技能水平和发展前景优于中西部地区，西部地区劳动者接受职业培训的经历多于东中部地区。这主要因为：东部地区劳动者素质普遍较高，就业竞争压力高于中西部地区，劳动者拥有高等级的职业资格证书以及相关的工作经验在获取高质量的工作方面具有更大的优势，企业也会以此为依据广纳贤才，因此，东部地区劳动者职业技能更强，工作对升职加薪的帮助也较大。西部地区新生代劳动者整体职业技能比较低，所以需要加大培训力度，因而培训天数和培训次数多于东中部地区。

表 6 – 22　　　　　　　新生代劳动者职业和技能发展的区域差异

项目		东部 （A）	中部 （B）	西部 （C）	A：B：C （A＝100）
任职 要求	技能 等级 无任何等级职业资格证书	46.57	46.00	44.80	100：99：96
	具有初级职业资格证书	28.80	30.34	31.14	100：105：108
	具有中级职业资格证书	16.90	15.95	16.44	100：94：97
	具有高级职业资格证书	7.73	7.71	7.62	100：100：99
	专业对所从事职业帮助	2.83	2.84	2.91	100：100：103
培训状况	近 3 年累计接受培训的时间（天）	13.77	13.14	16.77	100：95：122
学习型组织	单位组织员工培训次数（次）	1.99	2.01	2.09	100：101：105
职业发展	当前工作对升职加薪的作用	3.16	3.07	3.09	100：97：98

6.2.4.4　工作与生活和谐的区域差异

工作与生活和谐用工作和非工作时间、就业所在地的社会基础设施 2 个二级指标，7 个三级指标来测度。在工作和非工作时间方面，用年均非农就业时间、平均一个月休息天数、一周平均加班次数、一周平均加班时间、居住和工作地点的距离 5 个指标来反映。就业所在地的社会基础设施用公共交通的便利程度和公共服务的完善程度 2 个指标来评价（见表 6 – 23）。

6.2.4.4.1　工作和非工作时间的区域差异

在工作和非工作时间的区域差异方面，年平均非农就业时间（月）上，东中西部地区之间的区域差异并不大；西部地区月平均休息天数最多，为 5.38 天，东部地区最少为 4.94 天；每周平均加班次数方面，东部地区加班次数最多，每周平均为 1.80 次，中部地区最少，仅为东部地区的 84%；在周平均加班时间上，西部地区最长，高出东部地区 8%，中部地区最短；西部地区劳动者居住和工作地点的距离最远，为 8.60 千米，高出东部地区 6 个百分点，中部地区最近，仅为东部地区的 87%。可以看出，东部地区新生代劳动者休息天数最少，加班次数最多；西部地区劳动者休日最多，但是加班时间、居住和工作地点的距离最长；中部地区整体情况最优，劳动者休息天数与东部地区相差不大，但是加班的次数和时间明显比东西部地区少，且居住和工作地点的距离最短。这是因为，一方面东部地区劳动者，虽然就业充分，但竞争压力大；另一方面，为了完成任务和获得更高的收入，加班的次数和时间较多。西部地区相同级别的城市相对较小，所以导致西部地区新生代劳动者的居住和工作地点的距离较远。中部地区介于两者之间。

6.2.4.4.2 就业地点的社会基础设施的区域差异

在社会基础设施方面，东部地区公共交通的便利程度和公共服务的完善程度最高。公共交通的便利程度方面，东部地区的便利程度最高，然后为中部地区和西部地区，为东部地区的 94%；公共服务的完善程度上，东部地区的完善程度最高，西部地区次之，中部地区最低，分别为东部地区的 93% 和 94%。东部地区经济发展水平较高，公共交通的便利程度和公共服务的完善程度优于中西部地区。

表6-23　　　　　新生代劳动者工作与生活和谐的区域差异

项目		东部（A）	中部（B）	西部（C）	A∶B∶C（A=100）
工作和非工作时间	年平均非农就业时间（月）	10.62	10.45	10.42	100∶99∶98
	平均一个月休息几天（天）	4.94	5.01	5.38	100∶101∶109
	每周的平均加班次数（次）	1.80	1.50	1.61	100∶84∶90
	每周的平均加班时间（小时）	3.21	2.78	3.47	100∶87∶108
	居住和工作地点的距离（千米）	8.14	7.10	8.60	100∶87∶106

106

项目		东部 （A）	中部 （B）	西部 （C）	A ∶ B ∶ C （A = 100）
社会基 础设施	公共交通的便利程度	3.68	3.47	3.45	100 ∶ 94 ∶ 94
	公共服务的完善程度	3.54	3.30	3.32	100 ∶ 93 ∶ 94

6.2.4.5　就业满意度的区域差异

就业质量包括主观维度和客观维度，以上从客观维度分析了职业和工作安全、健康与福利、职业和技能发展、工作与生活和谐 13 个二级指标，35 个三级指标的客观就业质量的差异。主观就业质量的评价，用被调查者对上述 13 个二级客观指标的主观评价，形成 4 个二级指标，13 个三级指标来反映。用 5 点量表表示，1 表示最小，5 表示最大。

通过表 6 - 24 可以看出，在这 13 个关于满意度的二级指标方面，表现为东部地区满意度最高，中部和西部地区满意度相差不大。其中，东中西部劳动者的资格证书对其职业发展满意度方面无差异，就业状况、社会保护、享有劳动者权利、健康状况、就业单位工作环境、职业发展、工作与生活和谐的满意度这几方面东部地区满意度最高，中西部无明显差异；工资收入、就业单位福利保障、培训状况的满意度这三个方面中部地区高于西部地区；社会基础设施的满意度方面西部地区高于中部地区；学习型组织，东、中部地区相同但略高于西部地区；资格证书对职业发展的东中西部无差异。

总体上，东部地区新生代劳动者就业满意度高于中西部地区，但与客观就业质量相比，就业满意度的区域差异很小，且主要是东部与中西部间存在差异。

表6-24 新生代劳动者就业满意度的区域差异

项目		东部（A）	中部（B）	西部（C）	A：B：C（A=100）
职业和工作安全	就业状况的满意度	3.30	3.21	3.21	100：97：97
	工资收入的满意度	3.05	2.91	2.87	100：95：94
	社会保护的满意度	3.25	3.14	3.14	100：97：97
	享有劳动者权利的满意度	3.27	3.16	3.17	100：97：97
健康和福利	健康状况的满意度	3.22	3.11	3.11	100：97：97
	就业单位工作环境的满意度	3.35	3.24	3.26	100：97：97
	就业单位福利保障的满意度	3.05	2.99	2.95	100：98：97
职业和技能发展	资格证书对职业发展的满意度	3.17	3.16	3.17	100：100：100
	培训状况的满意度	3.18	3.13	3.11	100：99：98
	学习型组织的满意度	3.25	3.23	3.20	100：100：98
	职业发展的满意度	3.32	3.26	3.24	100：98：98
工作与生活和谐	工作与生活和谐的满意度	3.37	3.32	3.34	100：99：99
	社会基础设施的满意度	3.40	3.23	3.27	100：95：96

6.2.5 结论与启示

6.2.5.1 结论

总体上来说，新生代劳动者各个方面就业质量表现为不同程度的区域差异，东部地区新生代劳动者的就业质量最高，然后是西部地区，就业质量最差的为中部地区，其主要区别主要体现在以下五个方面。

（1）东中西部地区新生代劳动者职业和工作安全存在显著差异，主要表现为新生代劳动者职业类型存在显著差异，行业的分布无明显差异，东部地区在就业状况和收入水平优于中西部地区；中西部地区新生代劳动者有工会组织完善程度高于东部地区，但中部地区工会维权的作用低于东西部地区；西部地区新生代劳动者权益保护程度最高，然后是东部地区，中部地区最弱。

（2）东部地区新生代劳动者健康与福利水平优于西部地区，中部地区最差。其中，东部地区的工作环境的安全度优于中西部地区，福利待遇方面也明显高于中西部地区，中部地区相对最弱。

（3）在职业和技能区域差异方面，中部地区明显落后于东、西部地区。其中，东部地区对职业技能的资格要求较高，职业发展前景最佳，西部地区对于劳动者职业技能的培训投入最大。

（4）东部地区工作与生活和谐程度高于中西部地区。东部地区新生代劳动者的工作时间相对长，但是公共基础设施和公共服务的便利程度较高，生活较为便利，而中西部地区在基础设施及公共服务建设方面有待加强。

（5）在就业满意度区域差异方面，东部地区新生代劳动者的就业满意度最高，在职业和工作安全、健康和福利、职业和技能发展、工作与生活和谐度方面的满意度上均处于领先水平，中部和西部地区相对较低。

6.2.5.2　启示

通过本书的调查研究，可以得到以下两点启示：（1）由于东部地区自身综合实力较好，因此经济水平、企业实力、基础设施建设等硬件条件都明显优于中西部地区；西部地区在有关政策倾斜之下，也享受了颇多政府扶持以促进其发展；仅剩中部地区，自身条件与外部条件均不具有优势，这也是导致中国新生代劳动者就业质量区域差异的重要原因。（2）明确东中西部地区新生代劳动者就业质量的区域差异，因地制宜采取举措，以缩小新生代劳动者就业质量的区域差异，促进各区域协同发展。

6.3　新生代劳动者就业质量的城级差异研究

当前，随着社会经济的发展，追求更高质量的就业成为劳动者追求的目标。顺应时代社会发展，党的十九大报告提出要实现高质量和更充分的就业目标。新生代劳动者作为当前劳动力市场的新生力量，对高质量就业的要求尤为迫切。他们在城乡之间和不同城市之间的流动，促进了城市发展和城乡融合。不同城级的新生代劳动者就业质量存在哪些差异？本节基于新生代劳动者就业质量的调查数据，以期做出明确的回答，为提升新生代劳动者就业质量政策的制定提供理论依据。

6.3.1 文献综述

改革开放以来，农民工作为市场化进程中的重要组成部分，为中国城市化建设做出巨大贡献。通过文献梳理发现，当前关于农民工就业质量的城级差异研究不多，相关研究集中在城级对农民工就业收入的影响，并且其研究结论并不统一。随着就业城级的提升，劳动者的就业稳定性和就业质量也在逐步提升（宁光杰，2012；王朝明和周宗社，2015；刘洪银，2015；李中建和袁璐璐，2017；胡斌红和杨俊青，2019）。王建国和李实（2015）研究发现，农民工在大城市中就业能够获得更高的实际工资。胡斌红和杨俊青（2019）发现，城市规模对农民工就业质量具有显著正向影响。周密等（2018）的研究也表明，城市规模与农民工收入水平存在显著的正相关。刘修岩、秦蒙、李松林（2019）的研究也提出城市规模越大，密度越高，劳动者获得的工资收入就越高。

通过文献梳理可以发现，当前对于劳动者就业质量多是集中在就业质量某一方面，研究群体多集中于农民工群体，研究多用区域性数据，基于全国数据对新生代劳动者就业质量的城级差异考察得较少，故本节着重面对新生代劳动者的城级差异方面的研究，力图在此方面有所贡献。

6.3.2 相关概念和数据来源

6.3.2.1 相关概念

为了便于读者理解，先对文中使用的相关概念进行界定。新生代劳动者指年龄为15~38周岁，每年从事非农工作（二三产业）累计6个月及以上的劳动者。小城市（镇）包括：农村、城镇、县城；中等城市包括：县级市、主城区之外的区、地级市（主城区）；大城市包括：一般省会城市（主城区）、副省级省会城市（沈阳、长春、哈尔滨、南京、济南、武汉、广州、杭州、成都、西安，主城区）、计划单列市（大连、宁波、厦门、青岛、深圳，主城区）、直辖市（北京、天津、上海、重庆，主城区）。

6.3.2.2　数据来源

本章数据来源于国家社会科学基金"新生代农民工就业质量课题组"于 2018 年 2 ~ 8 月组织的"全国新生代劳动者就业质量调查"数据库，数据具体来源于"全国新生代劳动力就业质量数据库"，详细见 5.3.2 一节。样本共涉及中国 31 个省（直辖市、自治区）和 398 个地市 1797 个县（市、区）的新生代劳动者 11165 人，其中，大城市的新生代劳动者 2799人，中等城市的新生代劳动者 3597 人，小城市（镇）的新生代劳动者4669 人。样本的基本情况如表 6 - 25 所示。笔者在已有研究的基础上，采用欧洲基金会个体视角的四维度就业质量评价指标体系的基础性框架，结合中国国情，构建主客观相结合，包括 5 个一级指标，17 个二级指标，48个三级指标的就业质量评价指标体系。5 个一级指标指：职业和工作安全、健康与福利、职业和技能发展、工作与生活和谐、就业满意度，其中，前四个指标是客观指标，最后一个指标是主观指标。

表 6 - 25　　　　不同城市级别新生代劳动者样本的基本情况　　　单位：%

项目		大城市	中等城市	小城市
性别	女	45.62	46.71	48.79
	男	54.38	53.29	51.21
年龄	小于 30 岁	71.78	63.66	56.91
	大于等于 30 岁	28.22	36.34	43.09
婚姻状况	已婚	36.91	49.26	58.73
	未婚	63.09	50.74	41.27

项目		大城市	中等城市	小城市
健康状况 健康状况	患病有劳动能力	0.75	0.56	1.18
	一般	6.71	7.53	8.50
	比较健康	41.16	41.03	40.91
	非常健康	51.38	50.88	49.41

6.3.3　新生代劳动者就业质量的整体城级差异

运用第 5 章的相关公式，可以得到新生代劳动者就业质量的综合评价值。如表 6 - 26 所示，整体就业质量上，新生代农民工就业质量，大城市为 43.03，中等城市为 41.49，小城市（镇）为 37.61，中等城市仅为大城市的 94%，小城市（镇）仅为大城市的 84%。可以看出，大小城市之间的差异最大，然后是中小城市，最小的是大中城市。

大城市整体就业质量，新生代城镇知识型劳动者为 65.17，新生代农村知识型劳动者为 58.50，新生代城镇普通劳动者为 49.64，新生代农民工为 43.03，四者之比为 100：90：76：66。可以看出，新生代农民工与新生代城镇知识型劳动者之间的就业质量差异最大，然后是与新生代农村知识型劳动者，新生代城镇普通劳动者的差异最小。中等城市整体就业质量，四者之比为 100：90：77：67。小城市（镇）的就业质量，四者之比为 100：89：71：63。由此可见，大、中、小城市内部，四个群体就业质量的差异都比较大。

表 6 - 26　　　　　　　　新生代劳动者就业质量的城级差异

项目	大城市 （A）	中等城市 （B）	小城市（镇） （C）	绝对就业质量 A：B：C （A = 100）
新生代城镇知识型劳动者（D）	65.17	62.17	59.79	100：95：92

项目	大城市 （A）	中等城市 （B）	小城市（镇） （C）	绝对就业质量 A：B：C （A＝100）
新生代农村知识型劳动者（E）	58.5	56.19	53.04	100：96：91
新生代城镇普通劳动者（F）	49.64	47.62	42.72	100：96：86
新生代农民工（G）	43.03	41.49	37.61	100：96：87
整体就业质量	55.33	51.93	46.32	100：94：84
相对就业质量 D：E：F：G（D＝100）	100：90：76：66	100：90：77：67	100：89：71：63	

6.3.4　新生代劳动者就业质量的城级差异

6.3.4.1　职业和工作安全的城级差异

作为评价的维度之一，职业和工作安全包括就业状况、收入、社会保护和劳动者权利4个二级指标，15个三级指标。

6.3.4.1.1　就业状况的城级差异

就业状况方面，用职业类型、就业行业、就业单位规模、劳动合同类型、未就业天数、当前就业单位工作了多少年、近3年共更换过几个就业城市、近3年共更换过几个就业单位8个三级指标反映。

（1）职业和行业的城级差异。一般而言，不同的职业，劳动者的收入、福利待遇等都不相同。劳动者职业类型按层次由低到高可以分为一线劳动者［办事人员、工人、服务行业工作人员、个体经营者（户）］、企业劳动管理者（企业或公司管理人员）和社会管理者（党政事业单位工作人员）。如表6-27所示，从劳动者职业类型来看，在大城市中新生代劳动者一线劳动者的比例为53.32%，中等城市为57.40%，相比大城市这一指标多出4.08个百分点，或高出8%（为了精简表述，后面类似的句子将采用后一种简化的说法），在小城市（镇）中的这一比例为 60.19%，相比大城市高出 13%。企业劳动管理者就业的比例从大城市、中等城市到小城市（镇）依次递减，社会管理者与之相反。随着城市级别的增高，社会管理者减少，而企业管理者增加。可能的原因在于：城市级别越高，知识、技术密集型产业相对较多，这些企业的管理者相对较多，小城市（镇）的新生代劳动者更倾向于较为稳定并且福利保障更好的党政事业单位。

表 6 – 27　　　　　　　新生代劳动者职业和行业的城级差异　　　　单位：%

项目		大城市（A）	中等城市（B）	小城市（镇）（C）	A：B：C（A = 100）
职业类型	社会管理者（党政事业单位工作人员）	12.15	19.47	20.36	100：160：168
	企业劳动管理者（企业或公司管理人员）	21.62	13.32	7.80	100：62：36
	一线劳动者［办事人员、工人、服务行业工作人员、个体经营者（户）］	53.32	57.40	60.19	100：108：113
	其他	12.91	9.83	11.65	100：76：90
就业行业	工业	11.11	14.57	19.62	100：131：177
	建筑业	8.75	8.26	7.99	100：94：91
	流通部门	23.33	21.21	22.84	100：91：98
	生产和生活及社会公共服务部门	56.81	55.96	49.55	100：99：87

一般情况下，从事的行业不同，劳动者的就业质量也存在较大的城级差异。从劳动者的行业分布来看（见表 6 – 27），不难看出从事工业的新生代劳动者就业比例，明显地呈现出由大城市到小城市（镇）逐步增加的现象，其中，中等城市该项指标比例高出大城市 31%，小城市（镇）高出大城市 77%。在建筑业和流通部门，大中小城市中新生代劳动者的就业比例差异相对较小，其中，建筑业的就业比例中等城市为大城市的 94%，小城市（镇）为大城市的 91%；流通部门的就业比例中等城市为大城市的

91%，小城市（镇）为大城市的 98%。生产和生活及社会公共服务部门（在科学文化及社会公共服务部门，生产和生活服务部门）大城市和中等城市新生代劳动者相差不大（1%），小城市（镇）新生代劳动者就业比例为大城市的 87%，呈现由大城市到小城市（镇）逐步减少的现象。原因在于，基于国家政策、生态环境建设及城市发展规划方面的需要，大中城市发展着重发展第三产业，许多工业从大中城市向中等城市和小城市（镇）转移。

（2）就业单位的城级差异。一般而言，就业单位规模越大，就业单位越稳定，整体收入较高，福利待遇及社会声望都较好，就业质量就越好。如表 6-28 所示，大城市新生代劳动者就业单位的平均人数是 1377 人，中等城市 884 人，小城市（镇）是 500 人，三者之比为 100：64：36。就业单位规模显示，大城市新生代劳动者就业单位规模远大于中等城市和小城市（镇），小城市（镇）就业单位规模最小。其原因在于，大型企业或跨国公司更加青睐大城市。

用人单位与员工签订劳动合同，有利于保证劳动者权益。单位与劳动者签订劳动合同的不同，往往意味着就业质量存在较大差异。劳动合同规范程度由低到高依次为：无劳动合同（自我经营、临时工）、以完成一定任务为期限的合同、固定期限合同和聘用合同。从用人单位与劳动者签订的劳动合同来看，如表 6-28 所示，新生代劳动者在小城市（镇）中无劳动合同的比例远高于大城市和中等城市，小城市（镇）中该项指标的比例为 36.71%，高出大城市该项指标 75%，中等城市该项指标比例为 26.63%，高出大城市 27%。新生代劳动者在大城市、中等城市和小城市（镇）中以完成一定任务为期限的合同的比例分别为 4.82%、5.25% 和 4.97%。新生代劳动者签订聘用合同的比例大城市为 18.69%，中等城市比大城市高出 7%，小城市（镇）这一指标所占比例为 18.78%，与大城市相差不大（1%）。而在签订固定期限合同方面，比例最高的是大城市，然后为中等城市，仅为大城市的 82%，最低的为小城市（镇），仅为大城市的 57%。可以看出，从劳动合同上来看，整体上城市级别越高，劳动合同越规范。原因是大城市普遍建立了现代企业制度，劳动就业制度比较规范，小城市（镇）正好相反。

表 6 - 28   新生代劳动者就业单位的城级差异

项目		大城市（A）	中等城市（B）	小城市（镇）（C）	A : B : C（A = 100）
单位平均规模（人）		1377	884	500	100 : 64 : 36
就业单位签订劳动合同类型（%）	无劳动合同	20.97	26.63	36.71	100 : 127 : 175
	以完成一定任务为期限的合同	4.82	5.25	4.97	100 : 109 : 103
	固定期限合同	39.59	32.53	22.42	100 : 82 : 57
	聘用合同	18.69	19.91	18.78	100 : 107 : 101
	其他	15.93	15.68	17.12	100 : 98 : 107

（3）工作充分性和稳定性的城级差异。一般而言，就业充分性和稳定性越高，意味着就业质量就越好。从一年未就业天数来看（见表 6 - 29），新生代劳动者在大城市、中等城市和小城市（镇）未就业的天数基本相同，都维持在 35 ~ 36 天。这表明不管是大城市、中等城市还是小城市（镇），在新生代劳动者就业充分性方面近 3 年都处于同一水平线，并未因所处城级的不同而产生差异。

就业稳定性越高，对就业单位的归属感越强，其就业质量也越高。新生代劳动者在当前就业单位工作时间方面大城市为 3.33 年，中等城市这一指标为 3.87 年，相比大城市高出 16%；小城市（镇）这一指标为 4.23 年，相比大城市高出 27%。3 年更换就业城市数量，中等城市的新生代劳动者平均更换数量 0.53 个，比大城市高出 6%；小城市（镇）仅为大城市的 82%。在新生代劳动者 3 年更换就业单位数量方面，首先是大城市，为 0.90 个；其次是中等城市，为 0.83 个，是大城市的 93%，最后是小城市（镇），为 0.72 个，是大城市 80%。从数据可以看出，小城市（镇）在当前就业单位工作时间最长，3 年更换就业城市和单位的数量最少；大城市在当前就业单位工作时间最短，3 年更换就业单位数量最多；中等城市 3 年更换就业城市数量位居首位。这表明相对于大城市和中等城市，小城市（镇）的就业稳定性更高。

表 6 – 29　　　　新生代劳动者工作充分性和稳定性的城级差异

项目	大城市 （A）	中等城市 （B）	小城市 （镇）（C）	A∶B∶C （A = 100）
一年未就业的天数（天）	35.64	35.20	35.55	100∶99∶100
当前就业单位工作了多少年（年）	3.33	3.87	4.23	100∶116∶127
3 年共更换过几个就业城市（个）	0.50	0.53	0.41	100∶106∶82
3 年共更换过几个就业单位（个）	0.90	0.83	0.72	100∶93∶80

6.3.4.1.2　工资收入的城级差异

在收入方面，用月平均工资收入和年平均工资总收入 2 个三级指标反映。一般而言，工资收入越高，就业质量越好。所以我们用月平均工资收入和年平均工资总收入 2 个三级指标用以反映城级间的收入差距。如表 6 – 30 所示，大城市新生代劳动者月平均工资收入为 7044.92 元，中等城市新生代劳动者月平均工资收入是 5279.40 元，小城市（镇）新生代劳动者月平均工资收入是 4520.88 元，三者之比为 100∶75∶64。从年平均工资总收入来看，新生代劳动者在大城市、中等城市和小城市（镇）的年平均工资总收入分别为 76262.46 元、56876.52 元和 48319.31 元，三者之比为 100∶75∶63，与月平均工资收入基本相同。数据表明，新生代劳动者工资收入从大城市到小城市逐步降低，原因在于从大城市到中等城市，再到小城市（镇），经济发展水平依次递减，造成收入相应递减。

表 6 – 30　　　　　　新生代劳动者收入的城市差异　　　　　　单位：元

项目	大城市 （A）	中等城市 （B）	小城市 （镇）（C）	A∶B∶C （A = 100）
平均月工资收入	7044.92	5279.40	4520.88	100∶75∶64
平均年工资收入	76262.46	56876.52	48319.31	100∶75∶63

6.3.4.1.3 社会保护的城级差异

社会保护方面，用是否有工会、工会在维权方面的作用2个三级指标反映。一般而言，工会的作用在于保障劳动者的基本权益，拥有工会相比没有工会的劳动者就业质量好，工会在维权方面的作用越大，劳动者就业质量也会越好。如表6–31所示，新生代劳动者就业单位拥有工会的比例：大城市为33.69%，中等城市最高为36.42%，比大城市高出8%，小城市（镇）仅相当于大城市的90%；新生代劳动者没有工会的比例：中等城市为38.25%，高出大城市3%，小城市高出大城市16%。数据表明，有工会的新生代劳动者比例中等城市最高，大城市次之，小城市（镇）最低。其原因在于小城市（镇），经济相对不发达，企业规模相对较小，现代企业制度需要进一步完善，对工会建设不够重视。

表6–31 新生代劳动者社会保护的城级差异

项目		大城市（A）	中等城市（B）	小城市（镇）(C)	A：B：C（A=100）
是否有工会	没有工会	37.30	38.25	43.14	100：103：116
	不清楚	29.01	25.33	26.45	100：87：91
	有工会	33.69	36.42	30.41	100：108：90
工会维权中的作用		2.49	2.46	2.38	100：99：96

工会维权中的作用是其在劳动者权益维护方面的表现，也是新生代劳动者就业质量的重要体现，由表6–31可以看出，大城市、中等城市和小城市（镇）中，工会维权作用的值分别为2.49、2.46和2.38，三者之比为100：99：96。数据表明，新生代劳动者在大城市与中等城市工会维权方面的作用差异不大，相对大城市和中等城市，小城市（镇）中在工会维权方面的作用相对较弱。这不仅与企业工会的建设有关，也与城市劳动者权益保护的整体环境相关。

6.3.4.1.4 劳动者权利的城级差异

劳动者权利方面用是否享有带薪休假、是否享有病假工资、所在的单位是否对女职工实行特殊保护 3 个三级指标反映。

一般情况下，是否拥有带薪休假、病假工资和所在的单位是否对女职工实行特殊保护，对劳动者就业质量产生较大的影响。从劳动者是否拥有带薪休假来看（见表 6 - 32），在大城市中新生代劳动者拥有带薪休假的比例占 56.45%；然后是中等城市，为 49.87%；最低的是小城市（镇），为 37.33%，三者之比为 100：88：66，差距较大。从数据可以看出，大城市和中等城市对于劳动就业者的福利待遇，要远好于小城市（镇）。

在是否拥有病假工资方面，大城市和中等城市分别以 46.78% 和 42.88% 的比例，远高于小城市（镇）的 32.54%，三者之比为 100：92：70；所在的单位是否对女职工实行特殊保护方面，大城市比例为 70.63%，中等城市为 69.20%，中等城市为大城市的 98%，两者差距不大，小城市（镇）拥有病假工资的比例为 60.50%，仅为大城市的 86%，差距较大。

表 6 - 32　　　　　新生代劳动者权益的城级差异　　　　　单位：%

项目	大城市（A）	中等城市（B）	小城市（镇）（C）	A：B：C（A = 100）
是否享有带薪休假	56.45	49.87	37.33	100：88：66
是否享有病假工资	46.78	42.88	32.54	100：92：70
是否对女职工实行特殊保护	70.63	69.20	60.50	100：98：86

6.3.4.2　健康与福利的城级差异

在健康与福利方面用工作健康、风险暴露程度和组织保障 3 个二级指标和 8 个三级指标反映。结合问卷数据，工作健康用当前工作对身体健康的安全性（处于伤及肢体隐患及有毒化学物质危害的工作环境的安全性）反映，用 5 点量表表示，1 表示安全性最小，5 表示安全性最大；风险暴露程度用工作环境的舒适度（处在高温、低温、噪声、粉尘污染的工作岗位舒适度小）反映，用 5 点量表表示，1 表示舒适度最小，5 表示舒适度最大；组织保障用就业单位是否给缴纳"五险一金"（养老保险、医疗保险、失业保险、工伤保险、生育保险、住房公积金）反映。

就当前工作对身体的健康危害程度而言（见表6－33），新生代劳动者不论是在大城市、中等城市还是小城市（镇）健康危害程度这一指标数值都高于3.1，小城市（镇）相比大城市和中等城市稍有不足。新生代劳动者工作环境安全性方面，大城市为3.25，中等城市这一指标是大城市的98%，小城市（镇）这一指标则为大城市的94%。整体上，小城市（镇）相比大中城市，身体的健康危害程度方面和工作环境安全性方面较低。造成上述差异的原因在于，小城市（镇）拥有现代制度的企业较少，劳动者权益保护较差，缺少相关部门监督。

一般情况下，"五险一金"能够直接地反映劳动者的就业质量状况。从表6－33可以看出，新生代劳动者在大城市、中等城市和小城市（镇），"五险一金"中拥有比例最高的是医疗保险，其中，大城市新生代劳动者拥有医疗保险的比例，已经达到71.38%，小城市（镇）拥有比例也可以达到59.78%，接近60%的新生代劳动者拥有医疗保险。然后是工伤保险，再然后是养老保险，这两项保险在大城市拥有比例仍可达到60%以上，中等城市拥有比例也超过了50%，但小城市（镇）的数据已经出现严重下滑，拥有比例不足50%。失业保险和生育保险，大城市仍可保证超过50%的新生代劳动者拥有，中等城市为50%以下，小城市（镇）为40%以下。企业（职业）年金的拥有比例不论是在大城市还是中等城市和小城市（镇），都是"五险一金"中最低的。

表6－33　　　　　当前工作对身体健康危害程度的城级差异

项目	大城市（A）	中等城市（B）	小城市（镇）（C）	A：B：C（A＝100）
身体健康的安全性	3.32	3.33	3.19	100：100：96
工作环境的安全度	3.25	3.20	3.05	100：98：94
养老保险（%）	61.34	53.71	46.76	100：88：76
医疗保险（%）	71.38	66.75	59.78	100：94：84
失业保险（%）	56.48	47.15	36.99	100：83：65
工伤保险（%）	66.17	57.66	48.70	100：87：74

续表

项目	大城市 （A）	中等城市 （B）	小城市 （镇）（C）	A∶B∶C （A＝100）
生育保险（%）	52.84	44.51	35.75	100∶84∶68
企业（职业）年金（%）	46.12	39.09	30.48	100∶85∶66

造成上述差异的原因在于，大城市和中等城市，不仅资本型和知识型企业较多，而且普遍建立了现代企业用工制度，对劳动者权益的保护相对好于小城市（镇），在"五险一金"方面也是如此。

6.3.4.3　职业和技能发展的城级差异

职业和技能发展是就业质量的重要内容，从长远来看，劳动者若从事有利于自身技能发展的工作，自然有益于就业质量的提高。职业和技能发展用任职要求、培训状况、是否学习型组织和职业发展4个二级指标，5个三级指标反映。任职要求用技能等级、特长与工作岗位的匹配度2个指标反映。培训状况用近3年累计接受培训的时间；是否学习型组织用近3年单位组织员工学习的次数；职业发展用从事工作对升职加薪的作用反映。

一般情况下，劳动者所具有的职业技能等级，也将直接影响劳动者的就业质量。从劳动者拥有的职业技能层次来看（见表6-34），数据表明，在要求新生代劳动者具有初级和中级职业资格证书的比例上，中等城市最高，大城市次之，小城市（镇）最低；在要求新生代劳动者具有高级职业资格证书的比例上，大城市最高，然后为中等城市，小城市（镇）最低；在无任何等级职业资格证书要求的比例上，小城市（镇）则远超过大城市和中等城市，比例最高，中等城市其次，大城市比例最低。

一般而言，相关培训有助于提升劳动者今后就业的宽度与深度，也更利于劳动者融入相关就业组织当中，对劳动者以后的就业质量存在一定的保障作用。大城市新生代劳动者近3年累计接受培训的时间是16.35天，中等城市新生代劳动者近3年累计接受培训的时间是15.92天，小城市

（镇）新生代劳动者近 3 年累计接受培训的时间是 11.81 天，三者之比为
100：97：72。大城市单位组织员工培训次数平均为 2.12 次，中等城市单
位组织员工培训次数平均为 2.10 次，小城市（镇）单位组织员工培训次
数平均为 1.89 次，三者之比为 100：99：89。从当前工作对升职加薪的作
用来看，大城市、中等城市和小城市（镇）分别为 3.31、3.17 和 2.97，
三者比值为 100：96：90。

从上述数据可以看出，在职业和技能发展方面，大城市和中等城市相
差不大，大城市、中等城市与小城市（镇）则相差较大。出现上述差异的
原因在于，职业技能等级高、人力资本高，获得收入相对较高，大、中城
市对职业技能等级的要求高于小城市（镇）。

表 6 - 34　　　　　　　　新生代劳动者职业和技能发展的城级差异

项目			大城市（A）	中等城市（B）	小城市（镇）（C）	A：B：C（A = 100）
任职要求	技能等级	无任何等级职业资格证书	41.91	42.90	51.01	100：102：122
		具有初级职业资格证书	30.65	31.72	27.53	100：103：90
		具有中级职业资格证书	17.01	17.40	15.68	100：102：92
		具有高级职业资格证书	10.43	7.98	5.76	100：76：55
	专业对所从事职业帮助		2.96	2.87	2.77	100：97：93
培训状况	近 3 年累计接受培训的时间（天）		16.35	15.92	11.81	100：97：72
学习型组织	单位组织员工培训次数		2.12	2.10	1.89	100：99：89
职业发展	当前工作对升职加薪的作用		3.31	3.17	2.97	100：96：90

6.3.4.4　工作与生活和谐的城级差异

工作与生活和谐用工作和非工作时间、就业所在地的社会基础设施 2
个二级指标，7 个三级指标反映。在工作和非工作时间方面，用年均非农
就业时、月均休息天数、周均加班次数、一周平均加班时间、居住和工作
地点的距离 5 个指标反映。就业所在地的社会基础设施用公共交通便利程
度和公共服务完善程度 2 个指标评价。

6.3.4.4.1　工作与生活和谐程度的城级差异

一般来说，工作与生活和谐程度直接影响劳动者就业质量的高低。每年平均非农就业时间来看（见表 6 – 35），新生代劳动者在大城市、中等城市和小城市（镇）的月数基本相同，都维持在 10.4 个月以上。这表明不管是大城市、中等城市还是小城市（镇），在新生代劳动者年平均非农就业时间方面近 3 年都处于同一水平，不因所处城级的不同而产生明显的差异。新生代劳动者每月平均休息天数方面大城市为 5.69 天，中等城市这一指标为 5.06 天，相当于大城市的 89%；小城市（镇）这一指标为 4.66 天，相当于大城市的 82%。每周平均加班次数，大城市最多，加班次数 1.86 次，然后是中等城市，加班次数 1.73 次，最少的是小城市（镇），加班次数 1.55 次，三者比值为 100∶93∶84。每周平均加班时间方面，大城市为 3.76 小时，中等城市为 3.14 小时，该项指标相当于大城市的 83%，小城市（镇）为 2.84 天，该项指标相当于大城市的 76%。居住和工作地点的距离，大城市为 10.39 千米，远高于中等城市和小城市（镇）的 7.05 千米和 7.11 千米。从数据可以发现，工作与生活和谐整体来看，大城市要优于中等城市，中等城市要优于小城市（镇）。造成上述差异的原因在于越是较大的城市，越容易建立比较完备的现代企业制度，拥有完善的劳动保障体系，同时，劳动者素质较高，维权意识也比较强。

6.3.4.4.2　就业地点社会基础设施的城级差异

就业所在地的社会基础设施，对于劳动者就业和生活都有着极为重要的影响。就业所在地公共交通便利程度方面，大城市最高，为 3.94，中等城市次之，为 3.61，小城市（镇）最低，为 3.35，三者比值为 100∶92∶85。公共服务的完善程度方面，大城市、中等城市和小城市（镇）分别为 3.79、3.45 和 3.22，三者比值为 100∶91∶85。数据表明，在就业所在地社会基础设施建设方面，从小城市（镇）到大城市，社会基础设施完善程度逐渐提升。其原因在于大城市相比中小城市，其公共基础设施投入多，而且相对集中。

表 6 - 35   新生代劳动者工作与生活和谐的城级差异

项目		大城市（A）	中等城市（B）	小城市（镇）（C）	A：B：C（A = 100）
工作与生活和谐	年平均非农就业时间（月）	10.59	10.57	10.49	100：100：99
	平均一个月休息几天（天）	5.69	5.06	4.66	100：89：82
	每周的平均加班次数（次）	1.86	1.73	1.55	100：93：84
	每周的平均加班时间（小时）	3.76	3.14	2.84	100：83：76
	居住和工作地点的距离（千米）	10.39	7.05	7.11	100：68：68
社会基础设施	公共交通的便利程度	3.94	3.61	3.35	100：92：85
	公共服务的完善程度	3.79	3.45	3.22	100：91：85

6.3.4.5 就业满意度的城级差异

就业质量包括主观维度和客观维度，以上从客观维度分析了职业和工作安全、健康与福利、职业和技能发展、工作与生活和谐 4 个一级指标，13 个二级指标，35 个三级指标的客观就业质量的差异。主观就业质量的评价，用被调查者对上述 13 个二级客观指标的主观评价，形成 4 个二级指标，13 个三级指标反映。用 5 点量表表示，1 表示最小，5 表示最大。

从职业和安全、健康福利、职业和技能发展、工作与生活和谐的满意度来看（见表 6 - 36），均是大城市新生代劳动者略大于中等城市，中等城市大于小城市（镇）。从数据可以看出，相对客观的就业质量，大城市、中等城市和小城市（镇）主观的就业质量相差较小。

表 6 - 36   新生代劳动者工作与生活和谐的城级差异

项目		大城市（A）	中等城市（B）	小城市（镇）（C）	A：B：C（A = 100）
职业和工作安全	就业状况的满意度	3.35	3.28	3.19	100：98：95
	工资收入的满意度	3.05	2.98	2.93	100：98：96
	社会保护的满意度	3.29	3.23	3.13	100：98：95
	享有劳动者权利的满意度	3.31	3.24	3.15	100：98：95

项目		大城市（A）	中等城市（B）	小城市（镇）(C)	A：B：C（A = 100）
健康和福利	健康状况的满意度	3.27	3.20	3.09	100：98：95
	就业单位工作环境的满意度	3.40	3.35	3.22	100：99：95
	就业单位福利保障的满意度	3.04	3.01	3.00	100：99：99
职业和技能发展	资格证书对职业发展的满意度	3.21	3.19	3.12	100：99：97
	培训状况的满意度	3.23	3.18	3.09	100：99：96
	学习型组织的满意度	3.30	3.26	3.17	100：99：96
	职业发展的满意度	3.36	3.30	3.22	100：98：96
工作与生活和谐	工作与生活和谐的满意度	3.36	3.36	3.34	100：100：99
	社会基础设施的满意度	3.51	3.33	3.23	100：95：92

6.3.5　结论与启示

6.3.5.1　结论

（1）从职业和工作安全的城级差异方面来看，新生代劳动者在大城市的就业状况要好于中等城市，小城市（镇）就业状况最差。

（2）从健康与福利的城级差异方面来看，新生代劳动者在大城市和中等城市身体健康安全性的几乎没有差异，小城市（镇）相对较低。从工作环境的安全度来看，大中城市差距不大，小城市（镇）相对较低；就业福利方面则存在较大的城级差异，呈现出从大城市向小城市阶梯递减的趋势。

（3）在职业和技能发展方面，大城市和中等城市相差不大，大城市与小城市（镇）则相差较大，其中，大城市更倾向于具有高级职业资格证书的劳动者，中小城市具有高级职业资格证书以下的就业人员相对较多。

（4）工作与生活和谐整体来看，大城市要优于中等城市，中等城市要优于小城市（镇）。具体来看，大城市相比中小城市（镇）劳动者，拥有更多的休息时间，但耗费更多的加班与通勤时间。就业所在地社会基础设施建设方面，从小城市（镇）到大城市，建设完善程度逐渐提升。

（5）从就业满意度的城级差异来看，大城市、中等城市和小城市（镇）依次递减，与客观就业质量相比，相差较小。

6.3.5.2 启示

通过以上分析，我们可以得到以下启示：（1）大城市就业质量普遍高于中小城市。相比中小城市，大城市能给就业者提供更好的就业机会与福利保障，这将提升大城市对于就业者的吸引力，导致就业者持续性向大城市流动，不利于整体就业质量的提升。（2）加强小城市（镇）的基础建设、提升劳动者就业保障水平，有利于提升小城市（镇）的就业吸引力，提升小城市（镇）就业者的就业质量，有利于缩小就业质量的城级差异。（3）加强政策保障有利于平衡大中小城市间就业质量的城级差异，降低大城市劳动者就业压力与生存压力，有助于整体就业质量的提升。

6.4 小结

基于全国新生代劳动者的调查数据，分析就业质量的空间差异，通过描述性分析，考查了中国新生代劳动者就业质量的空间差异，研究结论如下。

（1）从城乡来看，新生代城乡劳动者在职业和工作安全、健康与福利、职业和技能发展、工作与生活和谐等客观维度的就业质量差异较大，而主观维度就业质量的差异较小；新生代城镇普通劳动者和新生代农村普通劳动者就业质量的差异最大，而新生代农村知识型劳动者与新生代城镇知识型劳动者就业质量的差异大大缩小，很多指标甚至超过新生代城镇普通劳动者。

（2）从区域来看，新生代劳动者整体就业质量呈现出不同程度的区域差异，东部地区劳动者的就业质量最高，然后为西部地区，中部地区最差；东中西部地区新生代劳动者职业状况和工作安全存在不同程度差异，但趋势不明显；东部地区新生代劳动者健康与福利水平、工作与生活和谐、就业满意度高于西部地区，西部高于中部地区；中部地区职业和技能水平落后于东西部地区。

（3）从城级来看，整体上随着城级的减小，新生代劳动者的就业质量逐渐递减。客观就业质量方面，新生代劳动者职业和工作安全、健康与福利、工作与生活和谐的城级差异呈现大中小城市逐渐降低的趋势，在职业和技能发展方面，大城市和中等城市相差不大，小城市（镇）则相对较差；而主观就业质量方面的差异较小。

第7章 新生代农民工就业质量的空间差异及其分解

本章基于全国新生代农民工的调查数据，分析就业质量的空间差异，通过描述性分析、采用 Dagum 基尼系数、核密度非参数估计等方法，实证考察了中国新生代农民工空间差异特征及格局刻画。而空间差异分为两大差异：一是区域差异；二是城级差异。

7.1 新生代农民工就业质量的区域差异

随着中国城市化进程的不断推进，新生代农民工成为市民化的主力军和城市建设者。截至 2018 年底，新生代农民工已经占据全国农民工总量的半数，其中"80 后"和"90 后"农民工占 93.6%，"00 后"占 6.4%（国家统计局，2020）。提高中国新生代农民工的就业质量是促进其市民化的重要举措。为此，本章基于区域差异视角，探究中国不同地区新生代农民工就业质量的差异，可作为政府相关部门制定提高农民工就业质量、缩小农民工就业质量区域差异政策的参考依据。

7.1.1 文献综述

农民工就业问题一直以来被学术界广泛关注，其就业质量区域差异的研究主要集中在以下三个方面。

（1）就业质量的城市差异。一般来说，大城市对农民工就业质量有促进作用，进城务工农民工群体能够获得比本地务工更高的工资（韩军辉和李锦，2015；胡斌红和杨俊青，2019），但是大城市农民工的城市定居意向要弱于小城市（孙学涛、李旭、戚迪明，2016）。

（2）就业质量的地点差异。就业距离、区（县）内或区（县）外工作等都会影响农民工就业质量。农民工区（县）内务工与区（县）外务工收入差距明显，就近就业能够明显提升农民工城市就业质量（车蕾和杜海峰，2019）。同时，本区（县）内务工就业质量会随务工距离增加而呈上升趋势，超出这个范围，务工距离的增加反而不利于就业质量的改善（李中建和袁璐璐，2017；杨穗和吴彬彬，2019）。

（3）就业质量的区域差异。长三角和珠三角农民工就业质量显著优于中部和西部地区（明娟，2016）。农民工在不同地区就业可能选择的行业不同（覃凤琴和陈杭，2019）。

可见，学者对于农民工就业质量区域差异问题的探讨颇为丰富，这些研究一是多从微观角度分析农民工就业质量的空间差异；二是对新生代农民工的研究较少；三是缺少全国区域差异比较的研究。本部分着眼于微观个体的问卷调查，探究全国东、中、西部新生代农民工就业质量的区域差异。

7.1.2　相关概念和数据来源

7.1.2.1　相关概念

为便于读者理解，笔者对"新生代农民工"这一概念做出阐释，本章所指即农村户籍，年龄在 15～38 周岁，每年从事非农工作（二三产业）累计 6 个月及以上的劳动人口。

7.1.2.2　数据来源

本章数据来源于国家社会科学基金"新生代农民工就业质量课题组"

于 2018 年 2 ~ 8 月组织的全国新生代劳动者就业质量调查, 详细见 5. 3. 2 一节。样本共涉及中国 31 个省份 (区、市), 398 个地市的 1797 个县 (市、区), 共涉及新生代农民工 4261 人, 其中, 东部地区的新生代农民工 2554 人, 中部地区的新生代农民工 873 人, 西部地区的新生代农民工 834 人。样本的基本情况如表 7 – 1 所示。

表 7 – 1　　　　　　　　不同区域新生代农民工样本的基本情况　　　　　单位: %

项目		东部	中部	西部
性别	女	40. 13	44. 56	36. 93
	男	59. 87	55. 44	63. 07
年龄	小于 30 岁	61. 28	59. 79	62. 23
	大于等于 30 岁	38. 72	40. 21	37. 77
婚姻状况	已婚	53. 88	60. 02	53. 96
	未婚	46. 12	39. 98	46. 04
健康状况	患病有劳动能力	1. 17	1. 15	1. 56
	一般	9. 01	10. 42	9. 83
	比较健康	39. 31	40. 78	42. 81
	非常健康	50. 51	47. 65	45. 80

笔者在已有研究基础上, 借鉴欧洲基金会个体视角的四维度就业质量评价指标体系的基础性框架, 结合中国国情, 构建主客观相结合的就业质量综合指标评价体系, 包括 5 个一级指标, 17 个二级指标, 48 个三级指标。5 个一级指标分别为: 职业和工作安全、健康与福利、职业和技能发展、工作与生活和谐和就业满意度, 其中, 前四个指标是客观指标, 最后一个指标是主观指标。

7.1.3　新生代农民工就业质量整体区域差异

运用第 5 章的相关公式, 可以得到新生代农民工整体就业质量的评价

值。如表 7 - 2 所示，整体上新生代农民工就业质量，东部地区最高，为
40.96，中部地区最小，为 38.20，西部地区居中，为 38.44，三者之比为
100：93：94。可以看出，新生代农民工就业质量中西部相差不大，中西部
与东部相差较大。

表 7 - 2　　　　　　　　　新生代农民工整体就业质量的区域差异

项目	东部 （A）	中部 （B）	西部 （C）	A：B：C （A = 100）
新生代农民工	40.96	38.20	38.44	100：93：94

7.1.4　新生代农民工就业质量的区域差异

7.1.4.1　职业和工作安全的区域差异

作为评价的维度之一，职业和工作安全用就业状况、收入水平、社会
保护和劳动者权益 4 个二级指标以及 15 个三级指标反映。

7.1.4.1.1　就业状况的区域差异

就业状况用职业类型、就业行业、就业单位规模、劳动合同类型、就
业天数、当前就业单位工作了多少年、近 3 年共更换过几个就业城市、近
3 年共更换过几个就业单位 8 个三级指标反映。

（1）职业和行业的区域差异。新生代农民工职业类型按层次由低到高
分为一线劳动者、企业劳动管理者和社会管理者。如表 7 - 3 所示，新生代
农民工中从事一线劳动生产的占大多数，东部地区的一线劳动者占比为
79.27%，中部同一指标略低于东部，西部为东部的 93%；企业劳动管理
者中，东部新生代农民工群体中企业劳动者占比 5.64%，中、西部均为东
部同一指标的 87%；东部地区党政事业单位就业的新生代农民工占比最
低，仅为 2.9%，中部和西部地区分别为 4.12% 和 5.28%。由此可见，新
生代农民工的职业类型表现为自东部向西部地区，社会管理类的就业比例
增加，一线劳动者和企业劳动管理者的就业比例减小。

就业行业方面，通过四大类行业的就业比例可以看出，首先为新生代农民工选择在生产生活及社会公共服务部门的就业比例最高，以中部地区为主（40.67%）；然后是在流通部门就业，西部地区该比例最高，达到30.94%；再然后选择在工业部门就业，主要集中在东部地区的工业领域（27.96%），远高于中部地区（17.75%）和西部地区（17.15%）；就业比例最低的为建筑业，相对而言，西部地区建筑业就业比例高，为14.75%。就业行业的地区比较也可以看出显著差异：东部地区工业部门就业的新生代农民工占比27.96%，显著高于中、西部地区，而建筑业、流通部门、生产生活及社会公共服务部门的新生代农民工就业的比例均低于中、西部地区；中部地区新生代农民工生产生活及社会公共服务部门就业比例高于东、西部地区；西部地区建筑业就业比例远高于东、中部地区。新生代农民工各行业具体的就业比例存在区域差异，经济发达的东部地区工业就业比例最高；中部地区生产和生活及社会公共服务部门的吸纳能力强，就业比例高；西部大开发激活建筑业和流通行业蓬勃发展，因此，这两类行业的就业比例领先于东、中部地区。

表7-3　　　　　新生代农民工职业和行业的区域差异　　　　单位：%

	项目	东部（A）	中部（B）	西部（C）	A：B：C（A=100）
职业类型	社会管理者（党政事业单位工作人员）	2.90	4.12	5.28	100：142：182
	企业劳动管理者（企业或公司管理人员）	5.64	4.93	4.92	100：87：87
	一线劳动者［办事人员、工人、服务行业工作人员、个体经营者（户）］	79.27	78.35	73.50	100：99：93
	其他	12.19	12.60	16.30	100：103：134
就业行业	工业	27.96	17.75	17.15	100：64：61
	建筑业	9.83	12.14	14.75	100：124：150
	流通部门	27.64	29.44	30.94	100：106：112
	生产和生活及社会公共服务部门	34.57	40.67	37.16	100：117：107

（2）就业单位的区域差异。从就业单位的规模来看（见表7-4），东、中、西部新生代农民工就业单位员工数量分别为789人、367人和433人，东部地区人员规模远大于中、西部地区，吸纳劳动力的能力更强。劳动合同作为保障员工权利的有力工具值得关注，在就业单位签订的劳动合同类型方面，无劳动合同所占比例最高，然后是固定期限合同，再然后是聘用合同，最少的为以完成一定任务为期限的合同。西部地区无劳动合同比例最高，为46.04%，高出东部地区7个百分点（43.15%），中部地区比例为45.93%；同时，西部地区固定期限合同的签订比例仍然最高，为7.55%，东部地区最低，为5.99%，但是都普遍较低。东部地区聘用合同的签订率最高，为23.84%，西部地区为东部地区的80%，中部地区仅为东部地区的73%。可见，新生代农民工就业的合法认定和权利保护的情况堪忧，就业单位对农民工缺乏尊重，对赋予他们工作合法性意义的认识不足，农民工自身维权意识有待提高。

表7-4 新生代农民工就业单位的区域差异

项目		东部（A）	中部（B）	西部（C）	A：B：C（A=100）
单位平均规模（人）		789	367	433	100：46：55
就业单位签订劳动合同类型	无劳动合同（自我经营、临时工）（%）	43.15	45.93	46.04	100：106：107
	以完成一定任务为期限的合同（%）	5.99	7.33	7.55	100：122：126
	固定期限合同（%）	23.84	17.3	19.06	100：73：80
	聘用合同（%）	8.65	6.07	8.27	100：70：96
	其他（%）	18.37	23.37	19.00	100：127：104

（3）工作充分性和稳定性的区域差异。新生代农民工长期稳定就业是加速实现市民化进程、提高工资收入的重要因素。如表7-5所示，中国东部地区农民工一年未就业的天数最少，为35.88天，西部和中部地区分别为36.96天和37.18天。就业稳定性方面，新生代农民工在当前就业单位工作年数平均超过3年；"3年共更换过几个就业城市"调查显示，中部地

133

区农民工的城市更换频率在全国层面较高，比东部地区同一指标高出
14%；对于"3 年共更换过几个就业单位"的问题，受访者 3 年来平均有
1 次的更换单位经历。东部地区新生代农民工就业机遇与选择多，因此就
业最为充分，就业城市的稳定性也高于中西部。但是由于东部城市就业竞
争也较为激烈，农民工就业单位的稳定性比中西部低；中部地区农民工就
业单位稳定性最高、城市稳定性最低；西部地区农民工城市稳定性和单位
稳定性均介于东、中部之间。

表 7－5   新生代农民工工作充分性和稳定性的区域差异

项目	东部 (A)	中部 (B)	西部 (C)	A∶B∶C (A＝100)
一年未就业的天数（天）	35.88	37.18	36.96	100∶104∶103
当前就业单位工作了多少年（年）	3.72	3.66	3.91	100∶98∶105
3 年共更换过几个就业城市（个）	0.64	0.73	0.69	100∶114∶108
3 年共更换过几个就业单位（个）	1.06	1.02	1.04	100∶96∶98

7.1.4.1.2 工资收入的区域差异

收入水平不仅能反映社会经济发展情况，也是个人能力的体现。本章
以平均月工资收入和平均年工资收入衡量新生代农民工区域间收入差距
（见表 7－6）。东部地区平均月入工资高达 5624.38 元，中、西部地区同一
指标分别为东部地区的 92% 和 94%；东部地区平均年工资收入水平最高，
达到 60220.46 元，然后是西部地区，为 56612.26 元，中部地区平均年工
资收入水平最低。东、中、西部新生代农民工收入水平有显著差异，东部
地区高于西部地区，中部地区最低，但中、西部差距较小。

表 7－6   新生代农民工收入的区域差异   单位：元

项目	东部 (A)	中部 (B)	西部 (C)	A∶B∶C (A＝100)
平均月工资收入	5624.38	5177.49	5288.88	100∶92∶94
平均年工资收入	60220.46	54887.52	56612.26	100∶91∶94

7.1.4.1.3　社会保护的区域差异

社会保护方面，用是否有工会、工会的作用 2 个三级指标反映。工会代表和维护职工的合法权益，监督用人单位遵法守法。调查结果如表 7 - 7 所示，近 3 年仍有近半数新生代农民工就业单位没有工会；西部地区工会建设比例比东、中部均高 15%；近 30% 受访者表示他们并不知道工会组织的存在或不清楚本单位是否设有工会组织。总体而言，以农民工为主体的就业单位工会组织建设薄弱，设立工会组织的就业单位占少数且对新生代农民工群体的社会保护程度不足，其中，西部地区工会建设比例高于中、东部地区，东部地区工会组织发挥的作用要强于中、西部地区。

表 7 - 7　　　　　　　　新生代农民工社会保护的区域差异

项目		东部 （A）	中部 （B）	西部 （C）	A∶B∶C （A = 100）
是否有 工会	没有工会	45.40	45.81	41.47	100∶101∶91
	不清楚	29.25	28.80	29.42	100∶98∶101
	有工会	25.35	25.39	29.11	100∶100∶115
工会维权作用		2.16	2.03	2.09	100∶94∶97

7.1.4.1.4　农民工权益的区域差异

新生代农民工权益方面用是否带薪休假、是否病假工资、是否对女职工实行特殊保护 3 个三级指标反映。调查显示（见表 7 - 8），近 30% 的新生代农民工未享受带薪休假，中部地区实现带薪休假的比例是东部地区的 91%，西部地区同指标仅为东部地区的 85%。病假工资也属于企业应当提供给员工的基本福利，然而中国仅有 20% 以上的新生代农民工可以享受到此项待遇，东部地区新生代农民工享受病假工资的比例略高于中、西部地区。对于女性职工特殊保护的调查发现，东部地区有 52.27% 的用人单位建立了针对女性劳动群体的保护机制，中、西部地区略低。整体上东部企业保护新生代农民工权益的力度最强，然后是中部，西部地区最弱。

表 7 - 8　　　　　　　　　新生代农民工权益的区域差异　　　　　　单位：%

项目	东部 （A）	中部 （B）	西部 （C）	A：B：C （A = 100）
是否带薪休假	30.46	27.64	25.78	100：91：85
是否病假工资	23.96	22.57	22.54	100：94：94
是否对女职工实行特殊保护	52.27	49.37	47.48	100：94：91

总体上，新生代农民工职业和工作安全存在地区差异，整体上东部地区条件优于西部地区，西部地区优于中部地区。新生代农民工就业状况自西向东表现为管理岗的就业比例减少，一线劳动岗的就业比例增加；东部沿海地区工业部门就业比例高于中西部地区，但是建筑业、流通部门和服务部门就业比例低于中西部地区。东部地区企业内部管理机制规范，新生代农民工劳动合同签订率最高，务工充分性和就业城市稳定性也高于中西部地区，但是就业单位的稳定性不及中西部地区。受地区经济基础影响，工资收入水平表现为东、西、中部依次递减。西部地区加入工会的比例较多，其作用的发挥不如东部地区，但强于中部地区。

7.1.4.2　健康与福利的区域差异

健康是人力资本投资基本形式之一，福利是提高人力资本的保障。本章用工作健康、风险暴露程度与组织保障 3 个二级指标，8 个三级指标反映。结合问卷数据，工作健康用"身体健康安全性"（处于伤及肢体隐患及有毒化学物质危害工作环境的安全性）反映，用 5 点量表表示，1 表示安全性最小，5 表示安全性最大；风险暴露程度用"工作环境舒适度"（处在高温、低温、噪声、粉尘污染的工作岗位舒适度小）反映，用 5 点量表表示，1 表示舒适度最小，5 表示舒适度最大；用"五险一金"缴纳比例反映组织保障情况。

如表 7 - 9 所示，东部地区工作对身体的健康安全为 3.10，中、西部地区分别为 3.11 和 3.09。工作环境舒适度的调查显示，东、中、西部地区当前农民工就业单位工作环境舒适程度较低，平均不足 3.00。东、中、西部就业单位的"五险一金"缴纳比例由高到低分别为医疗保险、工伤保险、养老保险、失业保险、生育保险、住房公积金;地区间享受待遇的职工比例存在显著差异,东、中、西部地区医疗保险的缴纳比为100∶86∶100,工伤保险的缴纳比为100∶69∶77,养老保险的缴纳比为100∶73∶83,失业保险的缴纳比为100∶64∶75,生育保险的缴纳比为100∶67∶78,住房公积金的缴纳比为100∶76∶64。

表7-9 新生代农民工当前工作健康保障的区域差异

项目	东部 (A)	中部 (B)	西部 (C)	A∶B∶C (A = 100)
身体健康安全性	3.10	3.11	3.09	100∶100∶101
工作环境舒适度	2.96	2.99	2.94	100∶101∶99
养老保险(%)	33.32	24.17	27.58	100∶73∶83
医疗保险(%)	50.20	42.96	50.24	100∶86∶100
失业保险(%)	26.43	16.95	19.90	100∶64∶75
工伤保险(%)	44.13	30.58	33.81	100∶69∶77
生育保险(%)	24.82	16.61	19.42	100∶67∶78
住房公积金(%)	19.03	14.43	12.11	100∶76∶64

全国范围内,新生代农民工的工作对其身体健康安全性和工作环境舒适度较低,区域间无显著差异。新生代农民工就业保障呈现出明显的区域不平衡:东部地区"五险一金"缴纳的比例均明显高于中西部,西部地区"五险"缴纳的比例高于中部,但住房公积金缴纳比低于中部。就业保障的差异性主要体现在东部地区与中西部地区之间,东部地区就业保障水平显著优于中、西部,中部与西部的差距相对较小。由此可见,中、西部新生代农民工享受的社保和住房公积金待遇仍然较低。

7.1.4.3 职业和技能发展的区域差异

职业和技能发展是就业质量的重要内容。新生代农民工职业技能发展情况用任职要求、培训状况、组织学习和职业发展4个二级指标,5个三级指标考察，任职要求用"技能等级""专业对所从事职业帮助"2个指标反映，培训状况用"近3年累计接受培训的时间（天）"反映，用"每年组织员工培训的次数"反映组织学习情况，用"当前工作对升职加薪的作用"反映职业发展状况。

职业资格证书是员工专业性和职业能力的体现，持证应聘能够为劳动者赢得更多就业机会，大大提高求职成功率。西部地区高级职业资格证书的比例最高（见表7-10），比东部地区高12%，中部地区同指标的数值最低，为东部地区的93%。"专业对所从事职业帮助"数值均较低，可见，新生代农民工特长与工作岗位的匹配度还很低。经过专业技能培训的新生代农民工专业素养和职业技能普遍较高，拥有更大的职业提升空间。培训状况调查显示，近3年西部地区新生代农民工累计接受培训的平均天数为12.12天，比东部地区高21%；中部地区该指标为9.30天，是东部地区的93%，新生代农民工年平均培训天数不足一周，西部农民工培训机会相对较多。东部企业每年组织学习型培训的次数平均为1.70次，中、西部地区分别为1.72次和1.71次。职工工作经验越丰富、工龄越久，工作能力越强，收入越高。东部地区当前工作对升职加薪的作用程度最高，为3.01，中、西部地区同一指标分别为东部的97%和95%。

表7-10　　　　新生代农民工职业和技能发展的区域差异

项目			东部（A）	中部（B）	西部（C）	A：B：C（A=100）
任职要求	技能等级	无任何等级职业资格证书	67.69	69.38	69.42	100：103：103
		具有初级职业资格证书	20.76	20.53	18.59	100：99：90
		具有中级职业资格证书	9.09	7.80	9.23	100：86：102
		具有高级职业资格证书	2.46	2.29	2.76	100：93：112
	专业对所从事职业帮助		2.44	2.40	2.43	100：98：99
培训状况	近3年累计接受培训的时间（天）		10.03	9.30	12.12	100：93：121
组织学习	每年组织员工培训的次数（次）		1.70	1.72	1.71	100：101：101
职业发展	当前工作对升职加薪的作用		3.01	2.91	2.87	100：97：95

总体上，西部地区新生代农民工职业和技能发展前景最佳，东部地区次之，中部地区最低，差异主要体现在东西部地区与中部地区之间，东部与西部差异则不明显。西部地区企业组织员工培训学习的次数和时间显著多于东、中部。东、中、西部农民工当前工作对升职加薪的作用依次递减，职业发展状况与区域经济发达程度一致。

7.1.4.4　工作与生活和谐的区域差异

工作与生活和谐用工作时间和距离、就业地社会基础设施 2 个二级指标，7 个三级指标来测度。在工作时间和距离方面，用年均非农就业时间、月均休息天数、周均加班次数、周均加班时间、居住和工作地点的距离 5 个指标来反映。就业地的社会基础设施用公共交通的便利程度和公共服务的完善程度 2 个指标来评价。

7.1.4.4.1　工作时长和距离的区域差异

年均非农就业时间、月均休息天数、周均加班次数、周均加班时间能够比较全面地反映新生代农民工工作时长情况。如表 7 - 11 所示，东、中、西部新生代农民工年均非农就业时间均在 10 个月以上；西部地区新生代农民工平均一个月能够休息 4.24 天，东部和中部地区不足 4 天；东部地区新生代农民工每周平均加班次数最多，为 1.96 次，平均加班时间最长，达3.56 个小时，中部地区新生代农民工的加班时间显著低于东部，西部地区介于二者之间。东部地区新生代农民工居住和工作地点的平均距离为 6.70 千米，中部地区比东部同一指标高 10%，西部地区新生代农民工居住和工作地点的距离最远，达到 9.09 千米。中西部新生代农民工月均休息天数多于东部，年均非农就业时间、周均加班次数和加班时间少于东部；但是中西部新生代农民工居住和工作地点的距离比东部地区远。

7.1.4.4.2　就业地社会基础设施的区域差异

公共交通的便利程度和公共服务的完善程度能够反映社会基础设施建设情况（见表 7 - 11）。全国范围内，公共交通便利程度最高的是东部地区，中部和西部同一指标分别为东部的 95% 和 94%；东部地区公共服务最完善，然后是西部地区，中部地区的公共服务体系最薄弱。

综合考量东中西部地区新生代农民工的工作时长、工作距离以及就业地基础设施建设情况，新生代农民工工作与生活和谐的区域差异主要体现在东部地区与中西部地区之间，东部的工作与生活和谐度最高，西部次之，中部最低。

表7-11   新生代农民工工作与生活和谐的区域差异

项目		东部（A）	中部（B）	西部（C）	A：B：C（A＝100）
工作时长和距离	年均非农就业时间（月）	10.52	10.37	10.31	100：99：98
	月均休息天数（天）	3.75	3.86	4.24	100：103：113
	周均加班次数（次）	1.96	1.58	1.60	100：81：81
	周均加班时间（小时）	3.56	2.89	3.16	100：81：89
	居住和工作地点的距离（千米）	6.70	7.41	9.09	100：110：136
社会基础设施	公共交通的便利程度	3.60	3.41	3.40	100：95：94
	公共服务的完善程度	3.39	3.18	3.24	100：94：96

7.1.4.5 就业满意度的区域差异

通过上述13个二级客观指标，重新形成4个二级指标，13个三级指标反映就业质量的主观评价，并用5点量表表示，1表示最小，5表示最大。

如表7-12所示，新生代农民工在职业和工作安全、健康和福利、职业和技能发展三个层面上的总体满意度呈现自东向西递减趋势，与地区经济发展水平一致；工作和生活和谐的满意度表现为东部地区最高，西部地区次之，中部地区最低。东、中、西部地区新生代农民工的就业单位福利保障满意度差距最大且整体满意度不足2.90，其中，西部地区的满意度最低，仅为2.62；另外，工资收入的满意度也存在一定的区域差异，东、中、西部地区的满意度比值为100：96：93，且收入满意度平均水平不足3.00；社会基础设施的满意度差异也较为显著，主要是东部地区与中、西部地区间的差距所致，但是平均的满意度水平较高；其他各项满意度的差距较小；工作时长和距离的满意度水平最高，达到 3.20 以上。通过就业满意度的区域差异可以看出，东部地区新生代农民工的就业满意度最高，中部地区次之，最低的是西部地区，中部地区与西部地区之间的差距很小；保证新生代农民工的福利保障和工资收入是缩小中、西部地区与东部地区之间的差距，提升全国新生代农民工就业质量的关键。

表 7 – 12　　　　　　　　　　新生代农民工就业满意度的区域差异

	项目	东部 （A）	中部 （B）	西部 （C）	A∶B∶C （A = 100）
职业和 工作安全	就业状况的满意度	3.14	3.07	3.05	100∶98∶97
	工资收入的满意度	2.92	2.79	2.70	100∶96∶93
	社会保护的满意度	3.04	2.94	2.94	100∶97∶97
	享有权益的满意度	3.06	2.97	2.97	100∶97∶97
健康和 福利	健康状况的满意度	2.99	2.87	2.87	100∶96∶96
	就业单位工作环境的满意度	3.14	3.05	3.03	100∶97∶96
	就业单位福利保障的满意度	2.85	2.80	2.62	100∶98∶92
职业和 技能发展	资格证书对职业发展的满意度	2.93	2.93	2.84	100∶100∶97
	培训状况的满意度	3.00	2.95	2.87	100∶98∶96
	组织学习的满意度	3.11	3.07	2.97	100∶99∶96
	职业发展的满意度	3.17	3.11	3.09	100∶98∶98
工作与 生活和谐	工作时长和距离的满意度	3.28	3.19	3.26	100∶97∶100
	社会基础设施的满意度	3.28	3.11	3.13	100∶95∶96

7.1.5　结论与启示

7.1.5.1　结论

由于中国不同地区经济发展水平、产业布局、资源禀赋等的不同，新生代农民工的就业质量存在区域差异，表现为东部地区整体就业质量最高，西部地区次之，中部地区就业质量最低。具体有：（1）东部地区新生代农民工职业和工作安全程度最高，然后是西部地区，中部地区最低。就业状况方面，东部地区整体优于西部地区，西部优于中部地区；东部工资收入最高，然后是西部，中部最低；西部地区新生代农民工的社会保护完善度优于东、中部地区，但是中、西部工会作用发挥不及东部地区；新生代农民工权益呈现自东向西依次递减态势。（2）东、中、西部新生代农民工工作健康安全情况无明显差异；福利待遇存在显著差异，东部地区就业保障水平显著优于中西部地区。（3）西部地区新生代农民工的职业水平和技能发展潜力最大，东部地区次之，中部地区最低。（4）东部地区新生代农民工工作生活的和谐度最高，然后是中部、西部地区。（5）东部新生代农民工就业满意度最高，然后是中部地区，西部最低。

7.1.5.2　启示

（1）新生代农民工就业质量存在显著的区域差异，究其原因，主观层面是受农民工个体差异下不同的就业选择影响，客观层面是国家政策、区域经济发展水平、自然禀赋等多因素综合作用的结果。（2）中国新生代农民工区域就业质量总体呈现东、西高，中部低的"U"型分布。提高中部地区新生代农民工就业质量，关键是提高其收入和社会保障水平。（3）东部沿海发达城市具有较强的就业"虹吸效应"，导致东中西部地区新生代农民工数量与质量分布失衡，建立和完善全国统一的劳动力市场，取消跨区域流动性障碍，是实现区域性就业质量均衡的有力举措。

7.2　新生代农民工就业质量的区域差异分解及刻画

考察新生代农民工就业质量区域特征，首先进行就业质量空间自相关分析；其次进行区域差异刻画；最后分析差异的来源。

7.2.1　新生代农民工就业质量的空间自相关分析

7.2.1.1　数据来源与空间权重矩阵设置

本章采用中国分省份调研数据，样本中不考虑中国港、澳、台地区，全部样本为中国 31 个省（区、市，下同），样本 4261 人。

空间权重矩阵表征空间单元之间的相互依赖性与关联程度，正确合理地选用空间权重矩阵对于创新活动空间计量分析至关重要。考虑三种权重矩阵：邻接空间权重矩阵、地理距离权重矩阵和经济空间权重矩阵。

邻接空间权重指的是如果两个空间单元之间相邻，则认为二者存在空间关系；反之，不相邻则不相关。空间邻接权重矩阵 W_{ij} 可以用表达空间单元的相互邻接关系式表示，其中，W_{ij} 对角线上元素为 0，其他元素满足：

$$W_{ij} = \begin{cases} 1 & i \text{ 和 } j \text{ 空间邻接} \\ 0 & i \text{ 和 } j \text{ 空间不邻接} \end{cases}$$

地理距离权重符合地理学第一定律即任何事物与周围事物均存在联系，而距离较近的事物总比距离较远的事物联系更为紧密。地理距离空间权重虽然符合地理学规律，但在添加其他因素之后，就不一定能够完全成立。地理距离权重矩阵（W_2 表示）采用地理距离平方的倒数来构造，地理距离以省会城市之间的球面距离测量。

经济事务与其所处的地理空间位置有着密切联系。经济空间权重在地理距离的基础上纳入经济因素，克服了地理距离权重的缺点。对于经济空间权重矩阵（用 W_3 表示），本章借鉴林光平、龙志和、吴梅（2005）的方法，选择地区间人均实际地区生产总值的差额作为测度地区间"经济距离"的指标，$W_3 = W_2 \times E$。其中，W_2 是地理距离权重矩阵，E 是描述地区间差异性的一个矩阵，其矩阵元素样本考察期内各省人均地区生产总值均值之差绝对值的倒数。

7.2.1.2 模型与实证方法

本章利用空间计量经济学中的探索性空间数据分析方法对中国新生代农民工就业质量空间分布特征进行全局空间自相关分析，探索就业质量的集聚特征。同多数空间计量文献一致，常用的度量全局空间自相关的指标是 Moran 指数，反映的是空间邻接或者空间临近的区域单元属性值的相似程度。本章采用 Moran's I 指数（Anselin，1988）对省际和地市级新生代农民工就业质量的空间相关性进行检验，即：

$$\text{Moran's I} = \frac{n \cdot \sum_{i=1}^{n}\sum_{j=1}^{n} w_{ij}(x_i - \bar{x})(x_j - \bar{x})}{\sum_{i=1}^{n}\sum_{j=1}^{n} w_{ij}\sum ni = 1(x_i - \bar{x})^2} = \frac{\sum_{i=1}^{n}\sum_{j=1}^{n} w_{ij}(x_i - \bar{x})(x_i - \bar{x})}{S^2 \sum_{i=1}^{n}\sum_{j=1}^{n} w_{ij}}$$

$$(7-1)$$

其中，$s^2 = \frac{1}{n}\sum_{i=1}^{n}(x_i - \bar{x})^2$；$\bar{x} = \frac{1}{n}\sum_{i=1}^{n}x_i$；n 为空间单元的总数，$w_{ij}$ 为空间权重矩阵元素；x_i 表示第 i 空间单元的观测值。Moran's I 指数的取值范围为 [-1, 1]，大于 0 时表示存在空间正相关；小于 0 时表示空间负相关；若等于 0 则表示空间独立分布。Moran's I 指数绝对值表征空间相关程度的大小，绝对值越大表明空间相关程度越大，反之则越小。

局部 Moran 指数检验每个区域与其周边区域之间的空间差异程度，其结果呈现的形式主要有 Moran 散点图。局部 Maran 指数被定义为：

$$I_i = \frac{n(Y_i - \bar{Y})}{\frac{1}{n}\sum_{i=1}^{n}(Y_i - \bar{Y})^2}\sum_{j=1}^{n} w_{ij}(Y_i - \bar{Y}) \qquad (7-2)$$

7.2.1.3 空间相关性检验

本章采用三种空间权重下新生代农民工就业质量 Moran's I 指数，分省际层面和地市际层面，对新生代农民工就业质量的空间相关性进行检验。

根据检验结果（见表 7-13）可以看出，基于 Moran's I 指数，邻接空间权重下，新生代农民工就业质量不存在高度的空间集聚特征，地理距离权重下，存在显著的空间依赖性，经济空间权重下，不存在显著的空间依赖性。可能的原因是，新生代农民工就业是基于收益最大化原则，地理距离权重下，地理距离即就近原则，因为出省打工要考虑收益和成本，越远付出的成本越高，一般在省内有比较好的地方打工，就没有必要跑到邻近省份和经济发展比较好的省份务工。可以看出，新生代农民工就业还是以省内就业为主。由于各个省份都有经济发展比较好的城市，邻近的省份也不一定就业质量高；经济发展水平比较好的省份，外出打工成本、生活成本和心理成本都比较高，因此，也不一定就业质量高。

表7-13　新生代农民工省际就业质量（被解释变量）各种自相关指数

指数	邻接空间权重			地理距离权重			经济空间权重		
	I	z	p	I	z	p	I	z	p
Moran's I	0.003	0.371	0.710	0.117	1.871	0.061	-0.000	1.008	0.313

　　全域空间自相关分析很难探测到存在于不同地理位置上的城市空间关联模式，特别是在大样本数据的情况下，强而显著的全域空间自相关可能会掩盖子样本数据不存在相关性的特征（吴玉鸣，2007）。因此，有必要对新生代农民工就业质量的局域空间自相关性进行检验。

　　为了观察区域经济增长的空间集聚特征，绘制了三种空间权重下新生代农民工就业质量的 Moran 散点图，如图7-1、图7-2和图7-3所示。可以发现，邻接空间权重下，新生代农民工就业质量不存在高度的空间集聚特征，在邻接空间权重下31个省份中有18个省份位于第一、第三象限；地理距离权重下，新生代农民工就业质量也不存在高度的空间集聚特征，在地理距离权重下31个省份中有18个省份位于第一、第三象限；经济空间权重下，新生代农民工就业质量不存在高度的空间集聚特征，在经济空间权重下31个省份中有17个省份位于第一、第三象限。这进一步表明，新生代农民工就业质量省际空间上不存在空间相关，可以认为新生代农民工就业质量省际空间分布是均质的。这可能的原因是：一是因为新生代农民工的流动性非常强，在一定程度上缩小了就业质量的区域差异；二是以

31 个省份做研究，省份内部经济发展水平也不一样，就业质量也存在区域差异，特别是大、中、小城市之间的差异；三是新生代农民工就业质量的差异主要是个体素质的差异所致。

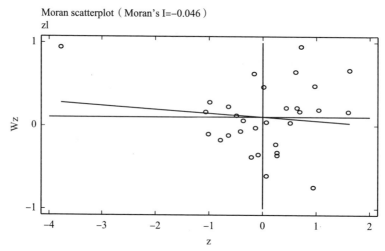

图7-1　邻接空间权重下新生代农民工省际就业质量的 **Moran's I** 散点

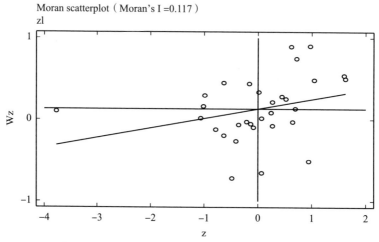

图7-2　地理距离权重下新生代农民工省际就业质量的 **Moran's I** 散点

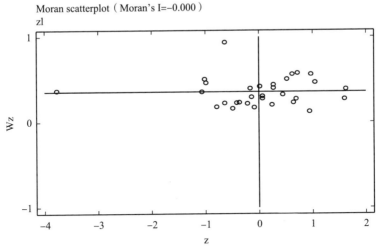

图7-3　经济距离权重下新生代农民工省际就业质量的 **Moran's I** 散点

本章采用三种空间权重下新生代农民工就业质量 Moran's I 指数，对新生代农民工地市际就业质量的空间相关性进行检验。根据检验结果（见表7-14）可以看出，基于 Moran's I 指数，邻接空间权重下，新生代农民工就业质量不存在高度的空间依赖性；地理距离权重下，也不存在显著的空间依赖性；经济空间权重下，存在显著的空间负依赖性。

表7-14　　　　新生代农民工地市际的就业质量（被解释变量）
各种自相关的指数

指数	邻接空间权重			地理距离权重			经济空间权重		
	I	z	p	I	z	p	I	z	p
Moran's I	0.009	0.674	0.500	0.008	0.561	0.575	-0.065	-2.701	0.007

为了进一步观察区域经济增长的空间集聚特征，绘制了三种空间权重下新生代农民工作质量的 Moran 散点图，如图7-4、图7-5和图7-6所示。可以发现，邻接空间权重下，新生代农民工就业质量不存在高度的空间集聚特征；地理距离权重下，新生代农民工就业质量也不存在高度的空间

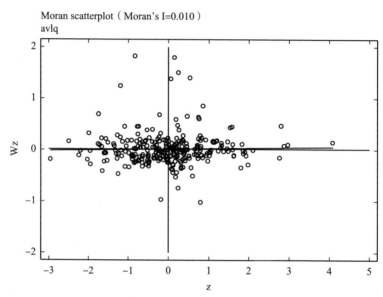

图7-4 邻接空间权重下新生代农民工地市际就业质量的 **Moran's I** 散点

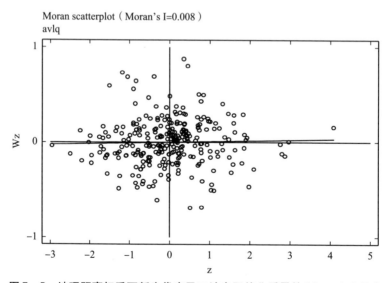

图7-5 地理距离权重下新生代农民工地市际就业质量的 **Moran's I** 散点

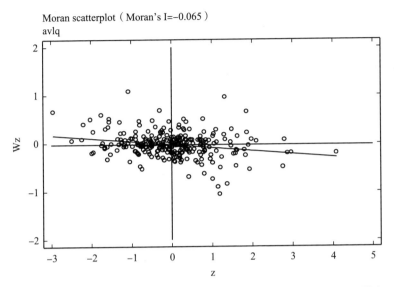

图 7 - 6 经济距离权重下新生代农民工地市际就业质量的 **Moran's I** 散点

集聚特征；经济空间权重下，新生代农民工就业质量存在高度的空间集聚特征。这进一步表明，新生代农民工就业质量在省际空间上不存在空间相关，但在地市际层面存在空间负相关。因此，可以这样认为，新生代农民工地市际就业质量的空间分布是非均质的，就业质量高的地市周围，总存在就业质量低的地市，也验证了发达地市对其周围地市存在"虹吸效应"。

7.2.2 新生代农民工就业质量的区域差异刻画

新生代农民工就业质量也会随着经济发展水平的不同而呈现不同的区域特征。就区域特征来看，不同地区由于自然禀赋、经济社会发展水平等存在空间差异，致使就业质量出现差异。

从不同省份新生代农民工就业质量来看，北京市、天津市、安徽省、江苏省、上海市、浙江省、重庆市、湖南省、广东省新生代农民工就业质量最高；吉林省、内蒙古自治区、宁夏回族自治区、陕西省、山东省、山西省、湖北省、江西省、福建省、四川省、西藏自治区新生代农民工就业质量的水平较高；河北省、贵州省、广西壮族自治区、云南省、四川省、青海省、甘肃省、新疆维吾尔自治区新生代农民工就业质量较低；黑龙江省、辽宁省、河南省、海南省新生代农民工就业质量最低。可以看出，不同省份的新生代农民工就业质量呈现不同的差异，但是在空间特征上表现不明显。

7.2.3 新生代农民工就业质量的空间差异分解

7.2.3.1 Dagum 基尼系数及其分解方法

运用 Dagum 基尼系数测算和分解方法（具体见 4.3 研究方法），对中国 31 个省份 2017 年就业质量空间分布的基尼系数测算并进行区域分解。

7.2.3.2 东中西差异测度及分解

利用 Dagum 基尼系数及其按子群分解方法，进一步研究新生代农民工就业质量地区差异及其来源。本章基于东、中、西部三大地区对中国新生代农民工就业质量的地区差异进行分解，并测算地区内差距、地区间净值差距和超变密度对总体地区差异的贡献。

7.2.3.2.1 新生代农民工就业质量空间分布的差异及其来源分解

从表 7－15 看出，中国各省份新生代农民工就业质量差异不明显，也就是说各地区差异较小，主要是因为新生代农民工流动性比较强，哪个省份就业质量高，他们就可以到哪里去就业。当前这种地区差异主要体现在哪里呢？本章依据 Dagum 基尼系数按子群分解方法，将总地区差异进一步分解为地区内差异、地区间差异和超变密度。全国新生代农民工就业质量地区间差异的贡献率最大，占比为 38.047%，是总体差异的主要来源，然后是超变密度对地区差异的贡献率，占比为 31.226%，地区内差异的贡献率为最低，占 30.727%。可以看出，地区间差距是主要差距，国家还是要加大中西部地区的支持力度，以实现新生代农民工就业质量的均衡发展。

表 7 - 15　　　　新生代农民工就业质量的基尼系数及其分解结果

$G_总$	地区内基尼系数（G_{jj}）			地区间基尼系数（G_{jh}）			贡献率（%）		
	东部	中部	西部	中东	西东	西中	G_{nb}	G_t	G_w
0.052	0.050	0.034	0.049	0.044	0.062	0.054	38.047	31.226	30.727

7.2.3.2.2　基于乡村振兴水平 Kernel 核密度估计

利用高斯核函数做出 31 个省份及东中西部地区新生代农民工就业质量的核密度估计二维图（见图 7 - 7、图 7 - 8、图 7 - 9 和图 7 - 10）。可以看出，全国农民工就业质量的 Kernel 密度估计曲线呈明显的双峰分布，即就业质量具有明显的两极分化特征。东、中部地区新生代农民工就业质量的 Kernel 密度估计曲线呈明显的独峰即正态分布，即就业质量比较均衡。西部地区新生代农民工就业质量的 Kernel 密度估计曲线呈明显的双峰分布，即就业质量具有明显的两极分化特征。所以说国家在帮助提高中、西部新生代农民工就业质量的同时，应更加注重均衡发展，特别要防止两极分化。

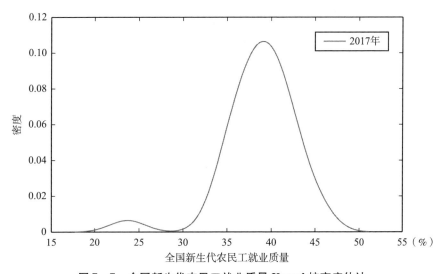

图 7 - 7　全国新生代农民工就业质量 Kernel 核密度估计

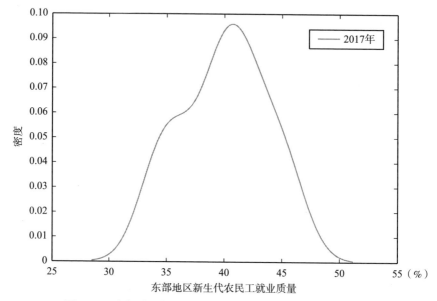

图7-8　东部地区新生代农民工就业质量 Kernel 核密度估计

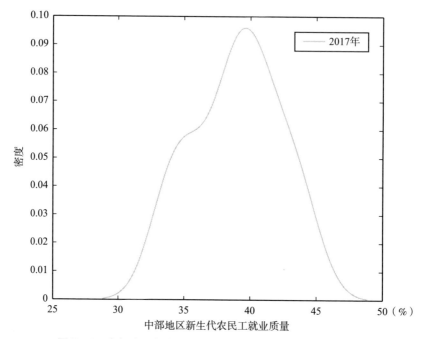

图7-9　中部地区新生代农民工就业质量 Kernel 核密度估计

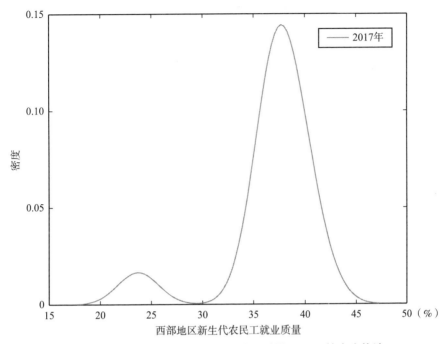

图 7 – 10　西部地区新生代农民工就业质量 Kernel 核密度估计

7.3　新生代农民工就业质量的城级差异

当前城市间的竞争，不仅是人才的竞争，也是劳动力的竞争。随着中国经济发展进入新常态，城市对劳动者的素质和结构有了新的需求。老一代农民工在年龄、知识、学历、技能等方面存在市民化转变的障碍，而新生代农民工市民化则具有一定的优势，他们已经成为城市建设的重要群体。新生代农民工就业质量的提高，不仅有利于城乡居民收入提高，促进经济发展，而且有利于加快城市化进程。他们在选择具体就业城市时，会根据自身素质与就业地情况进行理性选择。厘清新生代农民工就业质量的城级差异，有助于政府根据城市的不同级别，采取针对性的举措以提高其就业质量。

7.3.1 文献综述

研究农民工就业质量空间差异的文献较多，但是国内外学者大多是聚焦农民工就业质量或其中某一方面的差异（如就业收入、就业能力、就业稳定性等），农民工就业质量存在明显的空间差异，文献具体包括就业区域、就业地点、就业距离等相关研究。

（1）就业质量的区域差异研究。中国幅员辽阔，各地情况差异较大，因此不同区域新生代农民工的就业质量具有不同的特征。随着城市化进程的加快，原本流向东部地区的新生代农民工开始向中、西部回流，且比例呈逐年升高趋势（姚东旻、李军林、韦诗言，2015）。高华和肖意可（2016）指出，东、中部地区新生代农民工的就业稳定性低于西部地区。覃凤琴和陈杭（2019）认为，农民工外出务工大多选择东部沿海地区。

（2）就业质量的地点差异研究。大城市在经济发展水平、社会保障、基础设施建设等方面都要优于相对较小的城市，就业地点选择会影响农民工的收入、职业发展等。例如，农民工更愿意在大城市工作、生活（解永庆、缪杨兵、曹广忠，2014），超过半数的新生代农民工在地级以上大城市务工（杨志明，2017），农民工大多偏爱大城市（胡斌红和杨俊青，2019）。这意味着，新生代农民工在就业地点上多会选择大城市，以期获得更丰厚的收入和更好的发展前景。

（3）就业质量的距离差异研究。农民工外出务工的距离与其就业质量的高低息息相关。居住地距就业地点较近的农民工趋向就近务工。大多数农民工选择出生地就近就业（徐定德等，2019）。新生代农民工选择外出务工地点多为近距离的乡外县内（杨穗和吴彬彬，2019）。新生代农民工就业地点距离越近，就业越稳定（应永胜，2016）。务工距离与新生代农民工就业质量之间呈正"U"型关系（李中建和袁璐璐，2017）。

从以上已有研究文献的梳理不难看出，关于农民工就业空间差异的研究已经取得了许多有价值的成果。然而，还需要进一步的研究。关于农民工就业质量空间差异的研究较多，但是相对于就业质量城级差异的研究较少，特别是关于新生代农民工就业质量城级差异的研究更少；并且数据多是区域数据，全国的数据较少。本节基于全国新生代农民工的调研数据，对他们就业质量的城级差异进行比较分析，以期获得就业质量城级差异的全貌。

7.3.2　相关概念和数据来源

7.3.2.1　相关概念

首先对本节中使用的相关概念进行界定。新生代劳动者指年龄为 15 ~ 38 周岁，每年从事非农工作（二三产业）累计 6 个月及以上的劳动者。小城市（镇）包括：农村、城镇、县城；中等城市包括：县级市、主城区之外的区、地级市（主城区）；大城市包括：一般省会城市（主城区）、副省级省会城市（沈阳、长春、哈尔滨、南京、济南、武汉、广州、杭州、成都、西安，主城区）、计划单列市（大连、宁波、厦门、青岛、深圳，主城区）、直辖市（北京、天津、上海、重庆，主城区）。

7.3.2.2　数据来源

本节数据来源于国家社会科学基金"新生代农民工就业质量课题组"于 2018 年 2 ~ 8 月组织的全国新生代劳动者就业质量调查，详细见 5.3.2 一节。样本共涉及新生代农民工 4216 人，其中，大城市就业 846 人，中等城市就业 1261 人，小城市（镇）就业 2109 人。样本的基本情况如表 7 – 16 所示。

表 7 – 16　　　　不同城市级别新生代农民工样本的基本情况

项目		大城市	中等城市	小城市（镇）
性别	女	36. 29	37. 03	44. 43
	男	63. 71	62. 97	55. 57

续表

项目		大城市	中等城市	小城市（镇）
年龄	小于30岁	72.22	65.19	54.29
	大于等于30岁	27.78	34.81	45.71
婚姻状况	已婚	41.13	50.04	63.77
	未婚	58.87	49.96	36.23
健康状况健康状况	患病有劳动能力	1.30	0.63	1.61
	一般	8.16	8.88	10.43
	比较健康	42.20	40.68	39.54
	非常健康	48.34	49.81	48.42

7.3.3 新生代农民工就业质量的整体城级差异

运用第5章的相关公式，可以得到新生代农民工就业质量的评价值。如表7-17所示，新生代农民工就业质量存在着较大的城级差异，大、中、小城市相比（不同城市），三者之比为100∶96∶87，流入大城市的绝对就业质量高（差距小），而同城比（不同群体），相对就业质量低（差距较大），大城市之比为100∶78，中等城市之比为100∶80，小城市（镇）之比为100∶81。可以看出，新生代农民工就业质量的城级差异要远小于同区域内部不同群体的差异。

综上所述，新生代农民工就业质量存在着较大的空间差异，大、中、小城市相比（不同区域），流入大城市（经济发达区域）的绝对就业质量高（同群异地），而相对就业质量低（异群同地）。流入小城市（经济欠发达区域）的绝对就业质量低（同群异地），而相对就业质量高（异群同地）。

表 7 - 17　　　　　　　　　　新生代农民工就业质量的城级差异

项目	大城市 （A）	中等城市 （B）	小城市（镇） （C）	绝对就业质量 A：B：C（A = 100）
整体就业质量（D）	55. 33	51. 93	46. 32	100：94：84
新生代农民工（E）	43. 03	41. 49	37. 61	100：96：87
相对就业质量 D：E	100：78	100：80	100：81	

7.3.4　新生代农民工就业质量的城级差异

根据测度的新生代农民工就业质量的评价值，结合就业质量评价指标，利用微观调查数据进行就业质量城级对比分析。

7.3.4.1　职业和工作安全的城级差异

作为评价的维度之一，职业和工作安全用就业状况、收入、社会保护和劳动者权益 4 个二级指标，15 个三级指标反映。

7.3.4.1.1　就业状况的差异

就业状况方面，用职业类型、就业行业、就业单位规模、劳动合同类型、未就业天数、当前就业单位工作了多少年、近 3 年共更换过几个就业城市、近 3 年共更换过几个就业单位 8 个三级指标反映。

（1）职业和行业的城级差异。职业和行业的城级差异是反映新生代农民工就业质量的具体差异，反映了农民工在选择职业的意向差异。新生代农民工职业和行业城级差异的具体指标可用职业类型与就业行业 2 个三级指标反映。

从职业类型来看，如表 7 - 18 所示，社会管理者（党政事业单位工作人员）中等城市所占比例为 4.28%，高出大城市 202%，小城市（镇）的占比 4.03%，高出大城市 184%。企业劳动管理者（企业或公司的管理人员）大城市人员数量最多，达到 7.93%，中等城市企业劳动管理者所占比例仅为大城市的 68%，小城市（镇）最少，仅为大城市的 55%。可以看出，一线劳动者大、中、小城市相差不大，企业劳动管理者大城市所占比例最大，社会管理者中等城市所占比例最大。

从新生代农民工就业行业来看（见表7-18），小城市（镇）工业所占比例为27.60%，高出大城市53%，中等城市比大城市高出18%；建筑业占比大、中城市相差不大，小城市（镇）最低；流通部门中，中等城市和小城市（镇）分别为大城市的93%和91%。生产和生活及社会公共服务部门大城市占比最高，中等城市仅为大城市的97%，小城市（镇）数值最低，仅为大城市的85%。农民工在选择就业行业时，要考虑城市交通便捷性、互联网覆盖度、人员密集度等因素。总体来说，新生代农民工在选择就业行业时，城市级别与行业社会化程度成正比，即城市级别越大，越倾向从事社会化服务程度高的行业。究其原因，越是大城市，第三产业服务业越发达。

表7-18　　　　　　　新生代农民工职业和行业的城级差异　　　　单位：%

项目		大城市（A）	中等城市（B）	小城市（镇）（C）	A：B：C（A＝100）
职业类型	社会管理者（党政事业单位工作人员）	1.42	4.28	4.03	100：302：284
	企业劳动管理者（企业或公司管理人员）	7.93	5.39	4.36	100：68：55
	一线劳动者［办事人员、工人、服务行业工作人员、个体经营者（户）］	78.58	79.54	77.43	100：101：99
	其他	12.07	10.79	14.18	100：89：118
就业行业	工业	18.09	21.33	27.60	100：118：153
	建筑业	11.47	11.82	10.72	100：103：93
	流通部门	30.73	28.47	27.93	100：93：91
	生产和生活及社会公共服务部门	39.71	38.38	33.75	100：97：85

（2）就业单位的城级差异。就业质量中就业单位的城级差异，用单位平均规模、就业单位签订劳动合同的类型反映。

就业单位越大，劳动合同期限越长，就业质量越高。如表7-19所示，

大、中、小城市就业单位平均规模以大城市最高，为 882 人，中等城市为
746 人，小城市（镇）单位平均规模最小，为 478 人，三者之比为 100：
85：54，大、中、小城市差距较大。大、中、小城市就业单位平均规模以
大城市最高，为 882 人，中等城市次之，小城市（镇）单位平均规模最
小，占比仅为大城市的 54%。就业单位签订劳动合同类型反映了新生代农
民工就业质量中就业单位的差异。在就业单位签订劳动合同类型上劳动合
同期限和城市级别成反比。无劳动合同（自我经营、临时工）以小城市
（镇）最高，中等城市次之，大城市最小。聘用合同制中等城市为大城市
的 95%，小城市（镇）最低，为大城市的 78%。大城市就业单位规模大，
有着严格的人员聘用制度，合同签订比较正规，中小城市特别是小城市
（镇）就业单位规模较小，劳动合同的签订和管理不如大城市规范。

表 7 - 19　　　　　　　　　新生代农民工就业单位的城级差异

	项目	大城市（A）	中等城市（B）	小城市（镇）（C）	A：B：C（A = 100）
	单位平均规模（人）	882	746	478	100：85：54
就业单位签订劳动合同类型	无劳动合同（自我经营、临时工）（%）	36.29	41.32	49.36	100：114：136
	以完成一定任务为期限的合同（%）	6.62	7.53	6.02	100：114：91
	固定期限合同（%）	27.19	24.19	17.88	100：89：66
	聘用合同（%）	9.22	8.80	7.16	100：95：78
	其他（%）	20.68	18.16	19.58	100：88：95

（3）工作充分性和稳定性的城级差异。新生代农民工工作充分性和稳
定性通常以一年未就业的天数、当前就业单位工作多少年、3 年共更换过
几个就业城市以及 3 年共更换过几个就业单位 4 个三级指标具体反映。

如表 7 - 20 所示，一年未就业的天数总体上反映了新生代农民工工作
充分性，其中，大城市一年未就业的天数最多，达到 37.69（天），中等城
市为大城市的 98%，小城市（镇）为大城市的 94%。工作稳定性以就业

单位工作时间、3 年更换就业城市及就业单位数量反映。3 年共更换过几个就业城市（个）、几个就业单位（个），大城市平均值高于中、小城市，且小城市（镇）平均值最低，不到大城市的 70%。数据显示，城市越大就业越充分，就业越不稳定。因为大城市不仅就业单位多，且第三产业所占比重高，可供选择的工作岗位多，新生代农民工不仅能及时找到工作，也可及时更换工作。

表 7-20   新生代农民工工作充分性和稳定性的城级差异

项目	大城市（A）	中等城市（B）	小城市（镇）(C)	A : B : C（A = 100）
一年未就业的天数（天）	37.69	36.89	35.47	100 : 98 : 94
当前就业单位工作了多少年（年）	3.34	3.58	3.99	100 : 107 : 119
3 年共更换过几个就业城市（个）	0.80	0.75	0.55	100 : 93 : 68
3 年共更换过几个就业单位（个）	1.28	1.17	0.88	100 : 91 : 69

7.3.4.1.2　工资收入的城级差异

工资收入是员工对单位贡献的体现，用月平均工资收入和年平均工资收入 2 个三级指标来反映。新生代农民工收入在大、中、小城市有着明显差异，其中，平均月工资收入与平均年工资收入，大城市收入居于首位，随着城市级别降低而减少。如表 7-21 所示，平均月工资收入中等城市数值为 5400.53 元，仅为大城市的 70%，小城市（镇）平均月工资收入为 4471.00 元，仅为大城市的 58%；平均年工资收入中等城市为 58192.04 元，为大城市的 71%，小城市（镇）收入为 47974.92 元，仅为大城市的 59%。由此可见，城市越大，新生代农民工的收入越高。这是因为大城市经济发展水平高于中、小城市（镇），相应的劳动者的工资收入水平、社会福利等也相对较高。

表7-21			新生代农民工收入的城级差异	单位：元
项目	大城市 （A）	中等城市 （B）	小城市 （镇）（C）	A∶B∶C （A=100）
平均月工资收入	7697.17	5400.53	4471.00	100∶70∶58
平均年工资收入	81549.12	58192.04	47974.92	100∶71∶59

7.3.4.1.3　社会保护的城级差异

社会保护方面，用是否具有工会、工会在维权方面的作用2个三级指标反映。

工会代表职工的利益，是依法维护职工合法权益的群众组织，对农民工进行维权、基本的工资发放保障以及就业条件的改善具有积极作用。如表7-22所示，小城市（镇）没有工会所占比例最大，中等城市次之，大城市最少；从工会的作用来看，城市越大，工会的作用越强，大、小城市相差5%。可以看出，社会保护按大、中、小城市（镇）次序依次降低。小城市（镇）企业对劳动者的社会保护工作做得不够好，一是小城市（镇）许多企业的管理制度不完善和不规范；二是相关政府部门监管不到位；三是小城市（镇）劳动者维权意识比较差。

表7-22		新生代农民工社会保护的城级差异			
项目		大城市 （A）	中等城市 （B）	小城市 （镇）（C）	A∶B∶C （A=100）
是否 有工会	没有工会	41.89	43.05	47.15	100∶103∶113
	不清楚	32.20	28.02	28.19	100∶87∶88
	有工会	25.91	28.93	24.66	100∶112∶95
工会的作用		2.19	2.13	2.08	100∶97∶95

7.3.4.1.4　劳动者权利的城级差异

劳动者权利方面用是否带薪休假、是否病假工资、所在的单位是否对未成年人实行特殊保护3个三级指标反映。新生代农民工权益实现条件在大、中、小城市（镇）具有较为明显的差异。如表 7－23 所示，带薪休假、带病假工资中大城市实现程度最高，中等城市略低于大城市，小城市（镇）实现力度最低，仅为大城市的 60% 左右。在女职工实行特殊保护制度上，中等城市保护力度大于大、小城市，且小城市保护力度最差，仅为大城市的 92%。可以看出，劳动者权利方面，大城市强于中等城市，中等城市要强于小城市（镇）。

在劳动者权利方面，城市城级和劳动者权利成正比。大城市企业就业单位有着完善的带薪休假、病假工资制度、完善的企业运作机制，因此，新生代农民工权利保障力度优于中、小城市（镇）。大、中城市企业员工保护做得比较好的原因，一是企业制度完善；二是监管比较到位；三是员工维权意识比较强。

表 7－23　　　　　　　　　新生代农民工权益的城级差异　　　　　　　单位：%

项目	大城市（A）	中等城市（B）	小城市（镇）（C）	A：B：C（A＝100）
是否带薪休假	38.89	33.97	21.81	100：87：56
是否病假工资	29.08	28.31	17.97	100：97：62
是否对女职工实行特殊保护	52.60	53.53	48.51	100：102：92

7.3.4.2　健康与福利的城级差异

健康是人力资本投资的基本形式之一，可以说没有健康就没有好的就业质量。福利作为劳动报酬的另一重要形式，福利越好，就业质量越高，用工作健康、风险暴露程度和组织保障 3 个二级指标，8 个三级指标反映。结合问卷数据，工作健康用当前工作对身体健康安全性（处于伤及肢体隐患及有毒化学物质危害的工作环境为安全性小）反映，用 5 点量表表示，1 表示安全性最小，5 表示安全性最大；风险暴露程度用工作环境的舒适度（处在高温、低温、噪声、粉尘污染的工作岗位舒适度小）反映，用 5 点量表表示，1 表示舒适度最小，5 表示舒适度最大。

表 7－24 显示，新生代农民工当前工作对身体健康安全性上，大、中、

小城市差异不大，都保持在 3.1 左右。工作环境的舒适度大城市最高，中等城市略低于大城市，小城市最低。组织保障程度大小用就业单位缴纳"五险一金"的情况反映，其中"五险一金"的缴纳情况大城市实现情况最好，中等城市次之，小城市（镇）最差。

整体上，健康与福利的城级差异较大，从大城市到小城市（镇）依次递减。这是因为，即使从事同一种工作，不同的工作环境条件对身体健康危害程度也不同。大城市由于较强的经济优势，较好的安全设施，从事同样的工作，身体健康安全性和工作环境的舒适度较高。大城市企业就业单位组织保障程度优于中等城市，中等城市优于小城市（镇）。城市越小，现代企业规制越不规范，加上劳动者权益保护意识差，"五险一金"缴纳的比例相对越少。

表 7 - 24　　　新生代农民工前工作对身体健康危害程度的城级差异

项目	大城市 （A）	中等城市 （B）	小城市 （镇）（C）	A∶B∶C （A = 100）
身体健康的安全性	3.09	3.14	3.08	100∶101∶100
工作环境的舒适度	3.01	2.97	2.94	100∶98∶98
养老保险（%）	33.22	30.13	29.02	100∶91∶87
医疗保险（%）	50.35	49.25	47.61	100∶98∶95
失业保险（%）	28.72	25.30	19.82	100∶88∶69
工伤保险（%）	46.81	41.16	35.23	100∶88∶75
生育保险（%）	25.77	23.63	19.63	100∶92∶76
住房公积金	20.92	18.40	14.04	100∶88∶67

7.3.4.3　职业和技能发展的城级差异

新生代农民工职业和技能发展程度通过任职要求、技能培训状况、学习型组织、职业发展 4 个三级指标具体反映。任职要求以资格证书和专业对所从事职业帮助 2 个指标反映。如表 7 - 25 所示，新生代农民工在有无任何等级职业资格证书上，小城市（镇）新生代农民工所占比例最小；初级、中级职业资格证书，中等城市所占比例最大；高级职业资格证书所占的比例，大城市最多，中等城市次之，小城市（镇）最少。可以看出，城市级别越高，需要的职业证书等级越高。这是因为大城市拥有更高层次的职业资格证书才能找到适合的工作。在专业对所从事职业帮助上，大、中、小城市（镇）没有明显差异。

技能培训是新生代农民工技能提升的重要手段。新生代农民工在大、中、小城市（镇）接受培训状况，以近3年累计接受培训时间来计算。中等城市新生代农民工接受培训时间最长（见表7-25），为12.64天，高出大城市21%，小城市（镇）接受培训时间最短，为8.72天，仅为大城市的83%。可以看出，小城市（镇）职业技能培训时间最少，然后为大城市。

学习型组织以单位组织员工培训次数反映。中等城市对单位组织员工培训次数最多，然后为大城市，最小的是小城市（镇），仅为大城市的93%。

在职业发展前景上，以当前工作对升职加薪的作用反映。以大城市最为显著，中等城市次之，为大城市的98%，小城市（镇）表现最弱，仅为大城市的92%。

可见，职业和技能发展的城级差异，总体上，中等城市最好，然后是大城市，小城市（镇）表现最弱。整体来看，任职要求、技能培训状况、学习型组织上，中等城市最好，然后是大城市，小城市（镇）最弱，职业发展表现为城市的城级越高，农民工发展前景越好。

表7-25　　　　新生代农民工职业和技能发展的城级差异

项目			大城市（A）	中等城市（B）	小城市（镇）（C）	A：B：C（A＝100）
任职要求	技能等级	无任何等级职业资格证书	67.38	65.34	70.91	100：97：105
		具有初级职业资格证书	21.99	22.60	18.37	100：103：84
		具有中级职业资格证书	7.68	9.36	8.78	100：122：114
		具有高级职业资格证书	2.95	2.70	1.94	100：91：66
	专业对所从事职业帮助		2.43	2.42	2.44	100：100：100

项目		大城市 （A）	中等城市 （B）	小城市 （镇）（C）	A：B：C （A = 100）
技能培训状况	近 3 年累计接受培训的时间（天）	10.48	12.64	8.72	100：121：83
学习型组织	单位组织员工培训次数	1.75	1.80	1.63	100：103：93
职业发展	当前工作对升职加薪的作用	3.10	3.04	2.85	100：98：92

7.3.4.4　工作与生活和谐的城级差异

工作与生活和谐用工作和非工作时间、就业所在地的社会基础设施 2 个二级指标，7 个三级指标测度。在工作和非工作时间方面，用年均非农就业时间、月均休息天数、一周平均加班次数、一周平均加班时间、居住和工作地点的距离 5 个指标反映。就业所在地的社会基础设施用公共交通的便利程度和公共服务的完善程度 2 个指标评价。

7.3.4.4.1　工作和非工作时间的城级差异

工作和非工作时间用年均非农就业时间（月）、月均休息天数、每周的平均加班次数、每周的平均加班时间（小时）、居住和工作地点的距离（千米）反映。表 7 - 26 显示，大、中、小城市年均非农就业时间并无明显差异。大城市月均休息天数与平均加班次数、时间呈正相关关系。可以看出，新生代农民工大、中、小城市就业时间上，城市越大，休息时间越长，但是加班时间越多。这是因为，如果企业加班要多支付员工工资，小城市（镇）很多企业用工不规范，通过延长正常工作时间，从而实现减少加班时间，降低用工成本。居住和工作地点的距离反映工作生活的方便程度和个人经济支付能力。大城市居住和工作地点的距离为 8.31，中等城市为大城市的 92%，小城市占比仅为 79%。城市级别越高，公共交通越便利，公共设施越完善，工作和居住的距离越远，新生代农民工居住地多以郊区为主，房租和房价比市里相对便宜，交通便利能弥补这一缺陷。

7.3.4.4.2　就业地点社会基础设施的城级差异

大城市交通方式便利、公共服务完善程度高于中等城市和小城市（镇）（见表 7 - 26）。从交通的便利程度来看，大中小城市分别为 100：93：85；从公共服务的完善程度来看，大中小城市分别为 100∶92∶85。可以看出，社会基础设施完善程度与城市级别成正比。

表 7 - 26　　　　　　　新生代农民工工作与生活和谐的城级差异

项目		大城市（A）	中等城市（B）	小城市（镇）（C）	A∶B∶C（A＝100）
工作和非工作时间	年平均非农就业时间（月）	10.45	10.44	10.46	100∶100∶100
	平均一个月休息几天（天）	4.23	3.98	3.66	100∶94∶87
	每周的平均加班次数（次）	2.00	1.94	1.66	100∶97∶83
	每周的平均加班时间（小时）	4.18	3.20	3.06	100∶77∶73
	居住和工作地点的距离（千米）	8.31	7.63	6.58	100∶92∶79
社会基础设施	公共交通的便利程度	3.89	3.62	3.31	100∶93∶85
	公共服务的完善程度	3.68	3.40	3.12	100∶92∶85

7.3.4.5　就业满意度的城级差异

主观就业质量的评价，用被调查者对上述 13 个二级客观指标的主观评价，形成 4 个二级指标，13 个三级指标反映。用 5 点量表表示，1 表示最小，5 表示最大。

从具体指标来看，如表 7 - 27 所示，新生代农民工对社会基础设施的满意度，大、中、小城市差异较大，分别为 100∶96∶93，然后为就业状况的满意度，分别为 100∶98∶95；再然后为就业单位工作环境的满意度，分别为 100∶99∶96；其他相差较小，均不超过 3%。从就业满意度的城级差异来看，大城市的就业质量高于中等城市，中等城市高于小城市（镇），相对客观就业质量指标差异较小。这是因为，就业质量的满意度是一个主观心理感受，可能受到身边工作生活环境的影响，是一个相对主观指标，差距不是很大。所以在提高就业满意度方面，中小城市特别是小城市（镇）要加强基础设施建设，保障就业和提高就业单位的工作环境条件。

表7－27　　　　　　　　　　新生代农民工工作与生活和谐的城级差异

项目		大城市（A）	中等城市（B）	小城市（镇）（C）	A：B：C（A＝100）
职业和工作安全	就业状况的满意度	3.20	3.14	3.05	100：98：95
	工资收入的满意度	2.90	2.86	2.82	100：98：97
	社会保护的满意度	3.07	3.01	2.96	100：98：97
	享有劳动者权利的满意度	3.08	3.04	2.99	100：99：97
健康和福利	健康状况的满意度	3.01	2.96	2.91	100：98：97
	就业单位工作环境的满意度	3.17	3.13	3.05	100：99：96
	就业单位福利保障的满意度	2.80	2.76	2.81	100：99：101
职业和技能发展	资格证书对职业发展的满意度	2.91	2.93	2.91	100：101：100
	培训状况的满意度	3.00	2.99	2.93	100：100：98
	学习型组织的满意度	3.13	3.09	3.03	100：99：97
	职业发展的满意度	3.19	3.17	3.10	100：99：97
工作与生活和谐	工作与生活和谐的满意度	3.24	3.23	3.27	100：100：101
	社会基础设施的满意度	3.37	3.24	3.14	100：96：93

7.3.5　结论与启示

7.3.5.1　结论

通过以上分析，可以得到以下结论：新生代农民工就业质量随着城市级别由大到小依次降低。具体有：（1）城级差异与新生代农民工的职业和工作安全成正比。具体来看，越是在大城市，新生代农民工企业劳动管理者越多，从事社会化服务程度高的行业占比越大，就业单位规模越大，劳动合同期限越长，就业质量越高，城市越大就业越充分，但就业越不稳定；社会保护按大、中、小城市次序依次降低；城市越大，新生代农民工的收入越高；城市级别和劳动者权益保护成正比。（2）健康与福利的城级差异较大，从大城市到小城市（镇）依次递减，且各级指标一致性较高。

城市越大，身体健康安全性和工作环境的舒适度越高。大城市企业就业单位组织保障程度优于中等城市，中等城市优于小城市（镇）。（3）职业和技能发展的城级差异，整体上，中等城市最好，然后是大城市，小城市（镇）最差。在任职要求、技能培训状况、学习型组织上，中等城市最好，然后是大城市，小城市（镇）最差；职业发展上，城级越高，发展越好。（4）工作与生活和谐方面，城市级别与工作与生活和谐度呈正比，且各级指标一致性较高。具体来看，大城市平均每月休息天数与平均加班次数和时间呈正相关，城市级别与居住和工作地距离呈负相关，社会基础设施与城市级别呈正相关。（5）从就业满意度的城级差异来看，大城市的就业质量高于中等城市，中等城市高于小城市（镇），相对客观就业质量指标，各级指标一致性较高，总体差异相对较小。

7.3.5.2 启示

通过以上分析，我们可以得到以下启示：（1）新生代农民工就业质量的城级差异主要是中国城市发展不平衡的结果，又受农民工自身大城市偏好的影响。当前，相对于中小城市，大城市在就业机会、工资福利等方面对新生代农民工更具吸引力。在空间选择上，新生代农民工多集中于大城市无疑会造成"大城市病"，也不利于市民化和城乡融合。（2）提高中小城市特别是小城市（镇）的收入水平、福利待遇等是缩小新生代农民工就业质量城级差异的关键所在。

7.4 小结

基于全国新生代农民工的调查数据，分析就业质量的空间差异，通过描述性分析、采用 Dagum 基尼系数、核密度非参数估计等方法，实证考察了中国新生代农民工空间差异特征及格局，研究结论如下。

（1）新生代农民工就业质量的区域（东中西）差异表明：东、中、西部地区新生代农民工就业质量存在显著差异，东部地区就业质量最高，西部次之，中部最低。职业和工作安全度由高到低依次是东部、西部和中部；东、中、西部新生代农民工健康情况无明显差异；中部农民工职业和技能发展高于东部地区，西部最低；东部工作与生活和谐度高于中西部；就业满意度表现为自东向西递减态势。

（2）利用空间计量经济学中的探索性空间数据分析方法 Moran 指数对中国新生代农民工省际和地市际的就业质量空间分布特征进行全局空间自相关分析。在邻接空间权重下，地理距离权重下和经济空间权重下，新生代农民工省际就业质量都不存在高度的空间集聚特征，表明新生代农民工就业质量在省际空间上不存在空间相关，可以这样认为，新生代农民工省际就业质量的空间分布是均质的。在邻接空间权重下和地理距离权重下，新生代农民工地市际的就业质量都不存在高度的空间集聚特征，在经济空间权重下，新生代农民工地市际的就业质量存在高度的空间集聚特征，表明新生代农民工地市际的就业质量空间上呈空间负相关。可以认为，新生代农民工就业质量的地市际空间分布是非均质的，就业质量高的地市周围，总伴随着就业质量低的地市，也验证了发达城市对周围地市存在"虹吸效应"。

（3）对中国 31 个省份 2017 年全国新生代农民工就业质量空间分布的基尼系数测算并进行地区分解，可以看出，地区间差异的贡献率最大，是总体差异的主要来源，然后是超变密度，地区内差异的贡献率为最低。利用高斯核函数做出 31 个省份及东、中、西部地区的新生代农民工就业质量的核密度估计二维图，可以看出，全国新生代农民工就业质量的 Kernel 密度估计曲线呈明显的双峰分布，即就业质量具有明显的两极分化特征。东、中部地区新生代农民工就业质量的 Kernel 密度估计曲线呈明显的"独峰"即正态分布，即就业质量比较均衡。西部地区新生代农民工就业质量的 Kernel 密度估计曲线呈明显的双峰分布，即就业质量具有明显的两极分化特征。因此，国家在帮助提高西部新生代农民工就业质量的同时，应更加注重全国均衡发展，特别是防止两极分化。

（4）新生代农民工就业质量的城级（大、中、小）差异表明：新生代农民工就业质量随着城市级别由大到小依次降低。具体来看，新生代农民工的职业和工作安全与城级差异成正比；健康与福利从大城市到小城市（镇）依次递减，且各级指标一致性较高；职业和技能发展的城级差异，中等城市就业质量最高，然后是大城市，小城市（镇）低；工作与生活和谐方面与城市级别成正比，且各级指标一致性较高；从就业满意度来看，大城市的就业质量高于中等城市，中等城市高于小城市（镇），但相对于客观就业质量指标，各级指标一致性较高，差异相对较小。

第8章 新生代农民工就业质量影响因素及其作用机理

新生代农民工就业质量影响因素有哪些？它们之间的作用机理如何？需要进一步深入研究。当前，中国社会主要矛盾已经发生转化，美好的生活需要高质量的就业来保障。提高劳动者就业质量有助于上述目标实现和矛盾解决。新生代农民工对城市发展作出了巨大的贡献，厘清他们就业质量的影响因素及其作用机理，对于提高其就业质量，加快市民化进程具有重要的理论与现实意义。

8.1 文献综述

研究中国新生代农民工就业质量影响因素的文献较多，相关学者主要从以下三个方面对新生代农民工就业质量的影响因素进行研究。

（1）整体就业质量的影响因素研究。整体就业质量是指就业质量作为一个整体概念。例如，职业类别、工会、加班情况等显著性影响新生代农民工就业质量（石丹淅、赖德胜、李宏兵，2014）。新生代农民工的人力资本、社会资本对其就业质量具有显著的正向影响（沈诗杰，2018）。工资福利、就业环境等显著正向影响新生代农民工就业质量（蔡瑞林、张国平、谢嗣胜，2019）。

（2）就业质量某一个维度的影响因素研究。单一维度就业质量是反映就业质量的某一维度或某一具体指标，例如，收入、就业能力、就业稳定性等。性别、年龄、职业技能等与收入呈显著正相关（刘养卉和龚大鑫，2015）。新生代农民工就业能力与其正直诚实等五个变量呈显著正相关，与其直接照顾责任等三个变量呈显著负相关（高春雷、李长安、石丹淅，2015）。新生代农民工就业稳定性不强，性别、年龄、工资收入、教育及区域等因素影响个人离职率，工作单位性质、从事行业及城市生活意愿影响劳动合同签订（曾江辉、陆佳萍、王耀延，2015）。

（3）与其他群体就业质量影响因素差异研究。其他群体主要指老一代农民工、大学毕业生等。新生代农民工在社会保险与福利待遇享受、职业发展前景等方面比老一代农民工要强（马继迁和张宏如，2014）。影响第二代农民工就业质量的关键因素是工作城市和个体人力资本水平（张原，2019）。总体上青年农民工的就业质量不如大学毕业生（吴克明、余晶、卢同庆，2015）。

通过梳理上述文献资料，发现这些研究对于提高新生代农民工的就业质量作出了较大贡献，但还有进一步研究的空间：一是已有研究较少研究各因素之间的逻辑结构；二是缺少全国的微观数据。本章借鉴已有研究成果，基于全国新生代农民工问卷调查资料，首先运用线性回归模型确定就业质量的显著性影响因素，再运用解释性结构模型，进一步厘清各影响因素之间的逻辑结构。

8.2 理论构建与数据来源

8.2.1 理论构建

基于已有新生代农民工就业质量的研究成果，许多因素会影响其就业质量，具体如下。

（1）家庭人口数、家庭耕地面积。家庭人口多，子女养育成本高，影响工作与家庭平衡。家庭耕地面积多，相对用于从事农业的时间多，会影响新生代农民工就业质量。

（2）性别、年龄和婚姻状况。已有研究表明，女性的收入普遍低于男性，因此，女性新生代农民工就业质量也可能低于男性。理论分析与实践表明，年龄越大，工作经验越丰富，就业质量越高。婚姻状况对新生代农民工外出就业具有一定的影响，主要是因为他们结婚以后，有了家庭负担，其就业质量可能会受到一定的负面影响。

（3）文化程度、健康状况、春节交往人数和政治面貌。已有研究表明，文化程度和健康有利于提高就业质量。理论分析与实践表明，拥有社会资本多的劳动者，其就业质量越高。

（4）就业地特征变量包括就业地空间特征变量和就业地难度特征变量。就业地空间特征变量包括城市大小、就业区域和就业地点。东部经济发达区域的大城市，就业地点距离家乡越远，其就业质量越高。就业地难度特征变量指所在就业地的就业难度。就业所在地的就业难度越大，说明就业地就业门槛越高，所需要的劳动力素质相对较高，工作岗位相对较好，就业质量也相对较高。

根据上述研究假说，本章构建计量模型的变量名称、含义及其统计特征，如表 8 - 1 所示。

8.2.2　数据来源

本章数据来源于国家社会科学基金新生代农民工就业质量课题组于 2018 年 2 ~ 8 月组织的全国新生代劳动者就业质量调查，详细见 5.3.2 一节。新生代农民工 4261 人，共涉及 31 个省（区、市）276 个地（市）1204 个县（市、区）。本章以这些样本作为分析对象，各变量的统计特征如表 8 - 1 所示。

表 8 – 1 模型变量的含义、统计特征及其预计影响方向

模型变量		变量含义	均值	标准差	预计影响
因变量	就业质量	就业质量的综合评价值	39.899	15.564	正向
自变量	家庭人口数	家庭实际的人口数（人）	4.542	1.485	负向
	家庭耕地面积	家庭中实际拥有的耕地亩数（亩）	3.724	7.214	负向
	性别	女=0；男=1	0.596	0.491	正向
	年龄	新生代劳动者的实际年龄（周岁）	27.453	5.906	正向
	婚姻状况	未婚=0；已婚=1	0.448	0.497	正向
	健康状况	患病仍有劳动能力=1；一般=2；比较健康=3；非常健康=4	3.371	0.705	正向
	文化程度	小学及以下=1；初中=2；高中（中专）=3	2.428	0.592	正向
	春节交往人数	春节期间，以各种方式与您交往的人数（人）	32.219	45.404	正向
	政治面貌	群众=1；团员=2；中共党员=3	1.248	0.482	正向
	城市大小	小城市（镇）=1；中等城市=2；大城市=3	1.700	0.782	正向
	就业区域	中部=1；西部=2；东部=3	2.395	0.805	正向
	就业地点	本乡镇（街道办）内=1；本乡镇（街道办）外县内=2；本县外省内=3；本省外=4	2.414	1.096	正向
	就业难度	在就业地城市找工作的难度：非常小=1；较小=2；一般=3；较大=4；非常大=5	3.011	0.850	正向

8.3 就业质量的测度及模型选择

8.3.1 就业质量指标体系的确定及测度

本章借鉴欧洲基金会个体视角的四维度就业质量评价指标，构建就业质量的评价指标体系，具体包括5个一级指标，17个二级指标，48个三级

指标。一级指标包括职业和工作安全、健康与福利、职业和技能发展、工作与生活和谐、就业满意度，其中，前四个指标是客观指标，最后一个指标是主观指标。采用上述评价指标体系，对全国 11165 位新生代劳动者就业质量进行评价，权重采用熵权法和专家打分法，经过计算得到新生代劳动者就业质量的评价值（具体计算过程略）。从城乡的角度，把新生代劳动者分为新生代城镇劳动者和新生代农村劳动者；按是否受过高等教育，新生代劳动者分为新生代知识型劳动者（指接受过高等教育，以知识和智力为基础工作）和新生代普通劳动者（指没有接受过高等教育，以体力和经验为基础工作）。

8.3.2　模型选择

本章选择解释结构模型 ISM 进行分析，解释结构模型 ISM 是研究复杂社会经济系统影响因素和结构的常用方法，在物流管理、质量安全行为、项目风险管理等领域应用广泛（孙世民，2012；方茜，2014；张务伟和张可成，2017）。因此，本章在线性回归模型的基础上，运用 ISM 分析方法，对新生代农民工就业质量的影响因素及其关联结构进行具体分析。具体步骤如下。

若就业质量的影响因素有 k 个，则用 S_0 表示就业质量，S_i（$i=1$，2，$\cdots$，k）表示就业质量的各影响因素。因素间邻接矩阵 A 的元素 a_{ij} 可以定义如下：

$$a_{ij}=\begin{cases}1 & S_iRS_j & R\text{ 表示 }S_i\text{ 与 }S_j\text{ 有关系}\\0 & S_i\tilde{R}S_j & \tilde{R}\text{ 表示 }S_i\text{ 与 }S_j\text{ 有关系}\end{cases} \quad i=0,1,\cdots,k;\ j=0,1,\cdots,k$$

（8-1）

因素间可达矩阵 M 的元素 m_{ij} 可以定义如下：

$$m_{ij}=\begin{cases}1 & S_iR'S_j & \text{存在着 i 至 j 的路长最大为 r 的通路}\\0 & S_i\tilde{R}'S_j & \text{在存在 i 至 j 的通路}\end{cases} \quad 0\leq t\leq r$$

（8-2）

因素间的可达矩阵可由式（8－3）计算得到：

$$(A+I) \neq (A+I)^2 \neq (A+I)^3 \neq \cdots \neq (A+I)^{r-1} \neq (A+I)^{r+1} = \cdots = (A+I)^k$$

$$(8-3)$$

其中，I 为单位矩阵，$2 \leqslant r \leqslant k$。矩阵 A 和 M 的元素均为 "1" 或 "0"，$n \times n$ 阶 0－1 矩阵，符合布尔运算法则。

最高层的因素根据式（8－4）确定：

$$C_1 = \{S_i \mid P(S_i) \cap Q(S_i) = P(S_i); i = 0, 1, \cdots, k\} \quad (8-4)$$

其中，$P(S_i)$ 表示可达矩阵从因素 S_i 出发可以到达的全部因素的集合；$Q(S_i)$ 表示可达矩阵中可以到达因素 S_i 的全部因素的集合，即：

$$P(S_i) = \{S_j \mid m_{ij} = 1\}, \quad Q(S_i) = \{S_j \mid m_{ji} = 1\} \quad (8-5)$$

其中，m_{ij} 和 m_{ji} 均是可达矩阵 M 的因素。

其他层次因素的确定方法：从原矩阵 M 中删除 C_1 中因素对应的行与列，得到矩阵 M′，对 M′进行式（8－4）和式（8－5）操作，得到位于第二层次 C_2 的因素；依此类推，可以得到位于所有层次的因素及其层次结构。

8.4 估计结果与讨论

8.4.1 估计结果

（1）就业质量的影响因素。首先，依据样本数据进行线性回归得到模型一；其次，依据相伴概率值，逐渐剔除不显著的变量，直到所有变量的显著性水平都在 5% 的水平上统计显著，得到模型二。各变量的回归系数、标准差如表 8－2 所示。模型二的 R^2 为 0.121，可以接受，模型整体显著性水平小于 0.05，表明模型全局性检验有统计学意义。由模型二结果显示，城市大小、就业区域、就业地点、就业难度、健康状况、文化程度、春节交往人数、政治面貌、家庭人口数、性别、年龄和婚姻状况 11 个因素对新生代农民工就业质量的影响具有统计显著性。

表 8-2　　　　　　　　　就业质量影响因素的回归结果

变量	模型一		模型二	
	回归系数	标准差	回归系数	标准差
家庭人口数	-0.276	0.154	-0.304*	0.152
家庭耕地面积	0.009	0.032	—	—
性别	-1.816***	0.464	-1.759***	0.462
年龄	0.235***	0.052	0.184***	0.041
婚姻状况	0.966	0.617	—	—
健康状况	1.109**	0.326	1.097**	0.326
文化程度	5.166***	0.403	5.190***	0.402
春节交往人数	0.018***	0.005	0.019***	0.005
政治面貌	4.326***	0.488	4.389***	0.487
城市大小	1.898***	0.340	1.940***	0.339
就业区域	1.118***	0.283	1.121***	0.282
就业地点	0.680***	0.181	0.687***	0.181
就业难度	2.062***	0.268	2.067***	0.268
常数项 C	-0.999***	2.739	0.751	2.506
R^2	0.122		0.121	
F 值	44.731		52.624	
样本量	4261		4261	

注：***$p \leqslant 0.001$；**$p \leqslant 0.01$；*$p \leqslant 0.05$；n.s.$p > 0.05$（双侧检验 2-tailed）。

（2）影响因素的解释性结构。采用 S_0、S_1、S_2、S_3、S_4、S_5、S_6、S_7、S_8、S_9、S_{10} 和 S_{11} 分别表示就业质量、家庭人口数、性别、年龄、健康状况、文化程度、春节交往人数、政治面貌、城市大小、就业区域、就业地点和就业难度。各影响因素间的逻辑关系（见图 8-1）。

A	A	A	A	A	A	A	A	A	A	S_0 就业质量
0	0	0	0	V	V	V	V	0	0	S_1 家庭人口数
0	0	0	0	V	V	V	V	0		S_2 性别
0	0	0	0	V	V	V	V			S_3 年龄
V	V	V	V	0	0	0				S_4 健康状况
V	V	V	V	0	0					S_5 文化程度
V	V	V	V	0						S_6 春节交往人数
V	V	V	V							S_7 政治面貌
0	0	0								S_8 城市大小
0	0									S_9 就业区域
0										S_{10} 就业地点
										S_{11} 就业难度

图 8 - 1　要素间逻辑关系方格

注："V"表示行因素直接影响列因素；"A"表示列因素直接影响行因素；"0"表示行列因素相互没有影响。

根据图 8 - 1 和式（8 - 1）得到影响因素间的邻接矩阵 A：

$$
A = \begin{array}{c}
S_0 \\ S_1 \\ S_2 \\ S_3 \\ S_4 \\ S_5 \\ S_6 \\ S_7 \\ S_8 \\ S_9 \\ S_{10} \\ S_{11}
\end{array}
\begin{bmatrix}
1 & 0 & 0 & 0 & 0 & 0 & 0 & 0 & 0 & 0 & 0 & 0 \\
0 & 1 & 0 & 0 & 1 & 1 & 1 & 1 & 0 & 0 & 0 & 0 \\
0 & 0 & 1 & 0 & 1 & 1 & 1 & 1 & 0 & 0 & 0 & 0 \\
0 & 0 & 0 & 1 & 1 & 1 & 1 & 1 & 0 & 0 & 0 & 0 \\
0 & 0 & 0 & 0 & 1 & 0 & 0 & 0 & 1 & 1 & 1 & 1 \\
0 & 0 & 0 & 0 & 0 & 1 & 0 & 1 & 1 & 1 & 1 & 1 \\
0 & 0 & 0 & 0 & 0 & 0 & 1 & 0 & 1 & 1 & 1 & 1 \\
0 & 0 & 0 & 0 & 0 & 0 & 0 & 1 & 1 & 1 & 1 & 1 \\
1 & 0 & 0 & 0 & 0 & 0 & 0 & 0 & 1 & 0 & 0 & 0 \\
1 & 0 & 0 & 0 & 0 & 0 & 0 & 0 & 0 & 1 & 0 & 0 \\
1 & 0 & 0 & 0 & 0 & 0 & 0 & 0 & 0 & 0 & 1 & 0 \\
1 & 0 & 0 & 0 & 0 & 0 & 0 & 0 & 0 & 0 & 0 & 1
\end{bmatrix}
\qquad (8-6)
$$

利用式（8 - 6）和 Matlab R2019a，由邻接矩阵 A 得到影响因素的可达矩阵 M：

$$M = \begin{array}{c} S_0 \\ S_1 \\ S_2 \\ S_3 \\ S_4 \\ S_5 \\ S_6 \\ S_7 \\ S_8 \\ S_9 \\ S_{10} \\ S_{11} \end{array} \begin{bmatrix} 1 & 0 & 0 & 0 & 0 & 0 & 0 & 0 & 0 & 0 & 0 & 0 \\ 1 & 1 & 0 & 0 & 1 & 1 & 1 & 1 & 1 & 1 & 1 & 1 \\ 1 & 0 & 1 & 0 & 1 & 1 & 1 & 1 & 1 & 1 & 1 & 1 \\ 1 & 0 & 0 & 1 & 1 & 1 & 1 & 1 & 1 & 1 & 1 & 1 \\ 1 & 0 & 0 & 0 & 1 & 0 & 0 & 0 & 1 & 1 & 1 & 1 \\ 1 & 0 & 0 & 0 & 0 & 1 & 0 & 0 & 1 & 1 & 1 & 1 \\ 1 & 0 & 0 & 0 & 0 & 0 & 1 & 0 & 1 & 1 & 1 & 1 \\ 1 & 0 & 0 & 0 & 0 & 0 & 0 & 1 & 1 & 1 & 1 & 1 \\ 1 & 0 & 0 & 0 & 0 & 0 & 0 & 0 & 1 & 0 & 0 & 0 \\ 1 & 0 & 0 & 0 & 0 & 0 & 0 & 0 & 0 & 1 & 0 & 0 \\ 1 & 0 & 0 & 0 & 0 & 0 & 0 & 0 & 0 & 0 & 1 & 0 \\ 1 & 0 & 0 & 0 & 0 & 0 & 0 & 0 & 0 & 0 & 0 & 1 \end{bmatrix} \qquad (8-7)$$

对于可达矩阵 M，首先，根据式（8-4）和式（8-5）得到 $C_1 = \{S_0\}$。其次，根据其他层次因素的确定方法依次得到 $C_2 = \{S_8、S_9、S_{10} 和 S_{11}\}$，$C_3 = \{S_4、S_5、S_6、S_7\}$，$C_4 = \{S_1、S_2、S_3\}$，进而得到排序后的可达矩阵 B：

$$B = \begin{array}{c} \\ S_0 \\ S_8 \\ S_9 \\ S_{10} \\ S_{11} \\ S_4 \\ S_5 \\ S_6 \\ S_7 \\ S_1 \\ S_2 \\ S_3 \end{array} \begin{array}{c} \begin{matrix} S_0 & S_8 & S_9 & S_{10} & S_{11} & S_4 & S_5 & S_6 & S_7 & S_1 & S_2 & S_3 \end{matrix} \\ \begin{bmatrix} 1 & 0 & 0 & 0 & 0 & 0 & 0 & 0 & 0 & 0 & 0 & 0 \\ 1 & 1 & 0 & 0 & 0 & 0 & 0 & 0 & 0 & 0 & 0 & 0 \\ 1 & 0 & 1 & 0 & 0 & 0 & 0 & 0 & 0 & 0 & 0 & 0 \\ 1 & 0 & 0 & 1 & 0 & 0 & 0 & 0 & 0 & 0 & 0 & 0 \\ 1 & 0 & 0 & 0 & 1 & 0 & 0 & 0 & 0 & 0 & 0 & 0 \\ 1 & 1 & 1 & 1 & 1 & 1 & 0 & 0 & 0 & 0 & 0 & 0 \\ 1 & 1 & 1 & 1 & 1 & 0 & 1 & 0 & 0 & 0 & 0 & 0 \\ 1 & 1 & 1 & 1 & 1 & 0 & 0 & 1 & 0 & 0 & 0 & 0 \\ 1 & 1 & 1 & 1 & 1 & 0 & 0 & 0 & 1 & 0 & 0 & 0 \\ 1 & 1 & 1 & 1 & 1 & 1 & 1 & 1 & 1 & 1 & 0 & 0 \\ 1 & 1 & 1 & 1 & 1 & 1 & 1 & 1 & 1 & 0 & 1 & 0 \\ 1 & 1 & 1 & 1 & 1 & 1 & 1 & 1 & 1 & 0 & 0 & 1 \end{bmatrix} \end{array} \qquad (8-8)$$

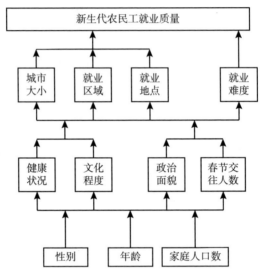

由式（8 - 8）可知，第一层为 S_0，第二层为 S_8、S_9、S_{10} 和 S_{11}，第三层为 S_4、S_5、S_6、S_7，第四层为 S_1、S_2 和 S_3，形成了完整的影响因素链（见图 8 - 2）。

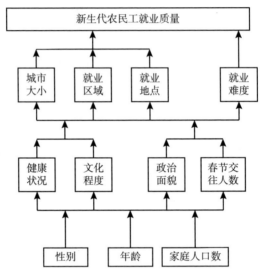

图 8 - 2　新生代农民工就业质量影响因素间的关联关系与层次结构

8.4.2　结果讨论

由图 8 - 2 可以看出，城市大小、就业区域、就业地点和就业难度是表层直接因素，健康状况、文化程度、春节交往人数和政治面貌是中层间接因素，家庭人口数、性别和年龄是深层根源因素。

城市大小、就业区域、就业地点和就业难度是表层直接因素，它们都对就业质量具有正向影响，且极显著（$p < 0.001$）。城市大小的回归系数为 1.940，如果其他因素不变，城市每增加 1 个级别，相应地就业质量提高 1.940。就业区域的回归系数为 1.121，如果其他因素不变，区域每增加 1 个级别，相应地就业质量提高 1.121。就业地点的回归系数为 0.687，如果其他因素不变，就业地点由从家乡所在地由内向外每改变 1 个地点，相应地就业质量提高 0.687。就业难度的回归系数为 2.067，如果其他因素不

变，就业地就业难度每增加 1 个级别，相应地就业质量提高 2.067。

　　健康状况、文化程度、春节交往人数和政治面貌中层间接因素，都对就业质量具有正向影响，且极显著（p < 0.001）。健康状况的回归系数为 1.097，也就是说，越是健康的新生代农民工，其就业质量越高。如果其他因素不变，每提高 1 个健康等级，相应地就业质量提高 1.097。文化程度的回归系数为 5.190，如果其他因素不变，新生代农民工文化程度每提高一个层次，其就业质量提高 5.190。春节交往人数和政治面貌可以看作社会资本。春节交往人数回归系数为 0.019，如果其他因素不变，春节交往人数每增加 1 人，其就业质量提高 0.019。政治面貌的回归系数为 4.389，在其他因素不变的情况下，政治面貌每提高一个层次，就业质量提高 4.389。

　　家庭人口数、性别、年龄是深层根源因素。家庭人口数的回归系数为 -0.304，表明家庭人口数对就业质量具有负向影响，且表现显著（p < 0.05）。也就是说，新生代农民工家庭人口越多，其就业质量越低，如果其他因素不变，家庭人口每增加 1 人，相应的就业质量减少 0.304。性别的回归系数为 -1.759，表明性别对就业质量具有负向影响，且表现极显著（p < 0.001），但与本章的理论预期相反，如果其他因素不变，新生代农民工男性比女性就业质量低 1.759。一般情况下，男性就业质量比女性高，但是我们研究的群体是新生代农民工，具有两层因素：一是由于近年来工业生产自动化程度的提高，第三产业所占比重越来越大，青年女性更具有优势；二是体力要素变得相对不重要，因为许多"脏累苦"的工作，大多新生代男性也不愿意去做。年龄的回归系数为 0.184，表明年龄对就业质量具有正向影响，且表现极显著（p < 0.001）。如果其他因素不变，年龄每增加 1 年，就业质量提高 0.184。

　　综上所述，以上 11 个影响因素形成完整的新生代农民工就业质量影响因素系统。新生代农民工就业质量影响因素具体有四条路径：第一条是"人力资本 + 空间"路径，方向为："家庭人口数、性别、年龄" → "健康状况、文化程度" → "城市大小、就业区域、就业地点" → "就业质量"；第二条是"社会资本 + 空间"路径，方向为："家庭人口数、性别、年龄" →

"春节交往人数和政治面貌"→"城市大小、就业区域、就业地点"→"就业质量";第三条是"人力资本+能力"路径,方向为:"家庭人口数、性别、年龄"→"健康状况、文化程度"→"就业难度"→"就业质量";第四条是"社会资本+能力"路径,方向为:"家庭人口数、性别、年龄"→"春节交往人数和政治面貌"→"就业难度"→"就业质量"。但并不是说新生代农民工只有上述四条单一路径提高就业质量,如果条件允许,采取多条路径即复合路径提高就业质量,可能会获得更好的效果。

从模型一可以看出,家庭耕地面积和婚姻状况对新生代农民工就业质量没有显著的影响。其可能的原因如下:近些年,伴随着农业社会化服务业的发展和农业机械化水平的提高,农民用在耕地上的劳动时间越来越少,另外,多数耕地还多由新生代农民工父母代为耕种,耕地对他们的束缚很小。当前农民工外出务工还是主流,不论是婚前还是婚后,新生代农民工基本还要出去打工,所以是否结婚对其就业质量影响较小。

8.5　结论与启示

本章结果表明,年龄大、家庭人口数少的新生代女性农民工,就业质量高;增加人力资本和社会资本,有助于提高他们的就业质量;到远离家乡的东部大城市就业,就业质量相对要高。在就业空间一定的情况下,越是就业有难度的地方,其就业质量越高。新生代农民工就业质量的11个影响因素处于不同的层次或级别,形成一个逻辑结构系统。其中,城市大小、就业区域、就业地点和就业难度是表层直接因素,健康状况、文化程度、春节交往人数和政治面貌是中层间接因素,家庭人口数、性别和年龄是深层根源因素。

基于上述实证研究结论,本章提出以下提高新生代农民工就业质量的政策启示:第一,提高新生代农民工的文化程度。一方面大力普及高中教育;另一方面通过成人教育、自学考试等方式,补齐教育短板。第二,加快完善全国统一的城乡劳动力市场。当前,多重分割与叠加的劳动力市场，加上许多地方设置了不合理的门槛，努力消除户籍制度及其附加在其上的各种制度的遗存和后续"有形"和"无形"的影响，成为完善劳动力市场的首要任务。第三，建立农村转移人口市民化的财政支持政策体系。相对其他新生代劳动者，新生代农民工家庭人口较大，家庭的人口数降低了其就业质量，城市高昂的生活、教育成本及高房价，阻挡了其市民化进程。因此，政府必须完善财政转移支付体系，加大新生代农民工市民化的支持力度。第四，增加农村青年特别是新生代农民工党员的比例。从研究结论来看，政治面貌对其就业质量具有一定的影响。2020 年中央一号文件，要求加大在青年农民中发展党员力度，这不仅有利于提高就业质量，促进其市民化，也是实现乡村振兴的有力举措。

8.6　小结

本章基于中国 31 个省（区、市）276 个地（市）1204 个县（市、区）4261 位新生代农民工的入户调查数据，首先运用一般线性回归模型确定了新生代农民工就业质量的显著性影响因素；其次运用 ISM 模型确定各影响因素间的关联关系和层次结构。研究结论显示，城市大小、就业区域、就业地点、就业难度、健康状况、文化程度、春节交往人数、政治面貌、家庭人口数、性别和年龄显著性影响新生代农民工就业质量。其中，城市大小、就业区域、就业地点和就业难度是表层直接因素，健康状况、文化程度、春节交往人数和政治面貌是中层间接因素，家庭人口数、性别和年龄是深层根源因素。

第9章 新生代农民工就业质量空间差异效应的机理及实证检验

由于劳动者的就业质量存在空间差异，会产生不同的空间差异效应，它们的理论基础是什么？它们的作用机理是什么？本章以期对上述问题予以解答。本章按照以下顺序展开论述：首先，运用扎根理论探索新生代农民工就业质量空间差异效应的形成机理；其次，根据上述理论利用新生代农村劳动力的数据进行实证检验。

需要说明的是，由于老一代农民工也存在就业质量的空间差异效应，但他们多不以融入城市为目的，相当多的老一代农民工还是兼业，新生代农民工是城市融入的主力，代表着未来，他们相对老一代农民工，对城市和农村的发展影响相对更大。因此，本章着重分析新生代农民工就业质量空间差异效应的形成机理并对其进行实证检验。

9.1 新生代就业质量空间差异效应的形成机理

随着中国城市化进程，新生代农民工逐渐成为城市融入的主体。大量的新生代农民工来到城市打拼，既是空间的变化，也是身份的变化，不仅促进了城市的繁荣发展，也解决了农村大量剩余劳动力问题。农民工来到城市就业主要是因为就业质量的差异，从而会引发一系列的效应。本章针对新生代农民工就业质量的状况，在实地调研和访谈的基础上，运用扎根理论探究新生代农民工就业质量空间差异效应的形成机理。

9.1.1　研究设计

前期对新生代农民工就业质量的研究，多是对其就业质量测度、就业质量的影响因素。当前中国社会主要矛盾已经转化为人民日益增长的美好生活需要和不平衡不充分的发展之间的矛盾。各地经济发展不平衡、不充分，新生代农民工美好的生活需要高质量的就业来保证，所以如何提高新生代农民工的就业质量成为当务之急。提高新生代农民工就业质量，就要厘清新生代农民工就业质量空间差异效应的形成机理。

9.1.1.1　研究方法

专门针对新生代农民工就业质量空间差异的研究相对较少，因此，需要通过归纳法，从现象中提炼问题本质。扎根理论法的主要特点是从现象或实践中提炼，进而建立新的理论。该研究方法多用于现有理论体系中未能有效解释现实现象的领域，或存在理论上空白的新现象等领域。本章采用扎根理论研究方法，目的在于归纳新生代农民工就业质量空间差异效应形成的机理，提炼和发展常规概念，并抽象出新概念、新范畴，进而发现范畴之间的逻辑关系，逐渐完善形成理论，从而实现理论创新。基本思路：通过村干部、农民工、人力资源主管、城市居民等的访谈资料，运用扎根理论，经过科学严密和一系列程序化的过程，不断提炼所研究问题的本质规律，最终得出科学的研究结论。

9.1.1.2　资料收集与整理

基于相关文献，针对新生代农民工就业质量的特点，通过实地调研和深入访谈收集资料，共选取 20 位村干部、农民工、人力资源主管、城市居民为访谈对象。资料收集和整理内容包括有关实地访谈、政策文件、政府工作报告、调研问卷以及参观记录等。选取资料的来源包括：（1）农民工、村党支部书记、人力资源主管等人员的访谈及调查问卷等；（2）各级政府发布的相关农民工的文件；（3）关于新生代农民工就业质量的论文、评论等；（4）新生代农民工就业质量的调研报告。通过对上述资料进行整理、整合，建立样本数据库，以确保其资料的真实、准确和完备。

9.1.2 案例资料的扎根理论译码分析

本章选用程序化扎根理论，程序化扎根理论学派把编码过程分为一级、二级、三级编码。一级编码为范畴化操作，属于基础层面的操作；二级编码为主轴编码，对上阶段所形成初级范畴进一步归纳，形成若干主范畴，属于中间层面的操作；三级编码为选择性编码，基于主范畴之间有内在逻辑关系，构建研究最终结构模型（Layder D，1993），属于高级层面的操作。本章在动态分析过程中，得出新生代农民工就业质量空间差异效应的形成机理理论模型。

9.1.2.1 开放性译码分析

首先进行开放性译码分析。其程序为贴标签（定义现象）—初步概念化—概念化—范畴化。该过程主要任务是从一手资料中开发出概念和范畴，为可以进一步归类、抽象范畴，最终提炼出形成主范畴打下坚实的基础。由于多方渠道收集资料繁多，本章无法全部展示，所以开放性编码过程仅作列举说明。新生代农民工就业质量空间差异效应的开放性编码示例如表 9-1 所示。

通过一系列的开放性编码，对形成的资料动态分析，最终是将复杂庞大的资料数据简化为概念来考察。通过动态分析"新生代农民工就业质量空间差异效应"资料，并进行概念化和范畴化概括。结合编码过程中发现的问题和现象，对概念化和范畴化得出的各种假设和现象质疑，导出新识别的概念。

表 9 - 1　　　　　　就业质量空间差异效应资料开放性编码示例

资料记载	概念化	范畴化
"农民工"群体，是因为社会发展，主要是社会进步催生出来的。城市需求，城市建设，需要一批劳动力，我们国家跟西方不一样，中国的农民，从"三农"政策一直延续到现在，国家很为每一个中国人考虑，没有因为农民层次低，国家就忽视了，农民在总人口的占比还是非常多，他们的流动性很大，国家还是很重视。（a5）农民进城，是满足城里发展的需要，像各种基础建设，基本上是农民工去做的，城里各种脏活累活，也基本上是农民工去做的；一到过年过节，是该享受的时候，返乡大军，全都回老家，该拜年的拜年，其实挣的钱，还是要资源再分配，城里挣的钱，拿回到老家，贴补家里用，改善农村的生活。如果在家里不出去打工，就没有资本去改善家里生活。（a23）只有有能力的才能留在城市里，是一个优胜劣汰的过程。一方面能带来更多的利润；另一方面通过这种的筛选，留下来的都是高层次的。（a61）剩下的那些过来生活一段时间，融入不了城市生活的，和城市人的生活、言行搭不起来，城里人就会觉得他们"老土"了，这就会产生一种矛盾，因为不理解和不尊重，就会产生很多矛盾。所以农民工即便是进城以后，他的文化隔阂还是很大的。（a89）现在农民工进城的话，因为工种也好、从事的行业也好，所从事的工作分工比较单一，不像农业那样（a104）	（a5）农村存在大量剩余劳动力…… （a61）改善生活…… （a23）城市融入…… （a89）外来人员受歧视…… （a104）工作方式发生改变…… （计 111 个）	以概念 a1 - a19 范畴化为：城乡差异（A1）……

注：因资料开放性编码涵盖大量分析表格和内容，只截取部分展示。

　　（1）标签分析和编码。本章在收集"新生代农民工就业质量空间差异"原始资料、实地调研等基础上进行标签识别分析，并针对每一个标签进行编码。

　　（2）概念化和范畴化。通过对所识别标签进行深入分析，经过概念化过程，得到 111 个概念。因所得的概念数量庞大且有些互相联系，所以将概念整合成副范畴，最终将 111 个概念整合归类为 13 个副范畴（见表 9 - 2），分别为：城乡差异（A1）、进城务工（A2）、城市买房（A4）、市民转化（A7）、城乡发展（A3）、收入提高（A5）、素质提高（A13）、融入困难（A6）、农民工返乡（A9）、农业危机（A10）、空心村（A11）、乡村振兴（A12）、乡村衰落（A8）。

9.1.2.2 主轴式编码过程

通过以上分析形成 13 个范畴后，还是不够精准，需要进一步凝练，形成主范畴，借助现象条件、事实和脉络发展之间存在的内在逻辑关系，进行主轴编码。通过深入挖掘范畴间的关系，通过进一步归类、抽象范畴，最终提炼出：羊群效应（AA1）、融入效应（AA2）、溢出效应（AA3）、饱和效应（AA4）、虹吸效应（AA5）和极化效应（AA6）6 个主范畴。

表 9－2 主轴译码分析示例

主范畴	副范畴
羊群效应（AA1）	城乡差异（A1）、进城务工（A2）
融入效应（AA2）	城市买房（A4）、市民转化（A7）
溢出效应（AA3）	城乡发展（A3）、收入提高（A5）、素质提高（A13）
饱和效应（AA4）	融入困难（A6）、农民工返乡（A9）
虹吸效应（AA5）	农业危机（A10）、空心村（A11）
极化效应（AA6）	乡村振兴（A12）、乡村衰落（A8）

9.1.2.3 选择性编码过程

在选择性编码过程中，通过对以上六条主轴式编码分析，本章构建了就业质量空间差异效应的机理模型，即"就业质量空间差异→农民工进城→城市发展和市民化→农村两极分化"的"城乡融合发展"模型。需要说明的是，这里的空间，既包括城乡也包括不同城市。

9.1.3 就业质量空间差异效应模型及其主要特征

9.1.3.1 理论模型构建

本章旨在探明新生代农民工就业质量空间差异效应的形成机理，但因相关文献和研究方法比较鲜见，近些年国内外在该领域的研究还未形

成系统理论，因此，本章以调研访谈等资料，运用扎根理论方法构建新
生代农民工就业质量空间差异效应的形成机理模型，通过对生成的羊群
效应、融入效应、溢出效应、饱和效应、虹吸效应和极化效应 6 个主范
畴进一步分析，在厘清主范畴之间逻辑关系的基础上构建理论模型，如
图 9 - 1 所示。

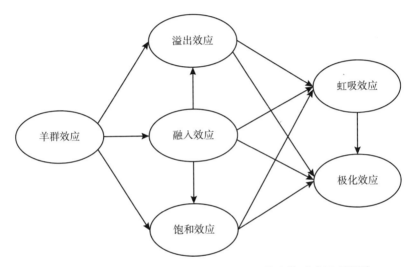

图 9 - 1　新生代农民工就业质量空间差异效应的形成机理模型

（1）羊群效应。羊群效应是用来描述经济个体的从众跟风心理。本书
中的羊群是指新生代农村转移劳动力由于老乡、亲戚等的介绍，都到城市
务工或经商这一扎堆现象。对农村劳动力而言，跟着老乡、亲戚等外出打
工或经商，能够获得准确、及时和有效的信息，意味着可以减少不确定
性，不仅容易找到一份适合的工作，而且还可以获得较高和较稳定的非农
收入。

（2）融入效应。融入效应是指流动人口转移到另一个地方，融入当地
群体时，在政治、经济、文化及心理等方面发生的改变。本书的融入效应
是指新生代农村劳动力转移到城市，转变为市民时在政治、经济、文化及
心理等方面发生的变化，也称市民化。

（3）溢出效应。溢出效应是指一个组织在进行某项活动时，不仅会产生活动所预期的效果，而且会对组织之外的人或社会产生影响。本书的融入效应是指新生代转移劳动力进城务工或经商，不仅提高了自己的非农收入，而且促进了城市的繁荣和发展，在一定程度上解决了农业劳动力过剩的问题，也促进了农村发展。

（4）饱和效应。所谓饱和效应就是指在一定温度和压力下，溶液所含溶质的量达到最大限度，不能再溶解。本书的含义是指一座城市所需要的农村转移劳动力总量是有限的，当达到一定的数量后，他们找工作就变得非常困难，或者由于农村转移劳动力的素质达不到当地城市发展的要求，会遭遇"融城"瓶颈，出现"逆城"回流现象。

（5）虹吸效应。虹吸效应在国外通常称作"回荡效应"，是指某一地区的发展，由于人口流动、资本流动和贸易等各种原因，导致其他地区的衰落（冈纳·缪尔达尔，1957）。本书的含义是指新生代农村劳动力都转移到城市务工或经商，会导致农村衰落现象。

（6）极化效应。冈纳·缪尔达尔（1957）认为，极化效应是指一个地区只要它的经济发展达到一定水平，超过了"起飞"阶段，就会具有一种自我发展的能力，在市场机制的自发作用下，逐渐呈现两极分化，造成发达地区越富，落后地区越穷的现象。本书的含义是指有些地方的农村，由于自然禀赋或其他原因等，不仅不会被城市吸引走新生代劳动力，还会吸引周边或城市的劳动力来此务工或经商，促进乃至实现乡村振兴。

9.1.3.2 主要特征

从经验数据中获得想法和假设，然后将这些概念在后续实证研究中进行检验，这实质上也是一个动态演绎过程。本书在采用扎根理论研究方法，抽象出"就业质量空间差异→农民工进城→城市发展和市民化→农村两极分化"的"城乡融合发展"机理模型。主要有以下三个特征。

（1）"城乡融合发展"的链条是农民工。中国城乡差异非常明显，是典型的城乡二元结构。改革开放40多年来，伴随着城市劳动力市场的放开，大量的农民工来到城市务工或经商，不仅促进城市的发展，解决了农村劳动力过剩的问题，而且提高了农民收入，形成"城乡融合发展"。这一过程的核心是农民工，特别是新生代农民工。这是一个循环往复、相互影响、联系紧密、连锁反应的生态系统，它不断推进中国城市化的进程，从而促进了城乡融合发展。

（2）就业质量空间差异是城乡融合发展的内生动力。就业质量空间差异是城乡融合发展的内生动力，农民工进城务工是手段，获得收入或成为市民是目的，最终的结果是实现城乡融合发展。农民工进城不仅促进城市的发展，而且自己的身份得以改变，还促进了自身的发展。城市对农村劳动力的吸纳也不是无限的，存在城市融入的"天花板"效应，会遇到融入的障碍问题。

（3）乡村振兴战略和中国城市化政策是促进城乡融合发展的外生动力。乡村振兴战略是城乡融合发展的外生动力。新生代农民工进城对农村的发展是一把"双刃剑"，一方面劳动力转移引起农业投入减少，农村消费降低，带来农村的衰落；另一方面，返乡就业、创业等会促进农村发展。国家为了促进农村社会经济发展，缩小城乡发展的不平衡，促进城乡融合发展，大力实施乡村振兴战略，是城乡融合发展的外生动力。

9.2　新生代农民工就业质量空间差异效应及其关系实证检验

进入 21 世纪以来，大量的农村劳动力脱离农业，从农村来到城市，他们被称为农民工。当前他们绝大多数进行的还是乡城转移，之所以进行乡城转移，根本原因是乡城之间非农就业质量的差异。这些新生代农民工多是农村的精英，乡城转移不仅使他们的职业和身份发生了重大变化，而且还会对流出地和流入地等造成一系列的影响。

9.2.1 文献综述

现阶段农民工进城即农村劳动力转移会带来哪些影响，已有的研究主要集中在农民工对区域发展、流出地、流入地、粮食产量和价格及自身影响的分析。

（1）经济发展的影响。农村劳动力转移对经济发展方面的影响表现在是否促进经济增长和能否缩小经济发展差距两个方面。具体有：①促进经济增长方面。已有学者的研究都是农村劳动力转移促进经济增长（张爱婷，2009；李迅雷、周洪荣、朱蕾，2014）。②缩小发展差距方面。农村劳动力转移能否缩小发展差距存在较大的争议。有些学者研究发现，农村劳动力转移能够缩小城乡发展差距（董莹和穆月英，2015；万晓萌，2016）。有些学者研究发现，农民工到经济发达区域就业，在一定程度上扩大和加剧了地区间经济发展的差距（贾伟，2012；彭国华，2015）。

（2）对流出地的影响。农村劳动力转移对流出地影响主要表现在农业生产、减少贫困、农村社会的三个方面。在农业生产方面，有些专家学者研究表明，劳动力转移阻碍了农业全要素生产率的提高（李士梅和尹希文，2017；苏昕和刘昊龙，2017）。在减少贫困方面，劳动力流动对农村减贫起到了至关重要的作用（樊士德和江克忠，2016；张桂文、王青、张荣，2018）。在农村社会影响方面，农村劳动力向城镇转移，造成了农业主产区青壮年劳动力不足、农村基层组织后继乏人、治理能力弱化、凝聚力下降等问题（张艳华，2016）。劳动力回流迁移具有"回流效应"，能促进回流地非农经济的发展和创业的增长（任远和施闻，2017）。樊士德和朱克朋（2018）研究表明，除正向效应外，还会带来智力外流、农村留守儿童和老人的福利受损等负向效应。

（3）对流入地的影响。农村劳动力转移对流入地来说主要是正向效应。例如，农村劳动力的流动中，教育人力资本溢出效应表现为劳动力净流入地为福利受益（谢童伟和吴燕，2013）。城市接纳农民工不仅有经济效应，还具有许多其他溢出效应（龙琪琪和王道勇，2016）。此外，农村劳动力转移对流入地来说也存在一定的负面影响。例如，唐萍萍和李世平（2012）结果发现，农村转移劳动力难以融入输入地，输入地出现"大城市病"现象。

（4）粮食产量和价格的影响。农村劳动力转移对粮食产量和价格来说具有一定的影响，例如，黄柯淇和苏春江（2009）研究结果表明，农村劳动力本地非农转移能够促进粮食生产，而向外非农转移则会降低粮食产量。农村劳动力转移对主销区粮食产量产生了显著影响，但并没有对中国粮食主产区的粮食生产产生显著影响（程名望、黄甜甜、刘雅娟，2015）。曹冰雪、杨晓维、何昉（2017）证明绝对剩余劳动力向城镇的转移并不会影响农产品产量和价格。

（5）对劳动力自身的影响。农村劳动力转移对于提高农民自身收入作用明显，例如，张鹏和王婷（2010）研究表明，实现农村剩余劳动力的转移和非农就业是提高农民收入水平的重要途径，农村劳动力转移规模对农民收入增加呈正向效应；农民工城市融入，包括经济融入、社会融入、文化融入和身份融入方面均有明显改善，但依然存在诸多问题和障碍（钱泽森和朱嘉晔，2018）。此外，农村劳动力转移大幅提高了农户收入水平，对于减贫脱贫发挥着重要作用（柳建平、刘咪咪、王璇旖，2018）。

上述研究都是农民工流动即农村劳动力转移造成的最终影响或结果，仅仅说是农村劳动力转移造成的，显得较为武断和笼统，缺少一些"中间环节"。可以说是一些"中间环节"造成上述影响，这些"中间环节"通称为"空间差异效应"。新生代农民工流动主要引发哪些"空间差异效应"？各"空间差异效应"之间的关系是什么？本书拟通过新生代农民工调查数据的结构方程模型分析，对这些问题做出尝试性回答。厘清上述关系，对于有关部门制定乡村振兴规划和城乡协调发展的政策，具有一定的理论和实践意义。

9.2.2　农民工的"空间差异效应"与研究假设

由农业社会进入工业社会是人类社会发展的历史规律，即城市化。在这个过程中，不仅就业地点和职业要完成转变，而且身份也要发生转变，由农村来到城市，由农民变为工人，由农村人转为城市人。对这一现象的研究，国外主要体现在雷文斯坦（1889）的人口迁移理论、刘易斯（1954）的二元经济发展理论、博格（1969）的迁移推—拉理论等。上述理论对指导中国农村劳动力转移具有非常好的借鉴意义。伴随中国城市化进程，农民工特别是新生代农民工进城，会引发一系列的"空间差异效应"，主要归结前面的六个效应。

本书的主要目的是从农村劳动力转移的视角，探讨转移进程中发生的"连锁反应"或影响，这些"连锁反应"或影响最终给乡村发展带来机遇和挑战。当前中国大力进行乡村振兴，乡村振兴最终要落实到人，而新生代农民工是未来乡村振兴的主力军。新生代农民工到城市务工或经商，通过城市这一中间环节发生"连锁反应"或影响，是以劳动力转移过程的触发行为进行，具有方向单一性。农民工大规模进入城市务工或经商（羊群效应）；进入城市后，农民工向市民转化即市民化（融入效应），在市民化过程中，一方面，他们会给流入地和流出地带来一系列的影响（溢出效应），另一方面，当流入地的农村劳动力达到一定的数量或需求结构发生变化时，导致城市融入困难和劳动力回流（饱和效应）；伴随着农村劳动力的大量转移和城市化发展，给农村流出地带来衰落（虹吸效应），与此同时，因为劳动力回流就业、创业等使一部分乡村发展起来（极化效应），同时会吸引周围乡村的一部分劳动力来此就业，进一步加剧了周边乡村的衰落（虹吸效应）。当然，事件或行为发生，有时具有反向作用，难免会存在双向的因果关系，由于研究工具（模型）和资料收集的限制，本书不再研究它们之间的双向因果关系。基于前面的理论分析，提出以下假设（见图9-2）。

H1a：羊群效应对融入效应具有正向影响。

H1b：羊群效应对溢出效应具有正向影响。

H1c：羊群效应对饱和效应具有正向影响。

H2a：融入效应对溢出效应具有正向影响。

H2b：融入效应对饱和效应具有正向影响。

H2c：融入效应对虹吸效应具有正向影响。

H2d：融入效应对极化效应具有负向影响。

H3a：溢出效应对虹吸效应具有正向影响。

H3b：溢出效应对极化效应具有正向影响。

H4a：饱和效应对虹吸效应具有正向影响。

H4b：饱和效应对极化效应具有正向影响。

H5：虹吸效应对极化效应具有正向影响。

已有研究表明，农村劳动力个体特征如性别、年龄、婚姻状况、文化程度等，也是极化效应的重要影响因素（高帆，2018）。我们选取新生代农民工的性别、年龄、婚姻状况、教育程度等作为控制变量。

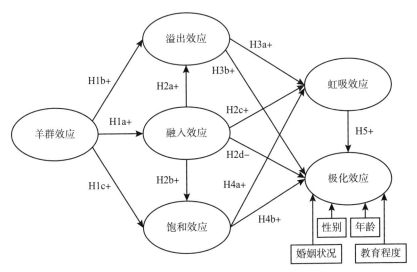

图 9 - 2 新生代农民工就业质量"空间差异效应"的关系模型假设

9.2.3 研究设计与方法

9.2.3.1 量表开发与修正

本书的上述效应，现有文献没有量表，需要开发。在问卷正式定稿与调查之前，对新生代农民工进行了大量访谈，并咨询了多位相关领域的专家，进行了多次预调查，对量表进行了多次修改和完善。最后一次预调查是在 2018 年 1 月，此次共发放问卷 300 份，回收完整的问卷 259 份，问卷回收率 88.3%。采用 SPSS 22.0 和 AMOS22.0 进行分析，数据信度和效度很好，达到了应用的要求。

羊群效应量表采用"您最初是通过邻居、亲戚、同事等人介绍外出就业或经商？""您村（社区）里的同龄人很多是到同一个地方就业或经商？""您的同事很多是通过别人（邻居、亲戚、同事等）介绍外出就业或经商？"三个指标表示。采用 5 点量表，1 代表非常不赞同，5 代表非常赞同（下面的量表都采用 5 点量表，除融入效应量表外，其他效应量表数字代表的含义相同）。信度为 0.72，这表明量表信度较好。融入效应量表借鉴刘传江等（2008）的新生代农村转移劳动力城市融入测度量表，把城市融入效应分为"经济生活""国民待遇""文化心理""政治参与""居住条件"五个指标。1 代表与城市居民差距大，5 代表与城市居民没有差距。信度为 0.82，这表明量表具有非常好的信度。溢出效应量表用"您进城就业对城市发展的贡献很大""您进城就业对其就业单位的贡献很大""您进城就业对城市居民生活的贡献很大""您进城就业对家乡发展的贡献很大"四个指标表示。信度为 0.64，这表明量表信度好（Fornell et al.，1981）。饱和效应量表用"您在就业所在地城市找工作的难度很大""您融入就业所在地城市的难度很大""您在就业地找工作比家乡的难度大"三个指标表示。信度为 0.67，这表明量表信度好。虹吸效应量表用"您家乡有些村（社区）外出就业的年轻人所占比重很大""您家乡有些村（社区）从事农业的人中 60 岁以上老年人所占的比重很大""您家乡有些村（社区）从事农业的人中妇女所占的比重很大"三个指标表示。信度为 0.61，这表明量表信度好。极化效应量表用"您家乡有些村（社区）经济发展水平相比周围其他村或社区高""您家乡有些村（社区）新生代居民数量相比周围其他村或社区多""您家乡有些村（社区）企业数量相比周围其他村或社区多"三个指标表示。信度为 0.72，这表明量表信度较好。

9.2.3.2 研究过程

（1）研究对象。本章数据来源于国家社会科学基金"新生代农民工就业质量课题组"于2018年2～8月组织的"全国新生代劳动者就业质量调查"数据库，数据具体来源于"新生代劳动力就业质量数据库"，详细见5.3.2一节。样本共涉及新生代劳动者11165人，其中，对问题做出明确回答的新生代农村转移劳动力7549人，共涉及中国31个省（区、市）356个地（市）1363个县（市、区）。由于农村大学毕业生对农民工就业质量的空间差异效应也具有比较好的认知，为了增加可靠性和客观性，在验证空间差异效应时，加入农村大学毕业生对农民工就业质量的空间差异效应的看法。本章以这些样本作为分析对象。

（2）工具变量。羊群效应量表采取预测试建立的三个项目量表测量，信度为0.68，这表明量表信度好。融入效应量表采取预测试建立的五个项目量表测量，信度为0.87，表明量表具有非常好的信度。溢出效应量表采取预测试建立的四个项目量表测量，信度为0.82，表明量表信度非常好。饱和效应量表采取预测试建立的三个项目量表测量，信度为0.62，表明量表信度好。虹吸效应量表采取预测试建立的三个项目量表测量，信度为0.65，这表明量表信度好。极化效应量表采取预测试建立的三个项目量表测量，信度为0.75，表明量表具有较好的信度。

（3）控制变量。我们选取的控制变量，其中，性别，"0"代表女，"1"代表男；年龄以实际年龄表示；婚姻状况，"0"代表未婚，"1"代表已婚；教育程度，"1"代表小学及以下，"2"代表初中，"3"代表高中（中专），"4"代表大专，"5"代表本科，"6"代表硕士及以上。

9.2.4 研究结果

9.2.4.1 验证性因子分析

为了检验关键变量羊群效应、融入效应、溢出效应、饱和效应、虹吸效应、极化效应之间的区分效度，本书对关键变量进行验证性因素分析。测试结果如表9-3所示，六因子模型吻合得比较好（$\chi^2(174) = 2265.33$，$p < 0.001$；CFI $= 0.96$，TLI $= 0.95$，RMSEA $= 0.04$），且所有题项的因子载荷都达到显著水平（$p < 0.05$），这表明本书关键变量具有良好的收敛效度。从表9-3的模型比较结果得出，六因子假设模型比任何替代模型更为适合，表明关键变量具有良好的区分效度。

表9-3 验证性因素分析结果

模型		χ^2	df	CFI	TLI	RMSEA
六因子模型		2265.33	174	0.96	0.95	0.04
五因子模型	羊群效应和融入效应合并	6178.45	179	0.87	0.85	0.07
	羊群效应和溢出效应合并	6284.48	179	0.87	0.85	0.07
	羊群效应和饱和效应合并	5090.15	179	0.90	0.88	0.06
	融入效应和溢出效应合并	13831.22	179	0.71	0.66	0.10
	融入效应和饱和效应合并	5156.01	179	0.90	0.88	0.06
	融入效应和虹吸效应合并	5339.21	179	0.89	0.87	0.06
	融入效应和极化效应合并	7872.81	179	0.84	0.81	0.08
	溢出效应和饱和效应合并	5518.30	179	0.89	0.87	0.06
	溢出效应和虹吸效应合并	5547.94	179	0.89	0.87	0.06
	饱和效应和虹吸效应合并	6030.40	179	0.88	0.86	0.07
	饱和效应和极化效应合并	7673.07	179	0.84	0.82	0.07
	虹吸效应和极化效应合并	7728.79	179	0.84	0.81	0.08
单因子模型		28653.99	189	0.40	0.34	0.14

9.2.4.2 描述性统计分析

表9-4总结了变量的平均值、标准差以及相关系数。（1）羊群效应与融入效应（$r = 0.11$；$p < 0.001$）呈正相关，羊群效应与溢出效应（$r = 0.08$；$p < 0.001$）呈正相关，羊群效应与饱和效应（$r = 0.15$；$p < 0.001$）呈正相关。（2）融入效应与溢出效应（$r = 0.13$；$p < 0.001$）呈正相关，

融入效应与饱和效应（r＝0.16；p＜0.001）呈正相关，融入效应与虹吸效应（r＝0.25；p＜0.001）呈正相关，融入效应与极化效应（r＝－0.03；p＜0.01）呈负相关。（3）溢出效应与虹吸效应（r＝0.19；p＜0.001）呈正相关，溢出效应与极化效应（r＝0.08；p＜0.001）呈正相关。（4）饱和效应与虹吸效应（r＝0.08；p＜0.001）呈正相关，饱和效应与极化效应（r＝0.09；p＜0.001）呈正相关。（5）虹吸效应与极化效应（r＝0.05；p＜0.001）呈正相关。可以看出，假设都得到支持。

表9-4　　　　各主要变量的均值、标准差和相关关系[a]

变量	1	2	3	4	5	6	7	8	9	10
性别[b]	1									
年龄	0.06***	1								
婚姻状况[c]	－0.01	－0.65***	1							
学历	－0.11***	－0.12***	0.22***	1						
羊群效应	0.07***	0.08***	－0.12***	－0.23***	1					
融入效应	0.06***	－0.03*	0.03**	－0.05***	0.11***	1				
溢出效应	0.02	0.06***	－0.04***	0.04***	0.08***	0.13***	1			
饱和效应	－0.01	0.03**	－0.02*	0.01	0.15***	0.16***	0.07***	1		
虹吸效应	0.01	0.02	－0.01	－0.02	0.10***	0.25***	0.19***	0.08***	1	
极化效应	－0.02	0.03*	－0.04**	0.01	0.16***	－0.03**	0.08***	0.09***	0.05***	1
平均值	0.55	27.11	0.53	3.33	2.80	3.27	3.49	3.05	3.42	2.77
标准差	0.50	5.22	0.50	1.18	0.84	0.75	0.73	0.71	0.74	0.73

注：a. N＝7549；b. 哑变量：0＝女，1＝男；c. 哑变量：0＝未婚，1＝已婚。 *** p≤0.001；** p≤0.01；* p≤0.05（双侧检验2-tailed）。

9.2.4.3　结构方程建模及假设检验

用方差极大法正交旋转对变量中的项目进行分析，得出6个明确的预设构念：羊群效应、融入效应、溢出效应、饱和效应、虹吸效应和极化效应。平均因子载荷为0.78，所有潜在交叉载荷项中，载荷都在0.5以上，这表明没有交叉载荷项。由此可见，本书中不存在共同方法偏差问题。结构方程建模的优点是它同时对假设模型中的整个变量系统进行了检验，从而能够评估模型与数据的一致性程度（Byrne，1994）。由于常规的误差估计和测量路径不能用于单项度量，因此，假定测量模型中单一指标控制变量的残差为零，路径系数等于 1（Seibert et al.，2001）。结果表明（见表 9－5），假设模型与数据拟合得比较好：$\chi^2(253) = 2802.13$，$p \leqslant 0.001$；$CFI = 0.95$；$TLI = 0.94$；$RMSEA = 0.04$。

9.2.4.3.1 模型比较

用假设模型和巢模式模型相比较，通过查验卡方检验值的变化，检验假设模型是否最优。如表 9－5 所示，第一步比较显示，假设模型和部分中介模型 1 相比较，部分中介模型 1 就是在假设模型的基础上，羊群效应和虹吸效应建立直接路径。通过卡方检验值的变化可以得出，部分中介模型 1 优于假设模型（$\Delta\chi^2 = 29.18$，$\Delta d = 1$，$p \leqslant 0.001$）。部分中介模型 1 作为最适合的模型保留。第二步，部分中介模型 2 在部分中介模型 1 的基础上，羊群效应和极化效应建立直接路径。卡方检验值的变化表明，中介模型 2 优于部分中介模型 1（$\Delta\chi^2 = 160.98$，$\Delta d = 1$，$p \leqslant 0.001$）。模型 2 作为最适合的模型保留。巢模式检验表明，部分中介模型 2 是拟合最好的模型，可以用它来进行检验假设。

表 9－5 结构模型比较[a]

模型结构	χ^2	DF	CFI	TLI	RMSEA	$\Delta\chi^2$（Δdf）	模型比较
假设模型	2802.13 ***	253	0.95	0.94	0.04		
部分中介模型 1	2772.95 ***	252	0.95	0.94	0.04	29.18（1）	部分中介模型 1 与假设模型比较
部分中介模型 2	2611.97 ***	251	0.96	0.95	0.04	160.98（1）	部分中介模型 2 与部分中介模型 1 比较

注：a. N = 7549。 *** $p \leqslant 0.001$； ** $p \leqslant 0.01$； * $p \leqslant 0.05$（双侧检验 2 - tailed）。

9.2.4.3.2 假设检验

标准参数估计检验表明，12 个假设全部显著（见图 9 - 3 和表 9 - 6）。

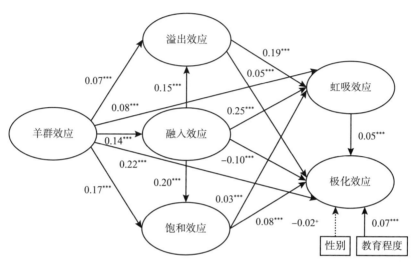

图 9 - 3　新生代农民工"空间差异效应"关系的结构方程模型结果

注：$\chi^2(251) = 2611.97$，$p \leqslant 0.001$；CFI = 0.96；TLI = 0.95；RMSEA = 0.04。图中的参数是标准化的参数。加粗的线条代表原先关系假设，没有加粗的线条代表原来没有关系假设，虚线条代表弱显著。N = 7549；*** $p \leqslant 0.001$；** $p \leqslant 0.01$；* $p \leqslant 0.05$；+ $p \leqslant 0.10$（双侧检验 2 - tailed）。

表 9 - 6　　　新生代农民工"空间差异效应"的影响系数值

项目		羊群效应	融入效应	溢出效应	饱和效应	虹吸效应
直接影响	融入效应	0.14	0.00	0.00	0.00	0.00
	溢出效应	0.07	0.15	0.00	0.00	0.00
	饱和效应	0.17	0.20	0.00	0.00	0.00
	虹吸效应	0.08	0.25	0.19	0.03	0.00
	极化效应	0.22	- 0.10	0.05	0.08	0.06

续表

项目		羊群效应	融入效应	溢出效应	饱和效应	虹吸效应
间接影响	融入效应	0.00	0.00	0.00	0.00	0.00
	溢出效应	0.02	0.00	0.00	0.00	0.00
	饱和效应	0.03	0.00	0.00	0.00	0.00
	虹吸效应	0.06	0.04	0.00	0.00	0.00
	极化效应	0.02	0.04	0.01	0.00	0.00
总影响	融入效应	0.14	0.00	0.00	0.00	0.00
	溢出效应	0.09	0.15	0.00	0.00	0.00
	饱和效应	0.20	0.20	0.00	0.00	0.00
	虹吸效应	0.14	0.28	0.19	0.03	0.00
	极化效应	0.24	−0.06	0.06	0.08	0.06

羊群效应对融入效应具有正向影响，且极显著（$b = 0.14$，$p < 0.001$），H1a 成立。也就是说，新生代农民工越倾向于城市务工或经商，越有可能融入城市。这是因为，城市的就业机会多，融入城市的机会也比较多。羊群效应对溢出效应具有正向影响，且极显著（$b = 0.07$，$p < 0.001$），H1b 成立。一方面，新生代农民工进入城市务工或经商，既解决了城市发展对廉价劳动力的需要，又解决了农业劳动力富余问题；另一方面，提高了他们的家庭收入，他们的寄带款也直接或间接支持了家乡建设。羊群效应对饱和效应具有正向影响，且极显著（$b = 0.17$，$p < 0.001$），H1c 成立。相对而言，在一定时期，一座城市需要的劳动力是一定的，当城市不需要那么多的劳动力，或当前劳动力素质结构达不到城市发展的需要，在城市务工或经商将变得比较困难。羊群效应对虹吸效应具有正向影响，且极显著（$b = 0.08$，$p < 0.001$）。也就是说，新生代农民工越到城市务工或经商，对农村衰落的影响越大。羊群效应对极化效应具有正向影响，且显著（$b = 0.22$，$p < 0.001$）。也就是说，新生代农民工到城市务工或经商，农村的两极分化现象越明显。羊群效应对虹吸效应总的路径系数为 0.14；羊群效应对极化效应总的路径系数为 0.24。

融入效应对溢出效应具有正向影响，且极显著（$b = 0.15$，$p < 0.001$），H2a 成立。也就是说，新生代农民工越融入了城市，他们做出的贡献越大。一方面，新生代农民工融入城市，促进了城市发展；另一方面，在城市发展比较好的新生代农民工，不仅可以为农村发展提供更大的支持，而且可以彻底从农业中解脱出来，加快农村土地规模化经营。融入效应对饱和效应具有正向影响，且极显著（$b = 0.20$，$p < 0.001$），H2b 成立。新生代农民工越融入比较好的城市，越能够吸引充足的劳动力，容易达到饱和状态。融入效应对虹吸效应具有正向影响，且极显著（$b = 0.25$，$p < 0.001$），H2c 成立。也就是说，新生代农民工越是流出比较多的地区，越是不发达的地区，对农村发展造成的影响越大。这是因为融入城市的农村新生代转移劳动力，会产生强大的示范效应，吸引和带动周围更多的劳动力到城市务工或经商，造成"空心村"，乡村发展乏力。融入效应对极化效应具有负向影响，且极显著（$b = -0.10$，$p < 0.001$），H2d 成立。也就是说，新生代农民工城市融入度越高，越不可能回到农村，更不利于流出地的乡村发展。融入效应对虹吸效应总的路径系数为 0.28，融入效应对极化效应总的路径系数为 -0.06。

溢出效应对虹吸效应具有正向影响，且极显著（$b = 0.19$，$p < 0.001$），H3a 成立。相对而言，新生代农民工越对城市的贡献越大，对农村造成的不利影响越大。溢出效应对极化效应具有正向影响，且极显著（$b = 0.05$，$p < 0.001$），H3b 成立。也就是说，新生代农民工回到家乡就业、创业，能够促进流出地的发展。溢出效应对极化效应总的路径系数为 0.06。

饱和效应对虹吸效应具有正向影响，且比较显著（$b = 0.03$，$p < 0.01$），H4a 成立。也就是说，饱和效应对乡村衰落具有显著的影响。这是因为，当前虽然新生代农民工在一些城市达到了饱和状况，但是中国城市化还没有完成，虹吸效应一直存在。饱和效应对极化效应具有正向影响，且极显著（$b = 0.08$，$p < 0.001$），H4b 成立。也就是说，城市中的新生代农民工的饱和对城市耦合具有一定的促进作用。原因是，部分新生代转移劳动力的返乡就业创业对农村发展起到了一定的促进作用。饱和效应对极化效应总的路径系数为 0.08。

虹吸效应对极化效应具有正向影响，且极显著（b = 0.05，p <
0.001），H5 成立。也就是说，虹吸效应对乡村分化具有一定的促进作用。
可能的原因是，农村劳动力除了流向城市外，也会流向发展比较好的乡
村，会导致流入地的乡村发展越好，流出地则出现衰落。饱和效应对极化
效应总的路径系数为 0.06。

从控制变量来看，性别对极化效应具有负向影响（b = - 0.02，p <
0.1），且弱显著。也就是说，相对男性，女性对极化效应的作用更强，即
农业女性化不利于乡村发展。年龄和婚姻状况对极化效应没有影响。教育
程度对极化效应具有正向影响（b = 0.07，p < 0.001），且极显著。也就是
说，越是受教育程度高的新生代农民工，对乡村振兴发挥的作用越大。

9.2.5　新生代农民工"空间差异效应"的关系及启示

9.2.5.1　新生代农民工"空间差异效应"的关系

羊群效应、融入效应、溢出效应、饱和效应、虹吸效应、极化效应之
间的关系具体如下（见图 9 - 3）。

（1）羊群效应与其他效应的关系。羊群效应对融入效应只有直接影
响，羊群效应对溢出效应除直接影响外，还通过融入效应对其产生间接影
响。羊群效应对饱和效应的影响包括直接路径和间接路径。直接路径就是
羊群效应直接影响饱和效应，间接路径就是通过融入效应对饱和效应产生
间接影响。羊群效应对虹吸效应包括直接路径和间接路径。直接路径就是
羊群效应直接影响虹吸效应。间接路径具体来说有五条路径：一是羊群效
应通过融入效应对虹吸效应产生间接影响；二是羊群效应通过融入效应、
溢出效应对虹吸效应产生间接影响；三是羊群效应通过融入效应、饱和效
应对虹吸效应产生间接影响；四是羊群效应通过溢出效应对虹吸效应产生
间接影响；五是羊群效应通过饱和效应对虹吸效应产生间接影响。羊群效
应对极化效应包括直接路径和间接路径。直接路径就是羊群效应直接影响
极化效应。间接路径共有 10 条，分别通过融入效应、溢出效应、饱和效应

和虹吸效应对极化效应产生间接影响。

（2）融入效应与其他效应的关系。融入效应对溢出效应的影响只有直接路径，即融入效应直接影响溢出效应。融入效应对饱和效应的影响只有直接路径，即融入效应直接影响饱和效应。融入效应对虹吸效应包括直接路径和间接路径。直接路径就是融入效应直接影响虹吸效应。也就是说，融入效应的扩大有利于直接扩大虹吸效应。间接路径也有两条：一是融入效应通过饱和效应对虹吸效应产生间接影响；二是融入效应通过溢出效应对虹吸效应产生间接影响。融入效应对极化效应也包括直接路径和间接路径。直接影响即融入效应直接影响极化效应。间接路径有五条，分别通过溢出效应、饱和效应、虹吸效应对极化效应产生影响。

（3）溢出效应、虹吸效应、极化效应之间的关系。溢出效应对虹吸效应的影响只有直接路径，即溢出效应直接影响虹吸效应。溢出效应对极化效应的影响只有直接路径和间接路径，直接路径即溢出效应直接影响极化效应，间接路径就是溢出效应通过虹吸效应对极化效应产生影响。

（4）饱和效应、虹吸效应、极化效应之间的关系。饱和效应对虹吸效应只有直接影响，即饱和效应直接影响虹吸效应。饱和效应对极化效应的影响具有直接路径和间接路径。直接路径就是饱和效应直接影响极化效应，间接路径就是饱和效应通过虹吸效应对极化效应产生影响。

（5）虹吸效应对极化效应产生影响只有直接路径，即虹吸效应直接影响极化效应。有些地方乡村发展起来，会吸引周边乡村的新生代转移劳动力来就业、创业，导致周边地区乡村振兴乏力，发展后劲不足。

9.2.5.2　启示

新生代农民工"空间差异效应"的关系，对于指导乡村振兴和城乡协调发展具有一定的启示意义。如何解决发展中国家大量农村劳动力转移引发的"大城市病"问题、市民化问题、乡村衰落及乡村振兴问题，这不仅是理论界的一大难题，更是困扰发展中国家的一大实践难题。通过对新生代农民工"空间差异效应"及其关系进行了分析，可以得到以下四点启示。

（1）新生代劳动力的羊群效应会引发"大城市病"问题。所以说，通过吸引新生代劳动力到中、小城镇就业，是解决"大城市病"的一大举措。通过大、中、小城市协调发展，缩小大、中、小城市就业质量的差异，才能从根本上解决这一大难题。

（2）新生代劳动力融入城市，有利于城乡协调发展。因此，要加快农村转移劳动力的市民化，重点是加快新生代转移劳动力的市民化，优先促进有能力在城镇稳定就业和生活的转移劳动力有序实现市民化。

（3）要辩证地看待乡村衰落和乡村振兴问题。由于虹吸效应，有些乡村的衰落是必然的，而极化效应的存在，有些村庄也会发展起来。乡村的振兴不仅仅是新生代转移劳动力回流就能根本解决的问题，更需要在发展中解决。根据不同村庄的发展现状、区位条件、资源禀赋等对村庄进行分类，把需要振兴的村庄分为集聚提升型、融入城镇型、特色保护型和搬迁撤并型四类，分类推进乡村振兴，是乡村振兴的前提。

（4）乡村振兴过程中，必须重视性别平等和教育问题。从事农业的女性过多，即农业女性化不利于乡村振兴，不利于家庭和谐和子女教育。应该采取激励措施促进更多的家庭转移，减少留守妇女和儿童。乡村振兴归根到底还是人才的振兴，提高农村劳动力的受教育程度有利于乡村振兴，所以必须大力提高农村劳动力的受教育水平，不仅要采取措施吸引人才，留住人才，更要用好人才。

9.3　小结

本章运用扎根理论探索新生代劳动者就业质量空间差异的效应形成机理础，抽象出"就业质量空间差异→农民工进城→城市发展和市民化→农村两极分化"的"城乡融合发展"机理。根据上述理论，基于新生代农村劳动力的调查数据，运用结构方程模型进行实证检验。研究结果表明：（1）新生代农民工转移过程中形成的"转移效应"主要有羊群效应、融入效应、溢出效应、饱和效应、虹吸效应和极化效应，这六个效应从羊群效应到极化效应会通过中间环节发生"连锁反应"或影响。(2) 由于羊群效应使大量的新生代农民工向城市转移,他们通过融入效应向市民转变,由此产生的溢出效应给流入地和流出地带来一系列的影响,并且当流入城市的农村劳动力达到一定程度时,由于饱和效应的存在,他们市民化变得非常困难。(3) 由于新生代农民工流出产生的虹吸效应导致农村流出地衰落,与此同时,因为部分劳动力的回流、城市的反哺及农村资源向部分村庄聚集等,产生极化效应使一部分农村发展起来。

第 10 章　新生代农民工就业质量协同提升对策

10.1　主要研究结论

通过上述研究，得出以下主要研究结论。

10.1.1　中国区域就业质量非均衡特征及其演进研究结论

（1）利用 ArcGIS 绘制的就业质量分布图显示，整体就业质量提升较快，呈现东、西部高而中部低的"U"型空间非均衡特征；（2）基尼系数测算及其分解结果显示，就业质量空间分布的总体差距呈上下波动态势，呈现空间分布不均衡状态，但就业质量的总体差距主要来源于地区间的差距；（3）Kernel 密度估计表明，虽然中国总体就业质量不断提高，但地区差异呈现扩大趋势，特别是在高就业质量省份，多极分化更为明显。

10.1.2　新生代劳动者个体就业质量的测度研究结论

利用全国 11165 个新生代劳动者的调查数据进行评价，评价结果显示，整体就业质量为 50.39。分维度来看，得分第一的是工作与生活和谐；第二是就业质量满意度；第三是职业和工作安全；第四是健康与福利；第五是职业和技能发展。

10.1.3　新生代劳动者个体就业质量的空间差异研究结论

（1）从城乡来看，新生代城乡劳动者在职业和工作安全、健康与福利、职业和技能发展、工作与生活和谐等客观维度的就业质量差异较大，而主观维度就业质量的差异较小；新生代城镇普通劳动者和新生代农村普通劳动者就业质量的差异最大，而新生代农村知识型劳动者与新生代城镇知识型劳动者就业质量的差异大幅缩小，很多指标甚至超过新生代城镇普通劳动者。

（2）从区域来看，新生代劳动者整体就业质量呈现出不同程度的区域差异，东部地区劳动者的就业质量最高，然后为西部地区，中部地区最差；东、中、西部地区新生代劳动者职业状况和工作安全存在不同程度差异，但趋势不明显；东部地区新生代劳动者健康与福利水平、工作与生活和谐、就业满意度高于西部，西部高于中部地区；中部地区职业和技能水平落后于东西部地区。

（3）从城级来看，整体上随着城市城级的减小，新生代劳动者的就业质量递减。客观就业质量方面，新生代劳动者职业和工作安全、健康与福利、工作与生活和谐程度城级差异呈现大、中、小城市逐渐降低的趋势，在职业和技能发展方面，大城市和中等城市相差不大，小城市（镇）则相对较差；而主观就业质量方面的差异较小。

10.1.4　新生代农民工个体就业质量的空间差异研究结论

（1）新生代农民工就业质量的区域（东、中、西）差异表明，东、中、西部地区新生代农民工就业质量存在显著差异，东部地区就业质量最高，西部次之，中部最低。

（2）在邻接空间权重下，地理距离权重下和经济空间权重下，新生代农民工省际就业质量都不存在高度的空间集聚特征，表明新生代农民工就业质量在省际空间上不存在空间相关。在邻接空间权重下和地理距离权重下，新生代农民工地市际的就业质量都不存在高度的空间集聚特征，在经济空间权重下，新生代农民工地市际的就业质量存在高度的空间集聚特征，表明新生代农民工地市际的就业质量存在空间负相关关系。

（3）对中国31个省份2017年全国新生代农民工就业质量空间分布的基尼系数测算并进行地区分解，可以看出，地区间差异的贡献率最大，是总体差异的主要来源，然后是超变密度，地区内差异的贡献率最低。因此，国家在帮助提高西部新生代农民工就业质量的同时，更应注重全国均衡发展，特别是防止两极分化。

（4）新生代农民工就业质量的城级（大、中、小）差异表明，新生代农民工就业质量随着城市级别由大到小依次降低。

10.1.5　新生代农民工就业质量影响因素及作用机理研究结论

城市大小、就业区域、就业地点、就业难度、健康状况、文化程度、春节交往人数、政治面貌、家庭人口数以及性别和年龄显著影响新生代农民工就业质量。其中，城市大小、就业区域、就业地点和就业难度是表层直接因素；健康状况、文化程度、春节交往人数和政治面貌是中层间接因素；家庭人口数、性别和年龄是深层根源因素。

10.1.6　"空间差异效应"及其关系实证检验研究结论

运用扎根理论探索新生代劳动者就业质量空间差异效应形成机理的理论基础，抽象出"城乡融合发展生态链"机理，即"就业质量空间差异→农民工进城→城市发展和市民化→农村两极分化"，其中"城乡融合发展"的链条是农民工，就业质量空间差异是"城乡融合发展"的内生动力，乡村振兴战略是促进"城乡融合发展"的外生动力。根据上述理论，基于新生代农村劳动力的调查数据，运用结构方程模型进行实证检验。新生代农民工转移过程中形成的"转移效应"主要有羊群效应、融入效应、溢出效应、饱和效应、虹吸效应和极化效应，这六个效应从羊群效应到极化效应会通过中间环节发生"连锁反应"或影响；由于羊群效应使大量的新生代农民工向城市转移，他们通过融入效应向市民转变，由此产生的溢出效应给流入地和流出地带来一系列的影响，并且当流入城市的农村劳动力达到一定程度时，饱和效应的存在使他们市民化变得非常困难；由于新生代农民工流出产生的虹吸效应导致农村流出地衰落，与此同时，因为部分劳动力的回流、城市的反哺及农村资源向部分村庄聚集等，农村地区会产生极化效应使一部分农村发展起来。

10.2　新生代农民工就业质量的提升对策

根据以上研究结论，从区域经济发展模式、城乡劳动力市场、企业社会责任、家庭禀赋、劳动者自身等多个方面，提出"政府引领—市场主导—企业担当—家庭推动—自身主动"五位一体的提升路径。在协调发展理念的引领下，针对不同区域新生代农民工就业质量采取对策，以着重提高经济欠发达区域新生代农民工的绝对就业质量，协同撬动并提高发达区域新生代农民工的相对就业质量。

10.2.1　政府引领提升劳动者就业质量

对于各级政府来说，提升劳动者就业质量就是为劳动者提供充足的就业竞争机会、改善劳动力市场的就业环境、调整劳动力市场就业结构、提升劳动者本身的就业竞争力以及构建和谐的劳动力市场关系。政府在提升劳动者就业质量的过程中，不仅起引领作用，作为市场规则的制定者，更应该履行好对就业市场的基础管理与服务这两项基本职能，具体体现在以下三个方面。

（1）发挥政府就业职能。就业保障机制的建立有助于打破当前就业中存在的城乡隔离、区域隔离和城级隔离，提升重点群体就业质量。①明确政府职责。政府有义务提升劳动者收入和就业质量，例如在建立灵活的劳动力市场和保护劳动者权益机构方面，政府的领导权是不可或缺的。其中，政府应侧重于为劳动者提供合理的就业预测、完善的社会保障、医疗保健和老年金融保障等方面，尤其注重帮助劳动者获得平等的就业机会、教育、卫生保健等服务。②加大政府财政支持力度。针对新生代进城农民工群体，由农民向市民转化的问题，各级政府理应加强财政支持力度，增强进城农民工市民化转换扶持，加强对进城劳动者的素质及技能培养，提升进城农民工的就业竞争力，尤其应侧重中小城镇中农民工的进城安居倾斜力度，降低农民工进城难问题，以及就业安居层级压力，逐步逐级完成劳动者的层级提升，减少劳动者素质提升跃迁障碍。③加强县域经济环境建设。政府利用相应的职能，紧密围绕国家投资动态、政策扶持优惠方向，特别是倾斜中西部地区中小城市（镇）县域经济建设与需求谋划项目，紧跟中西部地区中小城市（镇）、农村特有的特色产业与优势资源开发动向，从创业资金和优惠政策等方面对符合条件的返乡留乡人员给予大力支持，以吸引更多的城市农民工返乡创业、农民留乡就业。④加快推进公共就业服务均等化。进一步优化和完善公共就业信息和服务网络布局，将公共就业服务信息、培训教学信息、政策咨询和相关职业介绍等基本公共服务内容延伸覆盖到乡镇、社区。各级公共基本就业信息服务管理机构全面向城乡劳动者开放，对城乡劳动者实行公平的信息服务待遇，并逐步实现基本公共就业服务的均等化，促进农村劳动力加快向城市转移并逐步融入城市。⑤加大市民化财政支持力度。通过完善相关财政管理体制，落实年度资金预算，加强资金倾斜规划、建设项目扶持等，以加大小城市（镇）市民化财政支持力度。

（2）着力改造劳动就业环境。中国劳动力就业环境近些年主要存在三大底层差异：城乡差异、群体差异、公共就业服务差异。①深化城乡二元体制融合。提升农村劳动者就业待遇，破除地域限制与地域歧视，提升全国就业市场的一体化建设。中国地方经济分割和政府间竞争现象突出，阻碍了劳动者的合理流动和平等竞争，从而产生就业机会差异化、就业待遇差异化和就业保障差异化等一系列阻碍就业质量提升的障碍因素。因此，政府应积极完善就业市场制度建设，打破政府间地域限制，改变全国各地就业市场分裂局面，实现劳动者平等就业。②深化推进户籍制度改革。户籍制度改革可有效降低因户籍歧视引致的劳动力流动地域性歧视，形成相适应的就业配套政策。加快剥离户籍区域保护性政策，实现户籍与福利相互分离，推进贡献与福利相挂钩，加快劳动力流动自由化建设，提升劳动者能力与就业质量相挂钩，提升劳动者就业质量保障体系建设。③建立农民工就业保障体系。针对当前农民工就业流动性强，无法享受固定社保和医疗保障的就业现状，建立农民工短期或临时性失业保障体制。由于农民工就业存在极大的流动性与地域性，往往仅签订短期或临时性就业合同，农民工就业受劳动力需求牵引而呈现一定的潮汐现象。短期失业保障体制主要包括政府直接担保与保险公司合作担保两种形式，为农民工提供短期的失业保险；建立社会福利救济金制度；技能培训贷款政策，为农民工工作转换提供失业保障及相关技能预培训，提升农民工就业质量及生活质量。④加快社会职业平等性建设。对劳动者职业的尊重建立立法性保护，提升社会对劳动者职业的认知度，借鉴国际职业建设先进经验，提升全社会对不同职业的平等认知。一方面要通过全社会的广泛宣传，改变以往陈旧的职业认知，打破传统"职业等级制度"，形成全新的平等就业氛围；另一方面要加强立法，提升对相关职业的法律保护，提升全社会各职业的法律地位提升，从根本上解决职业等级制度弊端。⑤建立农民工工作转换救济金制度。农民工流动性比较强，在工作转换时没有收入，政府根据不同的区域差异和城级大小，可发放一定农民工工作转换救济金，帮助农民工稳定就业。

总体而言，劳动力就业市场在具体的内容和对象上，要一视同仁地惠及各类高校应往届毕业生、农村转移动力、就业困难人员等各类重点就业群体；在就业政策导向上，要充分涵盖及鼓励各类劳动者自主创业、鼓励政府和企业大力吸纳人员就业、开发各类公益性岗位、发展灵活就业等多种就业方式；在服务理念上，不仅要注重通过人才培训和就业服务的方式调节劳动力市场供给，而且要加强各类失业风险预警，防范各类失业风险。政府各部门要抓好具体政策执行、完善督查和实施工作效果评估。

（3）增强就业综合素质培养。劳动者综合素质的提升不仅能够提升工作绩效，实现劳动者的自我价值，提升就业竞争力，同时，通过培训获得的新技术新方法，有助于提升劳动者工作能力，提升就业保障福利，从而提升就业质量。①建立农村人力资源配置制度。优化农村地区人力资源配置，为广大农村中青年劳动者提供基础性免费职业技能培训。扶持鼓励农村中青年劳动者自主创业，以创业促进就业，培育就业新的增长点。②提高新生代农民工素质。地方政府要积极应对中、西部小城市（镇）中就业农民工群体职业素质较低的现状，利用产业扶持、人才建设、创新人才技能培训等项目积极提升农民工素质，大力开办成人教育、自学教育、函授教育等一系列职业教育培训，提高农民工自身学历和技能层次；积极建立配套完善的新生代劳动者职业规划及职业技能培训体系，提升新生代农民工就业竞争力。③调整高校人才培养体系。加强政府与高校合作，扩大高校及高职招生规模，构建合理的培养体制机制，提高针对性培养计划的实施水平，建立侧重于专业技能培训的学科体系，加大农村学员招收力度，出台具有针对性及层次性的专项培养方案，提升农村劳动者素质。④提升劳动者就业能力。在当前就业市场中，就业信息获取能力将直接影响就业人员的就业水平和发展前景，也是打破当前就业隔离行之有效的快捷方式。就业服务部门在不断拓宽信息传播渠道的基础上，要帮助劳动者认识就业信息的重要性，培养其信息获取的能力，从而及时获得劳动力市场中的一手就业信息，更好地了解就业信息与就业政策，以更有效率地投入工作之中。

10.2.2　市场主导提升劳动者就业质量

市场是劳动者就业过程中最稳重、最敏锐的指引者。劳动力就业市场会不断地从本身出发，结合当前市场生态引导就业供需双方不断调整，从而达到平衡稳定状态。

（1）建立完善劳动力市场。当前劳动力市场区域分割状况突出，严重影响了中国劳动力的均衡性流动，限制了劳动者技能和收入的有效提升。

在制定统一政策的基础上，提升对中西部劳动力市场的扶持力度，提升劳动者在中西部劳动力市场中的收入水平，逐步建立全国统一的劳动力大市场，开阔劳动者就业选择视野，通过统一市场的建立，做大劳动力就业市场"蛋糕"，从整体上提升劳动者的就业质量。①完善市场监管制度。提升劳动力就业市场监管力度，打破就业市场地域性保护，重视就业市场自我调节效用。当前劳动力就业市场监管仍然不到位，从而导致部分地方存在保护主义就业，部分地方政府为了确保本地户籍人口或就业单位福利不外流，出台了一些保护性就业政策，以确保本地区或本单位内部人员就业质量的稳定，从而严重阻碍了劳动力流动，造成不公平就业。②实现城乡市场二元融合。扶持小城市（镇）以及乡村就业市场建设，提高人才回流补贴力度，从就业市场中的人才培养入手，以就业市场创新为抓手，构建"市场—劳动者—创新技术"三位一体的市场建设新思路，并在过程中淡化各地区就业市场收入差异，淡化就业市场准入资格的地域保护意识，淡化城乡户籍制度差异，以及淡化各单位间的不平等福利待遇差异，最终消灭就业歧视。③注重规范中西部劳动力市场。因区域经济发展不平衡，导致国内各地劳动力市场发展失衡，尤其是中、西部偏远地区为主的劳动力市场失衡严重。政府应逐步完善中、西部劳动力市场建设，实行一对一帮扶政策，针对中西部市场缺失现状，利用经济发达地区的市场建设经验，提供针对性帮扶。可利用中、西部收入低的优势，引进东部劳动密集型行业以及企业，在降低生产成本的同时，加快中、西部市场建设的步伐，提高中、西部劳动者就业收入，实现双赢。

（2）构建良好劳动力市场生态环境。市场生态环境状态是否良好的重要标志是市场公平竞争的实现程度。市场经济需要公平竞争，实现优胜劣汰，实现资源合理配置。①完善市场规范化建设。建立健全劳动力就业市场政策法规，针对性调整劳动力市场就业不平衡，加强劳动力市场内部补贴均衡调整，降低劳动力就业水平差异；规范劳动力就业市场各主体间的权利义务，提升就业市场理性建设，增强劳动力市场各主体的责任意识，从而逐步完善劳动力就业市场生态环境建设。②引导劳动力合理流动。现行户籍制度阻碍了城乡人口的合理流动，当前劳动力群体中，农村劳动力的占比超过了全国劳动力的半数,如何引导农村劳动力合理流动成为当前亟须面对的问题。因此,应合理布局城乡市场发展,全方位建设小城市(镇)和农村劳动力市场,提供更多就业机会,增加农村劳动力就业选择;优化并调整中国当前产业结构,加强农村市场内需建设,提升农村市场内需拉动能力;进一步加强农村土地制度改革力度,加快土地确权进程,扶持构建农村土地规模化经营体制,加强农村劳动力市场的自我消化能力。③发布劳动力市场区域预警。构建多层级多区域劳动力市场监察预警系统,构建国家—省—市—乡村,四级劳动力市场监察机制,以及劳动力市场运行评价指标体系,完善劳动力流动就业与用工需求之间的合理配置,各级市场监察机构及时发布供求缺口信息,提升劳动力就业的抗风险能力,降低劳动力就业选择成本及企业需求选择成本,进一步降低用工成本,为提升劳动者就业质量奠定稳定基础。④引导人才合理流动。在就业市场生态中,利用市场供需调整,引导人才合理流动,例如,引导劳动力就业者进行区域分流,逐步实现劳动力分布均衡化,减少局部劳动力市场供需失衡的发生。既可降低就业热门地区就业压力,提升就业待遇,又可解决偏远地区劳动力紧缺问题。通过劳动力市场的合理引导,提升劳动力流动性,可有效提升劳动力整体就业质量。

(3)大力进行信息平台建设。①打造国家级劳动力信息平台。基于地理信息系统(GIS)空间研究原理,统筹布局各部门数据库,建立全国劳动力登记普查机制,完善劳动力与用工单位信息录入,统筹管理全国范围劳动力流动与劳动力供求信息,及时为全国劳动与就业提供有效的供求参考。②注重县级劳动力就业平台建设。加快完善各地县级劳动力平台建设,积极收集上级就业平台就业信息,并根据就业趋势提供合理职业技能培训,提升区域劳动者就业技能;统计本县域就业人口,依照劳动力个体特征划分类别,针对性提供精准化就业指导,并根据县域各乡镇地域优势,提供发展指导意见,为劳动者提供创业引导,加快本区域劳动力市场的建设进度,扩大当地劳动力市场基数,以满足更多劳动力就业需求。③提高信息平台的公信力。加强各级政府和就业保障机构的合作,共同监管信息平台建设,规范平台运行规范;积极引导平台发展方向,及时披露平台运行信息，加强平台透明化建设；完善平台发展模式，减少社会资本浸入，构建公益性信息发布平台；加强就业信息对劳动者的风控体系建设，完善数据分析应用，降低劳动者的就业风险。

利用大数据及"互联网＋"，及时掌握就业市场变化规律，透明管理就业信息发布，完善就业渠道合理化建议，提升区域就业人才流动。建立健全公共就业服务中心，拓宽劳动者就业的市场进入通道，降低市场进入难度，提升就业效率。

（4）提高劳动力市场就业效率。从国家、企业、劳务中介方面来看如何提高和规范。①规范培训市场。加强培训机构以及工作人员的规范化管理和制度化建设，建立健全培训机构各项管理规章制度；加强培训机构收费透明化建设，严格审核培训机构物价水平，引进媒体监管曝光机制；加强培训机构师资水平建设；规范培训机构教材审核流程，稳固培训机构建设步伐。②规范中介机构。政府及相关部门管理与中介机构内部治理相结合，加强中介机构执业规范化建设，建立相关行业规范；加强对中介培训市场的专项整治，清理不规范机构，树立行业标杆，成立行业协会，完成政府间接监管机制建设；加强政府及相关部门对中介行业的行为指引，提升行业整体服务质量；加强市场淘汰机制建设，通过优胜劣汰提升行业整体水平。③深化校企无缝衔接。加强学校与企业间"走出去"与"请进来"两个方面建设。一方面"走出去"，有助于打破学校长久以来形成的封闭性半封闭性教育模式，提升学生融入社会进程，并提前了解社会市场变化，明确自身不足，提升学校教学针对性；另一方面"请进来"，通过邀请企业人士走进校园，为学生介绍社会经验，并实地考察学校教学过程，为学校的培养提供更"接地气"的合理化建议，以便培养更符合企业需求的毕业生，从而增加学校与企业间的良性互动。

从如何提高政府就业质量预测的视角来看，管理机构从根本上需要切实履行好就业预测的基本职能，如所在辖区内人力人才资源的市场存量和增量分析预测、需求趋势分析预测以及劳动力市场发展趋势预测等。社会劳动力存量和增量趋势预测，可以增加政府对就业市场布局的政策预见性、理念前瞻性和政策主动性。劳动力需求趋势的分析预测，可以帮助我们提前制订合理的人才规划方案。关于市场经济发展分析预测，有必要根据现有市场发展水平对接未来几年的市场发展需求，诊断其可能影响社会发展进程的主要问题症结，提出具有重要指导价值的发展思路或解决方案。

10.2.3　企业担当提升新生代农民工就业质量的社会责任

新生代农民工就业质量提升需要各方面的共同配合，企业是其中的关键一环。企业在为社会贡献经济效益的同时，也要关注其所应承担的其他方面的义务，遵纪守法，关注员工的就业发展状况，积极运用自身各方面的资源，配合政府、劳动者等相关主体，解决农民工的就业问题，提高农民工的整体素质，保障其合法权益不受侵害，以促进全国农民工就业质量的整体提升。企业是容纳农民工的重要载体，农民工群体的就业质量与企业行为密不可分，应加强企业社会责任，担起提升农民工就业质量的责任与重担，着重做好以下五个方面。

（1）建立科学的工资增长机制。要想从根本上解决就业质量问题，企业必须适应市场经济发展的大潮，把企业"蛋糕"做大，拥有提升劳动者就业质量的实力和资本。①深化分配制度改革。深化企业的体制改革，特别是分配制度改革，才能激发劳动者的积极性，提升劳动者就业质量。②明确工资增长机制。要明确企业工资增长机制。根据企业利润、政府规定最低工资标准及市场劳动者的价位，建立激励性的工资增长机制，保障劳动者付出的劳动可以得到一定的回报，对劳动者产生正向激励。

（2）提高农民工福利待遇。近些年中国各项法律、制度也在逐步出台和完善，社会保障制度逐渐走向健全，但仍然有很多企业为了节约成本而不为员工特别是新生代农民工缴纳社会保险，使他们的福利水平大大降低。①增加宣传力度。应该积极响应国家在社会保险方面的有关政策，主动向员工宣传参保的益处，及时全面地为员工缴纳相关的社会保险，增强企业形象和吸引力。②建立企业年金制度。同时可以根据企业的实际情况，建立企业年金制度，鼓励有条件的员工参与其中，以增加所享受的福利待遇。③努力开发弹性福利制度。从物质和精神两个层面入手，协同完善劳动者的福利保障，激励劳动者劳动积极性的同时，也使劳动者的待遇有所提高，以减少企业人员流失。④做好社保宣传工作。加强对社会保险金缴纳的宣传，做好接续工作。许多新生代农民工不愿参保的原因是他们的就业不稳定：一是担心退休后保险待遇不能落实；二是更换工作地点后接续困难。企业应及时了解员工不参保的原因，并与政府相关部门沟通协调，解决他们的担忧。

（3）加强劳动者合法权益保护。《中华人民共和国劳动合同法》等有关法律实施之后，明确了劳动者和企业的责任与义务，使劳动者在维权之时有法可依、有据可依，做到新生代农民工和城市劳动者享有同等的权益。①加强合同管理。要加强合同方面的管理，明确规定劳资双方的权利与义务，积极与劳动者沟通说明关于合同的有关事项，杜绝在合同签订过程中出现隐瞒、歧视、欺诈等现象，损害新生代农民工的合法权益。②严格执行法律和制度规定。企业作为用工主体，从选人、用人、管人等方面，都要严格按照法律和相关制度的要求，特别要在工资、工作时间、职位晋升等关键环节，严格依照有关规定，不能歧视新生代农民工。

（4）改善劳动者工作环境。随着产业的升级和改造，不仅出现了很多新兴行业，传统行业的运营和管理也产生了巨大的改变，工作环境的质量，不仅会影响劳动者的身心健康，同时也会对劳动者的工作绩效产生重要影响。新生代农民工不同于老一代农民工，他们对工作环境的要求相对较高，必须通过改善工作环境，营造良好的工作氛围，提高他们的工作热情和工作安全性。具体有：①打造人身工作安全环境。关注"外在"工作环境的打造，很多农民工从事矿业、高空作业等危险职业，要切实加强对其安全性的保护，将人身健康放在第一位；对于室内安全系数高的行业，要注意营造一种和谐的工作环境，以提升劳动者的工作积极性。②关注内部环境的营造。新生代农民工初次来陌生的生活工作环境，要切实关注他们心理状况，及时解决劳动者在工作及生活上遇到的难题，增强企业的人文关怀，提升劳动者的工作满意度和企业忠诚度。

（5）加强对农民工的职业培训。通过职工培训，提升农民工自身素质和就业竞争力。①建立职业培训长效机制。企业要构建好针对农民工群体的职业培训制度，建立培训和晋升挂钩的机制；可以建立专门的培训资金制度，增加免费职业培训的次数，防止农民工因花费过高而躲避培训。②提高职业技能。农民工群体普遍受教育程度偏低、接受专业技能培训偏少，要事先对其进行摸底分类，有针对性地进行在岗培训指导，通过学徒制、"互联网＋培训"等培训模式，开展推行技能培训、法律培训以及心理培训等，提升培训质量。③提升学历层次。要充分利用高等院校的教育资源，建立与高等院校、职业院校的联合培养机制，推动课程设置、专业设置、教学方式与企业生产需求相匹配，针对企业的需求，为有学习需求的农民工提供进修平台，有针对性地提高劳动者文化程度，提升劳动者的就业能力。

10.2.4 家庭推动提升劳动者就业质量

家庭是新生代农民工城市就业的重要保障，家庭社会资本、经济水平和文化程度等都会影响农民工的就业质量。提高农民工就业质量的关键环节就是保证农民工家庭和谐与稳定，家庭和谐稳定的前提是实现农民工城市融合，农民工家庭的城市融合包括身份融合、社会融合、心理融合和文化融合等诸多方面，是一个涉及户籍、家庭、身份、职业、住房、习俗、价值观念、社会保障、职业满意度等多维度概念。

（1）推动农民工家庭化迁移。农民工家庭团聚、子女长期在身边稳定生活，能够提高其在输入地生活幸福感，当新生代农民工在城市安定之后，其家庭其他核心成员很可能会直接做出永久性迁移行为。实现家庭化迁移，需要做到以下五点。①减少农民工家庭对土地的依附。新生代农民工家庭迁出地的土地带来的效益并不能完全维持家庭较高水平生计，因此新生代农民工的迁出地家庭成员需要转变对土地传统依附观念，将农村土地流转或外包。②政府进行合理的制度安排。政府要构建农民工家庭迁移保障体系，满足新生代农民工家庭迁移后的入学、医疗卫生、社会保障等方面的需要，解决农民工家庭城市迁移的后顾之忧；继续加强农村基础教育工作，不断增加农民工家庭人力资本积累，为转向更高层次的城市就业做好充分准备；适当组织新生代农民工及其家庭参与心理辅导和培训课程，引导他们排解初入城市的就业和生活压力。③企业帮助家庭成员稳定就业。家人随同一起外出打工，能够为农民工提供稳定的生活保障，而企业作为农民工城市安身立命的重要保障，有责任为农民工随迁家庭成员提供就业指导和支持，为其提供临时住房和灵活就业岗位，积极推进农民工家庭的城市化迁移。④促进农民工家庭城市身份融合。减少社会排斥是农民工获得城市身份认同的关键。由于历史因素和社会制度原因，新生代农民工和城市居民之间出现了明显的社会分化，这种分化导致了群体间权利的分割，同时也限制了农民工市民的身份认同；必须借助社会舆论、媒体平台等，从思想上呼吁市民减少对农民工群体的社会排斥。⑤构建良好的家庭社会网络。良好的城市社会网络能够弥补人力资本匮乏问题。首次流出的新生代农民工肩负着家庭城市扎根和为后代积累的重任，必须以积极乐观的心态面对新环境带来的孤立和不安，这个过程不仅需要家庭成员对外出务工者身心上的全力支持，社区管理部门也应承担责任，搭建农民工与城市居民之间的"桥梁"；农民工家庭社会网络形成后，维护并利用好社会网络便是农民工就业质量提高和正式融入城市生活的"捷径"。

（2）鼓励农民工家庭分工。家庭结构的完整和内部功能的充分发挥对于提高新生代农民工就业质量具有实质意义。具体有：①实现家庭分工。由于家庭成员是生产和生活经营决策的基本单位，家庭成员素质和技能也不尽相同，一个农民工家庭里根据成员扮演的角色和家庭需要审慎决定谁负责外出务工提供家庭主要经济来源，谁在家中照看老人和子女并从事简单劳动补贴家用，无论是对于分居状态的农民工家庭，还是已经举家迁移城镇的家庭来说，这种互补性工作环境下的生产经营活动能够相互保障，有效分散单方劳务的收益风险。②培育家庭"造血"功能。提高农民工就业质量不仅要关注物质补助，还需要挖掘农民工家庭内部资源和发展潜力，开展农民工家庭成员技能培训，为核心家庭成员做好职业生涯规划，使每一位家庭成员都能履行家庭责任，逐步带动和引导农民工家庭合理分工，理性就业，提高就业质量。

（3）建立农民工家庭经济支援体系。新生代农民工家庭常因工资收入低难以支撑家人患病或照护年幼子女的经济成本，需要政府和企业提供支持来保证农民工家庭迁移后生活质量不会降低。因此，应：①识别低收入家庭。输入地政府应当准确甄别低收入的农民工家庭，实施特定的低保政策。②实行农民工家庭经济补贴。政府依据农民工家庭结构和随迁家庭成员数量，实行家庭税收优惠政策，定期为低保农民工家庭发放经济补助金，建立农民工创业投入补贴机制。③开展农民工就业培训。加大兼业农民工就业培训的财政资金投入，通过校企合作培训、企业订单式培训项目，推进农民工就业培训体系升级。④提倡农民工家庭创业。创业能够促进农民工的城市融合，重视农民工家庭的城市创业；政府相关部门和社会创业孵化中心要全力为农民工家庭提供创业指导、法律法规、金融信贷和财政支持等各种支持和便利。

（4）促进农民工家庭城市文化融合。农民工就业质量的提高，不仅需要工作与生活质量的提高，意识形态层次的提高才是真正意义上的提高。文化消费和文化认同感的融合有助于农民工群体生活质量的提升。①通过高收入群体带动文化消费。文化消费提高的前提是有足够的收入，新生代农民工家庭文化消费支出与家庭收入之间是相辅相成的，高收入农民工中产生较高层次的文化消费圈，带动提升低收入群体的文化消费。②文化认同感的作用不可小觑。鼓励农民工家庭积极主动参与社区文化建设，有意识地多进行阅读、观影、上网等文娱活动。父母的榜样力量在子女文化认同感的培养中有重要意义，互信、融洽的家庭文化氛围，定期开展家庭文化学习和教育，增加与子女的互动分享等。父母给予子女充分的文化教育和家庭关怀，能够帮助他们适应城市文化大环境，培养他们人际交往中的强适应能力，加速实现农民工家庭的城市融合。③营造和谐的文化环境。通过媒体宣传教育、社会舆论引导，从思想上消除城市居民对外来务工群体的户籍歧视和企业对农民工的性别歧视，营造邻里相互尊重、和谐友好的社会文化氛围。

（5）推进城市公共服务均等化。将农民工及其家庭成员纳入城市公共服务内，推动农民工家庭城市医疗、住房、子女教育、社会保障等各类公共服务改革。①优化农村合作医疗政策。用人单位根据农民工群体工作特点和医疗需求，确定合理的医疗保险缴费率，确保农民工患病时，能够及时享受相关的医疗保险待遇，逐步将城市定居农民工群体及其家庭成员纳入城镇医疗保险体系。②改善农民工家庭住房条件。农民工家庭廉租房建设及社区服务的顺利开展有助于加强农民工家庭的城市融合，依据家庭成员团聚需要程度提供家庭住房补贴，政府和农民工自身共同推动户籍制度基础上的城镇职工住房补贴认证工作。③开展农民工家庭子女教育。农民工随迁子女教育问题的有效解决会大大提高农民工家庭城市居留意愿，鼓励企业和输入地政府为有需要的农民工家庭提供子女学前教育和义务教育。④社会保障均等化。提高农民工家庭社会保险参保率和参保意识，特别是要完善流入地农民工家庭的社会保险制度；建立农民工社会保障信息网络，确保农民工社会保险数据全国可查，农村社会保障可对接转移城市社会保障，实现农民工与城市市民社会保障均等化发展。

10.2.5　自身主动提高劳动者就业质量

新生代农民工作为推动中国城市化进程的"主力军"，在就业环境、生存境遇、经济收支、权益保障方面一直受到政府的关切与支持。近几年中央政府和地方政府，在解决农民工的就业困境、提高劳动力整体素质、保障农民工合法权益等方面出台了大量的政策和措施。提高新生代农民工就业质量的关键举措是要依据当前劳动力市场需求，结合自身的专业技能、知识能力、学历层次等具体情况，发挥主观能动性，依靠自身行为主动提升就业质量，应注重以下六个方面。

（1）注重自身教育程度的提升。新生代农民工要想掌握自身命运与前途，关键在于教育程度的提升。市场经济是注重人才的时代，科技是第一生产力，而人才又是科技的先导。劳动者只有不断提升自身的文化与科技素质，提高科学技术修养与文化道德素养，才能适应当前社会经济发展的需求。新生代农民工应通过以下三个方面，提高自身文化教育程度：①积极响应国家有关人才培养号召，通过学历进修、专家讲座、文化下乡、社区教育等方式努力提升自身素质。②通过参加成人教育、自学教育、函授教育、夜校进修、职业教育、远程开放教育以及网络大学等教育形式，提高自身学历层次。③积极利用互联网"线上教学＋考核"的方式自主学习，努力达到劳动力市场需求相适应的文化程度。

（2）切实转变就业观念。农民工应有理性的就业意愿与就业期待，积极转变就业观念。劳动者应在就业意愿与具体的薪酬期待上具备良好的心理素质，并根据自身素质选择合适的就业酬劳与合理岗位。选择就业地点时要转变传统、陈旧观念与定势思维，不要紧盯大城市，其实中、小城市（镇）融入更具可行性，在乡村振兴战略下，返乡创业也大有可为。因此，应：①积极结合国家中央一号文件精神，在乡村振兴战略背景下，利用政府政策扶持项目和资金，结合自己的特长返乡创业。②理性进行就业地点选择。新生代农民工在进行地点选择时，一般选择经济收入高、待遇福利较好的大型城市。一是大城市中具有良好的经济收入、基础设施建设、较好的权利保障；二是小城市经济发展较慢，就业机会少，就业前景、福利待遇相对大城市差。但他们忽视了自身情况，没有把能否良好地融入城市作为进城依据。新生代农民工要积极转变就业观念，理性进行就业地点的选择。

（3）积极拓展社会化网络。市场经济注重劳动者社会化网络体系的延伸，社会化网络关系的优异决定就业范围大小。新生代农民工找不到合适工作的原因，在很大程度上是自身社交圈范围的限制，缺少社会网络，尤其是中西部地区的中、小城市（镇），受户籍地域以及城乡二元经济体制的桎梏，新生代农民工拥有优质、广阔的社会化网络是比较困难的。因此，应：①扩大自己的社会网络。通过市民化进程，新生代农民工可以多结识和加入更多、更优质的社会团体，如老乡会、商会以及各种协会等，积极参与这些团体的活动，扩大自己的社会网络。②利用好社交网络平台。网络平台有利于扩大社会关系网络规模、社会网络密度，精准对接市场信息，掌握就业、待业、失业等信息发布规律，提高社会网络质量。

（4）自觉进行职业发展规划。新生代农民工面对市场经济大潮席卷，自觉进行职业生涯规划是顺应时代潮流的自我提升表现。因此，应：①培养职业生涯规划意识。随着社会日新月异的进步与发展，所带来的是产业的多样化、新兴化，陈旧产业不断升级改造，新兴产业孕育而生，而新兴产业的蓬勃发展需要新生代农民工有较高的专业技能，这就需要根据自身实际情况，积极规划自身职业生涯。做好职业发展规划不仅可以打破原有存在职场中的"玻璃天花板"效应，突破职业发展瓶颈，更为重要的是重新认识自身价值，激发职业发展潜力和增强职业竞争力。②拓宽职业发展路径。新生代农民工建立多通道的职业发展路径，与当地的政府、协会等组织的招聘和培训等，积极参与城市化进程，利用互联网就业信息平台优势积极拓展职业发展路径。③积极进行职业匹配。结合自身素质、兴趣、文化层次、内外在优势等因素，精准分析中国城乡、东中西部、大中小城市（镇）中的各职业平台的市场状况、行业前景、职位要求、入职条件、业务培训、薪酬待遇等方面的因素，利用社会网络，进行职业匹配提升就业质量。

（5）大力提升职业技能。职业技能是一个从业者胜任本职工作的基本保障，也是进行衡量劳动者基本素质涵养高低的标准。农民工处于社会阶级的底层，由于户籍地域以及城乡二元经济体制遗存等方面的歧视，农民工被排斥在城市体制之外，受到各方面因素的限制，自身所具备的职业技能远低于大城市的从业者。①及时掌握职业技能需求信息。应积极利用互联网、大数据、云计算、区块链等先进信息平台，及时了解当前社会对劳动者的职业技能需求状况，结合自己的实际情况，有针对性地开展培训，提升职业技能。②积极参加对口职业技能培训。新生代农民工应积极参加各种专业对口的职业技能培训、专业教育培训、企业技术培训、网络线上培训、在职培训等培训活动，促进人力资本因素的投资，增加自身素质，提升职业技能。

（6）增强法律维权意识。劳动者积极进行自身权利的维护是提高其就业质量的基础。相比城镇劳动者，新生代农民工自我维权意识不强。中国地域广阔，不同地域与城市级别的劳动者生存境遇差异明显。一般而言，劳动者维权意识随着城市级别降低而不断下降。因此，应：①学习法律维权知识。通过普法专栏节目进行实时收听与记录，定时开展专业法律知识栏目、专家讲座与相关法律培训提高自身的法律维权意识。②熟知法律维权途径。新生代农民工维权的途径有很多，选择适合自己的途径，快速实现维权是新生代劳动者必须掌握的一项基本技能。通过工会、仲裁机构、法院等维护自己的合法权益。③做到有法可依。新生代农民工除了进行学习各种法律知识和组织维权途径，在就业时要及时签订劳动合同，防备维权时能够有法律依据。

总之，新生代农民工是现代城市化进程的建设主体力量，在国家良好政策扶持下，自身应该积极地为就业质量的提升做准备、打基础。只有切实发挥新生代农民工的积极性、主动性，提高了他们的自身素质，才能提高他们的就业质量。

10.3　研究不足之处和未来研究展望

10.3.1　研究不足之处

由于受资料、时间、经费和研究能力的限制，本书在以下三个方面存在不足。

（1）本书研究新生代农民工的就业质量采用调研的微观截面数据，在分析省际空间时不存在空间相关，虽然在经济距离上，就业质量在地市际空间存在空间负相关，由于本书着重省级层面，所以没有进行深入分析，也缺少跟踪面板数据的分析。

（2）本书只研究了新生代农民工的就业质量，由于老一代农民工就业质量研究得较多，故没有对老一代农民工进行调研，缺少两代农民工就业质量的对比分析。

（3）没有分析就业质量和市民化之间的关系。有研究证实就业质量对市民化具有推进作用，但是如何推进，推进的机制是什么，需要进行深入分析。

10.3.2　研究展望

（1）需要对样本数据进行跟踪调查，以形成面板数据，看是否存在时空相关。虽然从市级层面上存在空间相关，但是空间溢出效应如何，需要在今后的研究中拓展。

（2）就业质量与市民化之间存在什么样的关系，是否存在中介和调节变量，是今后进一步研究的方向。

（3）在乡村振兴战略和老龄化背景下，促进中小城市社会经济发展，实现区域和城乡融合发展，如何吸引新生代农民工回乡创业就业，提高就地转移新生代农民工的就业质量，是今后研究的重点。

10.4　小结

本章从中国区域就业质量非均衡特征及其演进、新生代劳动者就业质量的测度、新生代劳动者就业质量的空间差异、新生代农民工就业质量的空间差异、新生代农民工就业质量影响因素及作用机理和新生代农民工就业质量"空间差异效应"及其关系实证检验等得出研究的主要结论。从区域经济发展模式、城乡劳动力市场、企业社会责任、家庭禀赋、劳动者自身等多个方面，提出"政府引领—市场主导—企业担当—家庭推动—自身主动"五位一体的提升路径。最后，指出本书的不足之处和未来研究展望。

参 考 文 献

［1］［美］大卫·哈维.希望的空间［M］.胡大平,译.南京:南京大学出版社,2006:24.

［2］［瑞典］缪尔达尔.亚洲的戏剧——对一些国家贫困问题的研究［M］.谭力文,等译.北京:北京经济学院出版社,1992:47 –48.

［3］［英］庇古.福利经济学［M］.朱泱,张胜纪,吴良建,译.商务印书馆,2006:135.

［4］埃米尔·涂尔干.社会分工论［M］.渠东,译.北京:生活读书·新知三联书店,2000.

［5］白玉芳.社会资本、人力资本与大学生就业——基于某高校的调研分析［J］.理论探索,2014 (4):102 –105.

［6］贝克尔.人力资本［M］.北京:北京大学出版社,1987.

［7］蔡海静,马汴京.高校扩招、能力异质性与大学毕业生就业［J］.中国人口科学,2015 (4):102 –110,128.

［8］蔡瑞林,张国平,谢嗣胜.青年农民工高质量就业的蕴意及其影响因素［J］.中国青年社会科学,2019,38 (3):111 –119.

［9］曹冰雪,杨晓维,何昉.农村劳动力转移的农产品产量和价格效应［J］.经济经纬,2017,34 (4):43 –48.

［10］曹科岩.新生代农民工就业质量分析及对策［J］.当代青年研究,2017 (3):59 –64.

［11］曹兆文.GDP 对体面劳动生产性的影响——基于中国数据的实证分析［J］.财经问题研究,2011 (11):86 –90.

［12］曾江辉,陆佳萍,王耀延.新生代农民工就业稳定性影响因素

的实证分析 [J]. 统计与决策, 2015 (14): 97 - 99.

[13] 曾文, 张小林. 社会空间的内涵与特征 [J]. 城市问题, 2015 (7): 26 - 32.

[14] 曾湘泉, 王辉. 个人效用、教育因素和岗位特征——基于我国中职毕业生就业质量指标体系的研究 [J]. 学术研究, 2018 (3): 96 - 105.

[15] 柴国俊, 邓国营. 行业选择与工资差异——来自大学毕业生劳动力市场的证据 [J]. 南开经济研究, 2011 (1): 54 - 71.

[16] 车蕾, 杜海峰. 就近务工农民工就业风险感知现状及其影响因素研究 [J]. 西安交通大学学报 (社会科学版), 2019, 39 (4): 48 - 56.

[17] 陈良敏, 丁士军. 进城农民工家庭永久性迁移意愿和行为的影响因素 [J]. 农业经济问题, 2019 (8): 117 - 128.

[18] 陈书伟, 韩丽. 青藏地区世居少数民族就业质量状况及影响因素分析——基于 527 名世居少数民族成员的调查 [J]. 统计与信息论坛, 2017, 32 (8): 104 - 109.

[19] 陈婷婷. 生育代价、社会资本与流动女性的就业质量——基于全国样本的监测数据 [J]. 广东社会科学, 2018 (1): 200 - 209.

[20] 陈伟, 史小强, 陈希, 等. 体育管理专业毕业生就业质量评价指标体系构建——以我国 12 所体育类院校为例 [J]. 上海体育学院学报, 2015, 39 (3): 30 - 33.

[21] 陈阳, 逯进, 郭志仪. 基于基因表达式编程的中国劳动力质量空间差异预测 [J]. 西北人口, 2019, 40 (2): 36 - 48.

[22] 程名望, Jin Yanhong, 盖庆恩, 等. 农村减贫: 应该更关注教育还是健康?——基于收入增长和差距缩小双重视角的实证 [J]. 经济研究, 2014 (11): 130 - 144.

[23] 程名望, 黄甜甜, 刘雅娟. 农村劳动力转移对粮食安全的影响——基于粮食主销区面板数据的实证分析 [J]. 上海经济研究, 2015 (4): 87 - 92, 100.

[24] 丛胜美, 张正河. 粮作农民"体面劳动"指标体系建设——基

于河南省 1803 份问卷 [J]. 农业经济问题, 2016, 37 (7): 90 - 97, 112.

[25] 邓睿, 冉光和. 健康自评和社会网络资本对农民工就业质量的影响 [J]. 城市问题, 2018 (2): 58 - 66.

[26] 丁越兰, 周莉. 我国省域体面劳动水平测量及比较研究 [J]. 安徽大学学报 (哲学社会科学版), 2014, 38 (1): 128 - 137.

[27] 董莹, 穆月英. 农业技术进步、农村劳动力转移对地区工资与收入差距的影响——基于 SFA - CGE 两阶段模拟分析 [J]. 北京理工大学学报 (社会科学版), 2015, 17 (5): 91 - 98.

[28] 樊茜, 金晓彤, 徐尉. 教育培训对新生代农民工就业质量的影响研究——基于全国 11 个省 (直辖市) 4030 个样本的实证分析 [J]. 经济纵横, 2018 (3): 39 - 45.

[29] 樊士德, 江克忠. 中国农村家庭劳动力流动的减贫效应研究——基于 CFPS 数据的微观证据 [J]. 中国人口科学, 2016 (5): 26 - 34, 126.

[30] 樊士德, 朱克朋. 劳动力外流对中国农村和欠发达地区的福利效应研究——基于微观调研数据的视角 [J]. 农业经济问题, 2016, 37 (11): 31 - 41, 110.

[31] 方茜. 基于 ISM 的基本公共服务与区域经济发展关系研究 [J]. 经济体制改革, 2014 (1): 49 - 52.

[32] 冯雷. 当代空间批判理论的四个主题——对后现代空间论的批判性重构 [J]. 中国社会科学, 2008 (3): 40 - 51, 204.

[33] 冯颜利. 习近平关于公平正义思想重要论述的五个维度 [J]. 当代世界, 2018 (10): 55 - 59.

[34] 冈纳·缪尔达尔. 富裕国家与贫穷国家 [M]. 许大川, 译. 台湾银行经济研究室, 1969: 27 - 37.

[35] 高春雷, 李长安, 石丹淅. 新生代农民工就业能力影响因素研究 [J]. 经济管理, 2015, 37 (12): 154 - 162.

[36] 高帆. 中国乡村振兴战略视域下的农民分化及其引申含义 [J]. 复旦学报 (社会科学版), 2018, 60 (5): 149 - 158.

［37］高华，肖意可．新生代与老生代农民工就业稳定性比较研究
［J］．调研世界，2016（12）：53 – 57.

［38］高振强，王志军．大学毕业生就业偏好实证分析［J］．高教发展
与评估，2018，34（1）：39 – 49，121.

［39］龚紫钰．就业质量、社会公平感与农民工的市民化意愿［J］．福
建论坛（人文社会科学版），2017（11）：137 – 146.

［40］顾永红．可雇佣性视角的"新生代"农民工就业质量提升路径
［J］．湖北社会科学，2014（6）：85 – 89.

［41］郭娇，罗珣，王伯庆．中国工程类大学毕业生 2014 年度就业分
析［J］．高等工程教育研究，2015（3）：7 – 17.

［42］郭琦．森的可行能力理论框架下的就业质量研究——基于中国
大学毕业生调查数据的比较分析［J］．云南财经大学学报，2015，31（6）：
143 – 153.

［43］郭庆．社会融合对农民工就业质量的影响研究［J］．调研世界，
2017（7）：22 – 27.

［44］韩军辉，李锦．自选择、非农就业城乡转换及工资差距［J］．云
南财经大学学报，2015，31（4）：47 – 53.

［45］赫希曼．经济发展战略［M］．北京：经济科学出版社，1991：
169 – 172.

［46］亨利·列斐伏尔．空间与政治［M］．李春，译．上海：上海人
民出版社，2008：33.

［47］胡斌红，杨俊青．农民工为何"偏爱"大城市？——基于城市
规模与农民工就业质量的研究［J］．学习与实践，2019（6）：24 – 34.

［48］胡海燕，孙淇庭．高等教育体制与大学毕业生就业的关系——
基于 2009 – 2013 届大学毕业生的实证研究［J］．大学教育科学，2014
（5）：41 – 47.

［49］胡玉鸿．新时代推进社会公平正义的法治要义［J］．法学研究，
2018，40（4）：39 – 52.

［50］黄柯淇，苏春江．农村劳动力转移对粮食产量影响的实证研

究——基于 1978—2007 年数据 [J]. 陕西师范大学学报（哲学社会科学版），2009，38（S1）：28 - 32.

[51] 黄兢. 省域大学生就业结构特征与质量评价——基于 47 所高校 2015 届毕业生的实证调研 [J]. 现代大学教育，2018（1）：79 - 84，99.

[52] 黄敬宝. 寒门能否出贵子？——基于人力资本对大学生就业质量作用的分析 [J]. 青年研究，2015（5）：1 - 10，94.

[53] 黄莉芳，王芳，徐立霞. 资本类型如何影响新生代农村劳动力非农就业质量？——来自江苏的证据 [J]. 宏观质量研究，2017，5（1）：116 - 128.

[54] 黄四林，侯佳伟，张梅，等. 中国农民工心理健康水平变迁的横断历史研究：1995—2011 [J]. 心理学报，2015，47（4）：466 - 477.

[55] 黄汪昕宇，陈雄鹰，邹建刚. 超大城市新生代农民工就业满意度评价及其比较分析——以北京市为例 [J]. 人口与经济，2016（5）：84 - 95.

[56] 黄维德，柯迪. 各国体面劳动水平测量研究 [J]. 上海经济研究，2011（11）：40 - 48.

[57] 黄维德，岳林洋. 知识员工体面劳动结构与测量研究——基于个体层面的视角 [J]. 华东理工大学学报（社会科学版），2014，29（2）：47 - 57.

[58] 黄秀华. 公平理论研究的历史、现状及当代价值 [J]. 广西社会科学，2008（6）：53 - 58.

[59] 贾伟. 农村劳动力转移对经济增长与地区差距的影响分析 [J]. 中国人口科学，2012（3）：55 - 65，112.

[60] 贾中海，张景先. 三种经典公平正义理论之比较 [J]. 理论探讨，2011（4）：143 - 145.

[61] 杰里米·边沁. 道德与立法原理导论 [M]. 时殷弘，译. 北京：商务印书馆，2009.

[62] 解永庆，缪杨兵，曹广忠. 农民工就业空间选择及留城意愿代际差异分析 [J]. 城市发展研究，2014，21（4）：92 - 97.

［63］金晓彤，李杨．基于文化区域细分的新生代农民工消费行为差异比较［J］．经济管理，2014，36（11）：37－46．

［64］景晓芬．空间隔离视角下的农民工城市融入研究［J］．地域研究与开发，2015（5）：75－79，120．

［65］孔微巍，廉永生，张敬信．我国劳动力就业质量测度与地区差异分析——基于各省市2005—2014年面板数据的实证分析［J］．哈尔滨商业大学学报（社会科学版），2017（6）：3－15．

［66］孔微巍，廉永生．我国劳动力就业质量测度与地区差异分析［J］．哈尔滨商业大学学报，2017（6）：3－15．

［67］赖德胜，石丹淅．我国就业质量状况研究：基于问卷数据的分析［J］．中国经济问题，2013（5）：39－48．

［68］赖德胜，苏丽锋，孟大虎，等．中国各地区就业质量测算与评价［J］．经济理论与经济管理，2011（11）：88－99．

［69］李宝元．人力资本与经济发展［M］．北京：北京师范大学出版社，2001：43．

［70］李博伟，张士云，江激宇．种粮大户人力资本、社会资本对生产效率的影响——规模化程度差异下的视角［J］．农业经济问题，2016，37（5）：22－31，110．

［71］李春敏．马克思的社会空间理论研究［M］．上海：上海人民出版社，2012：154．

［72］李宁，徐荣华．就业质量统计相关问题研究［J］．统计研究，2016，33（2）：111－112．

［73］李善乐．哪些因素影响大学毕业生就业满意度——基于调查数据的分析［J］．中国青年研究，2017（5）：97－105，111．

［74］李士梅，尹希文．中国农村劳动力转移对农业全要素生产率的影响分析［J］．农业技术经济，2017（9）：4－13．

［75］李迅雷，周洪荣，朱蕾．中国农村劳动力转移效应及潜力测算［J］．财经研究，2014，40（6）：121－131．

［76］李中建，袁璐璐．务工距离对农民工就业质量的影响分析［J］．

中国农村经济，2017（6）：70-83.

[77] 李忠民. 人力资本 [M]. 北京：经济科学出版社，1999：63.

[78] 梁爱强. 公平正义在中国的实现 [M]. 北京：法律出版社，2017.

[79] 梁英. 城乡背景与在职大学毕业生的就业质量——基于全国4城市的问卷调查 [J]. 广西民族大学学报（哲学社会科学版），2015，37（1）：184-188.

[80] 廖杉杉，邱新国. 农产品电商就业质量的影响因素 [J]. 中国流通经济，2018，32（4）：59-69.

[81] 廖文，陈成文. 典型低收入群体就业状况的调查与分析 [J]. 中南大学学报（社会科学版），2014，20（3）：154-161.

[82] 林光平，龙志和，吴梅. 我国地区经济收敛的空间计量实证分析：1978—2002. 经济学季刊，2005（4）：67-82.

[83] 林聚任，申丛丛. 后现代理论与社会空间理论的耦合和创新 [J]. 社会学评论，2019（5）：15-24.

[84] 林南. 社会资本：关于社会结构与行动的理论 [M]. 张磊，译. 上海人民出版社，2005.

[85] 林竹. 新生代农民工就业质量测量与分析 [J]. 贵州社会科学，2013（1）：85-89.

[86] 刘方龙，吴能全. "就业难"背景下的企业人力资本影响机制——基于人力资本红利的多案例研究 [J]. 管理世界，2013（12）：145-159.

[87] 刘洪银. "农二代"城镇层级流动对就业改进的梯次影响 [J]. 云南财经大学学报，2015，31（4）：39-46.

[88] 刘华军，何礼伟，杨骞. 中国人口老龄化的空间非均衡及分布动态演进：1989—2011 [J]. 人口研究，2014，38（2）：71-82.

[89] 刘怀玉. 西方学界关于列斐伏尔思想研究现状综述 [J]. 哲学动态，2003（5）：21-24.

[90] 刘家强，王春蕊，刘嘉汉. 农民工就业地选择决策的影响因素

分析 [J]. 人口研究，2011 (2)：73 - 82.

[91] 刘婧，郭圣乾，金传印. 经济增长、经济结构与就业质量耦合研究——基于 2005—2014 年宏观数据的实证 [J]. 宏观经济研究，2016 (5)：99 - 105.

[92] 刘敏，陆根书. 大学毕业生就业质量差异的比较研究 [J]. 广西社会科学，2015 (7)：202 - 208.

[93] 刘那日苏，郝戍. 中国资源产业依赖的地区差异及演变——基于 Dagum 基尼系数分解 [J]. 工业技术经济，2016，35 (7)：69 - 77.

[94] 刘启营. 新生代农民工市民化：从嵌入到契合——基于空间理论的视角 [J]. 理论月刊，2015 (11)：156 - 161.

[95] 刘修岩，秦蒙，李松林. 城市空间结构与劳动者工资收入 [J]. 世界经济，2019，42 (4)：123 - 148.

[96] 刘轩，郑爱翔. 农村转移劳动力可雇佣性及其就业质量 [J]. 华南农业大学学报（社会科学版），2016，15 (5)：37 - 44.

[97] 刘养卉，龚大鑫. 新生代农民工收入状况及影响因素分析——基于兰州市的调查 [J]. 西北人口，2015，36 (3)：113 - 117.

[98] 刘易斯. 劳动无限供给条件下的经济发展 [M]. 北京：北京经济学院出版社，1989.

[99] 刘玉，孙文远. FDI 的就业质量效应：基于省级面板数据的分析 [J]. 审计与经济研究，2014 (6)：103 - 110.

[100] 柳建平，刘咪咪，王璇旖. 农村劳动力非农就业的微观效应分析——基于甘肃 14 个贫困村的调查资料 [J]. 干旱区资源与环境，2018，32 (6)：50 - 56.

[101] 龙琪琪，王道勇. 城市接纳农民工的社会效应分析 [J]. 城市观察，2016 (5)：103 - 109.

[102] 陆铭. 城市规模与包容性就业 [J]. 中国社会科学，2012 (10)：47 - 66，206.

[103] 罗伯特·诺齐克. 无政府、国家与乌托邦 [M]. 何怀宏，译. 北京：中国社会科学出版社，1991：159.

[104] 罗锋，黄丽．人力资本因素对新生代农民工非农收入水平的影响——来自珠江三角洲的经验证据 [J]．中国农村观察，2011 (1)：10 - 15.

[105] 罗竖元．新生代农民工的择业行为与就业质量 [J]．华南农业大学学报（社会科学版），2015，14 (1)：46 - 55.

[106] 罗燕，李溢航．劳动者素质对体面劳动实现水平的影响——基于广州、深圳、中山三地企业的数据调查 [J]．华南师范大学学报（社会科学版），2014 (3)：118 - 125.

[107] 罗燕，杨婧婧．中国体面劳动水平的省际测量及差异——基于2006—2015 年的面板数据 [J]．华南师范大学学报（社会科学版），2018 (1)：139 - 145，191.

[108] 罗燕．体面劳动实现影响因素的实证研究——来自广州、深圳、中山三地企业微观数据的发现 [J]．学术研究，2013 (2)：76 - 81，159 - 160.

[109] 马继迁，张宏如．就业质量的代际差异——基于江苏、浙江、广东的农民工调查数据 [J]．福建论坛（人文社会科学版），2014 (6)：200 - 204.

[110] 马继迁，郑宇清．家庭禀赋如何影响就业？ ——对失地农民的考察 [J]．华东经济管理，2016，30 (10)：116 - 122.

[111] 马克思，恩格斯．马克思恩格斯全集（第二十五卷）[M]．北京：人民出版社，1974：872.

[112] 毛冠凤，刘伟，宋鸿．体面劳动感知研究：量表编制与检验 [J]．统计与决策，2014 (14)：86 - 89.

[113] 孟浩，王仲智，杨晶晶，等．中国大陆体面劳动水平测度与空间分异探讨 [J]．地域研究与开发，2015，34 (3)：1 - 6.

[114] 明娟．工作转换对农民工就业质量影响的实证分析——基于工作原因、行业、城市转换维度 [J]．湖南农业大学学报（社会科学版），2018，19 (1)：38 - 45.

[115] 明娟．农民工就业质量状况及变动趋势 [J]．城市问题，2016

（3）：83－91.

［116］聂伟. 劳务派遣工与非派遣工就业质量的比较——基于珠三角
和长三角农民工的问卷调查［J］. 湖南农业大学学报（社会科学版），
2015，16（5）：59－65.

［117］宁光杰. 中国大城市的工资高吗？——来自农村外出劳动力的
收入证据［J］. 经济学（季刊），2014，13（3）：1021－1046.

［118］宁光杰. 自选择与农村剩余劳动力非农就业的地区收入差
异——兼论刘易斯转折点是否到来［J］. 经济研究，2012，47（S2）：42－
55.

［119］欧顺仙，肖扬，李志刚. 新生代农民工的社会空间流动研
究——以深圳富士康为例［J］. 城市规划，2016（4）：69－74，112.

［120］潘可礼. 亨利·列斐伏尔的社会空间理论［J］. 南京师大学报
（社会科学版），2015（1）：13－20.

［121］潘琰，毛腾飞. 就业质量的组合评价研究［J］. 东南学术，
2015（1）：117－125.

［122］彭国华. 技术能力匹配、劳动力流动与中国地区差距［J］. 经
济研究，2015，50（1）：99－110.

［123］彭国胜. 青年农民工就业质量及影响因素研究——基于湖南省
长沙市的实证调查［J］. 青年探索，2008（2）：11－14，17.

［124］蒲晓红，鲁宁宁，李军. 提升我国农业转移人口就业质量的途
径——基于公共就业服务视角［J］. 上海行政学院学报，2015，16（5）：
81－91.

［125］普特南. 使民主运转起来［M］. 王列，赖海榕，译，南昌：江
西人民出版社，2001.

［126］戚晓明. 人力资本、家庭禀赋与被征地农民就业——基于CF-
PS2014数据的分析［J］. 南京农业大学学报（社会科学版），2017，17
（5）：59－67，152.

［127］钱芳，陈东有. 强关系型和弱关系型社会资本对农民工就业质
量的影响［J］. 甘肃社会科学，2014（1）：56－59.

[128] 钱泽森，朱嘉晔. 农民工的城市融入：现状、变化趋势与影响因素——基于2011—2015年29省农民工家庭调查数据的研究 [J]. 农业经济问题, 2018 (6)：74 –86.

[129] 卿石松，郑加梅. 工作让生活更美好：就业质量视角下的幸福感研究 [J]. 财贸经济, 2016 (4)：134 –148.

[130] 卿涛，闫燕. 国外体面劳动研究述评与展望 [J]. 外国经济与管理, 2008 (9)：40 –47.

[131] 卿涛，章璐璐，王婷. 体面劳动测量及有效性检验 [J]. 经济体制改革, 2015 (4)：195 –200.

[132] 曲垠姣，岳昌君，纪效珲. 大学生经济资助对就业质量的影响研究 [J]. 清华大学教育研究, 2018, 39 (1)：84 –90.

[133] 任义科，王林，杜海峰. 人力资本、社会资本对农民工就业质量的影响——基于性别视角的分析 [J]. 经济经纬, 2015, 32 (2)：25 –30.

[134] 任远，施闻. 农村外出劳动力回流迁移的影响因素和回流效应 [J]. 人口研究, 2017, 41 (2)：71 –83.

[135] 沈诗杰. 东北地区新生代农民工"就业质量"影响因素探析——以"人力资本"和"社会资本"为中心 [J]. 江海学刊, 2018 (2)：229 –237.

[136] 沈诗杰. 心理资本调节下新生代农民工就业质量影响因素研究——基于吉林省调查数据的分析 [J]. 学习与探索, 2018 (6)：42 –51.

[137] 石丹淅，赖德胜，李宏兵. 新生代农民工就业质量及其影响因素研究 [J]. 经济经纬, 2014, 31 (3)：31 –36.

[138] 石永会，邢明强，王峰. 农村转移劳动力就业质量实证研究——基于河北省的实证分析 [J]. 经济与管理, 2015, 29 (1)：86 –89.

[139] 史楠. 中国各地区就业质量评价及其对经济增长影响的研究 [D]. 长春：东北财经大学, 2018.

[140] 舒尔茨. 论人力资本的投资 [M]. 北京：北京经济学院出版社, 1989.

［141］苏丽锋，陈建伟. 我国新时期个人就业质量影响因素研究——基于调查数据的实证分析［J］. 人口与经济，2015（4）：107－118.

［142］苏昕，刘昊龙. 农村劳动力转移背景下农业合作经营对农业生产效率的影响［J］. 中国农村经济，2017（5）：58－72.

［143］孙世民，张媛媛，张健如. 基于 Logit－ISM 模型的养猪场（户）良好质量安全行为实施意愿影响因素的实证分析［J］. 中国农村经济，2012（10）：24－36.

［144］孙学涛，李旭，戚迪明. 就业地、社会融合对农民工城市定居意愿的影响——基于总体、分职业和分收入的回归分析［J］. 农业技术经济，2016（11）：44－55.

［145］覃凤琴，陈杭. 个人素质、家庭状况与农民工就业区域的选择［J］. 统计与决策，2019，35（7）：89－93.

［146］谭琳，李军峰. 婚姻和就业对女性意味着什么？——基于社会性别和社会资本观点的分析［J］. 妇女研究论丛，2002（4）：5－11.

［147］唐萍萍，李世平. 农村劳动力转移效应和谐化研究——基于陕西省的实证分析［J］. 经济体制改革，2012（2）：86－89.

［148］田北海，雷华，佘洪毅，等. 人力资本与社会资本孰重孰轻：对农民工职业流动影响因素的再探讨——基于地位结构观与网络结构观的综合视角［J］. 中国农村观察，2013（1）：34－47，91.

［149］万晓萌. 农村劳动力转移对城乡收入差距影响的空间计量研究［J］. 山西财经大学学报，2016，38（3）：22－31.

［150］汪昕宇，陈雄鹰，邹建刚. 超大城市新生代农民工就业满意度评价及其比较分析——以北京市为例［J］. 人口与经济，2016（5）：84－95.

［151］王朝明，周宗社. 就业流动人口收入差距影响因素的模型估计与政策涵义——基于重庆的经验数据［J］. 天府新论，2015（1）：117－124.

［152］王春超，何意鎏. 社会资本与农民工群体的收入分化［J］. 经济社会体制比较，2014（4）：26－45.

[153] 王春国, 陈刚. 体面劳动、创新自我效能与员工创造力: 中国情境下组织文化的调节作用 [J]. 管理评论, 2018, 30 (3): 140 - 149.

[154] 王东. 中国何以成为 21 世纪创新型国家——中国特色公平正义创新之道 [J]. 学术界, 2012 (7): 5 - 23, 259 - 264.

[155] 王国敏, 李杨. 农民工异地就业: 影响区域经济发展的"悖论"[J]. 新疆社会科学, 2008 (3): 106 - 110.

[156] 王建国, 李实. 大城市的农民工工资水平高吗? [J]. 管理世界, 2015 (1): 51 - 62.

[157] 王军, 詹韵秋. 技术进步带来了就业质量的提升吗? ——基于中国 2000—2016 年省级动态面板数据分析 [J]. 云南财经大学学报, 2018 (8): 29 - 39.

[158] 王军, 詹韵秋. 消费升级、产业结构调整的就业效应: 质与量的双重考察 [J]. 华东经济管理, 2018, 32 (1): 46 - 52.

[159] 王美艳. 中国城市劳动力市场上的性别工资差异 [J]. 经济与管理科学, 2005 (12): 35 - 44.

[160] 王文静, 王迪. 人力资本外部性对区域经济增长的作用——基于微观和宏观两个尺度的实证研究 [J]. 西安财经学院学报, 2014 (5): 49 - 56.

[161] 王晓刚. 失地农民就业质量评价——以郑州市为例 [J]. 城市问题, 2015 (7): 71 - 77.

[162] 王孝莹, 王新月. 基于期望与感知的毕业生就业满意度分析——以山东省济南市高校为例 [J]. 人口与经济, 2016 (6): 92 - 101.

[163] 王阳. 北京市实现更高质量就业水平评价及就业政策再完善 [J]. 经济与管理研究, 2018, 39 (7): 39 - 47.

[164] 王以梁, 秦雷雷. DEA 在高校毕业生就业绩效评价中的应用研究 [J]. 浙江工商大学学报, 2017 (3): 88 - 96.

[165] 王轶, 石丹淅. 失地农民就业质量的演进——基于北京地区的跟踪调查数据 [J]. 经济经纬, 2016, 33 (4): 32 - 37.

[166] 王占国. 性别、高等教育分流与大学生就业质量——基于全国

17 所高校 1354 名毕业生的实证分析 [J]. 高教探索, 2015 (12): 107 - 111.

[167] 吴克明, 余晶, 卢同庆. 大学毕业生与青年农民工就业比较研究 [J]. 教育与经济, 2015 (4): 23 - 29.

[168] 吴新中, 董仕奇. 高校毕业生就业质量评价要素及体系建构 [J]. 科技进步与对策, 2017 (4): 140 - 144.

[169] 吴玉鸣. 中国区域研发、知识溢出与创新的空间计量经济研究 [M]. 北京: 人民出版社, 2007.

[170] 武岩, 胡必亮. 社会资本与中国农民工收入差距 [J]. 中国人口科学, 2014 (6): 50 - 61, 127.

[171] 向玉乔. 社会制度实现分配正义的基本原则及价值维度 [J]. 中国社会科学, 2013 (3): 106 - 124, 205 - 206.

[172] 肖璐, 范明. 社会资本的城乡差异及其对大学生择业的影响 [J]. 教育与经济, 2015 (2): 38 - 43.

[173] 肖小勇, 黄静, 郭慧颖. 教育能够提高农民工就业质量吗? ——基于 CHIP 外来务工住户调查数据的实证分析 [J]. 华中农业大学学报 (社会科学版), 2019 (2): 135 - 143, 169.

[174] 谢宝国, 王远伟. 农村籍与城市籍大学毕业生就业获得差异的实证研究 [J]. 教育与经济, 2014 (1): 46 - 52.

[175] 谢沁怡. 人力资本与社会资本: 谁更能缓解贫困? [J]. 上海经济研究, 2017 (5): 51 - 60.

[176] 谢童伟, 吴燕. 农村劳动力区域流动的社会福利分配效应分析——基于农村教育人力资本溢出的视角 [J]. 中国人口·资源与环境, 2013, 23 (6): 59 - 65.

[177] 谢小青, 吕珊珊. 贫困地区农村剩余劳动力转移就业质量实证研究——以鄂西为例 [J]. 中国软科学, 2015 (12): 63 - 74.

[178] 徐定德, 曹莎, 税玥, 等. 社会资本对农民工就业区位选择的影响——来自四川省的实证 [J]. 中国农业资源与区划, 2019 (7): 66 - 73.

［179］徐岩，刘盾．体面劳动的内涵与结构之再建构——对北京市271名工作者的质性访谈研究［J］．社会科学，2017（6）：59－70．

［180］许晓红．农村劳动力转移就业质量影响因素的研究［J］．福建论坛（人文社会科学版），2014（12）：30－37．

［181］薛在兴．社会资本对大学生就业质量的影响——基于北京市14所高校的一项实证研究［J］．青年研究，2014（3）：55－64，95－96．

［182］亚当·斯密．国富论［M］．谢宗林，李华夏，译．北京：中央编译出版社，2011．

［183］亚里士多德．尼各马科伦理学［M］．苗力田，译．北京：中国人民大学出版社，2003：105．

［184］杨海波，王军．就业质量与产业结构调整关系的实证检验［J］．统计与决策，2018，34（3）：107－109．

［185］杨钋，郭建如，金轶男．高职高专毕业生就业质量分析［J］．教育发展研究，2013，33（21）：24－34．

［186］杨胜利，谢超．就业质量对居民幸福感的影响分析研究——基于CGSS2010的实证分析［J］．云南财经大学学报，2015，31（6）：50－57．

［187］杨穗，吴彬彬．农民工就业地选择和收入差距［J］．社会发展研究，2019，6（4）：112－133，240－241．

［188］杨艳琳，翟超颖．中国城镇化质量与就业质量的度量及其相关性分析［J］．东北大学学报（社会科学版），2016，18（1）：42－48．

［189］杨志明．中国特色农民工发展研究［J］．中国农村经济，2017（10）：38－48．

［190］姚东旻，李军林，韦诗言．人往"高处"走？——基于农民工两次务工地选择的实证分析［J］．南开经济研究，2015（1）：102－118．

［191］尹海洁，王翌佳．东北地区城市工作贫困群体就业质量研究——来自哈尔滨、长春和沈阳市的调查［J］．中国人口科学，2015（3）：116－125，128．

［192］应永胜．新生代农民就业选择与经济收入异化研究［J］．现代

经济探讨，2016（7）：32-37.

[193] 于苗苗，马永红，刘贤伟. 如何实现专业学位学生的高质量就业——基于全国高校抽样调查数据的实证分析 [J]. 高教探索，2018（2）：91-96.

[194] 袁凌，施思. 基于博弈论的企业员工体面劳动保障机制研究 [J]. 财经理论与实践，2011，32（6）：105-108.

[195] 约翰·罗尔斯. 正义论 [M]. 何怀宏、何包钢、廖申白，译. 北京：中国社会科学出版社，1988：3.

[196] 约翰·罗尔斯. 作为公平的正义 [M]. 姚大志，译. 上海：上海三联书店，2002：126.

[197] 岳昌君. 高校毕业生就业状况的城乡差异研究 [J]. 清华大学教育研究，2018，39（2）：92-101.

[198] 张爱婷. 农村劳动力流动的经济增长效应理论模型 [J]. 统计与信息论坛，2009，24（8）：11-16.

[199] 张帆. 中国的物质资本和人力资本估算 [J]. 经济研究，2000（8）：65-71.

[200] 张桂文，王青，张荣. 中国农业劳动力转移的减贫效应研究 [J]. 中国人口科学，2018（4）：18-29，126.

[201] 张宏如，李群. 员工帮助计划促进新生代农民工城市融入模型——人力资本、社会资本还是心理资本 [J]. 管理世界，2015（6）：180-181.

[202] 张建丽，李雪铭，张力. 新生代农民工市民化进程与空间分异研究 [J]. 中国人口，资源与环境，2011（3）：82-88.

[203] 张建清，卜学欢. 人力资本三维要素与城乡减贫成效差异——基于CHNS微观调查数据的实证研究 [J]. 软科学，2016（10）：43-48.

[204] 张抗私，王雪青. 经济新常态的发展趋势：从数量观念到质量管理——基于大学毕业生就业质量分析的视角 [J]. 广东社会科学，2016（1）：36-45.

[205] 张丽芬，孙淇庭. 就业服务与大学毕业生就业的关系——基于

2010—2014 届大学毕业生的实证研究 [J]. 大学教育科学, 2015 (6): 113 – 119.

[206] 张敏, 祝华凤. 新生代农民工就业质量与社会认同问题研究 [J]. 中国青年研究, 2017 (1): 108 – 112.

[207] 张鹏, 王婷. 农村劳动力转移对农民收入的影响研究——对重庆市开县的实证分析 [J]. 重庆大学学报 (社会科学版), 2010, 16 (5): 13 – 17.

[208] 张品. 社会空间研究的困境与反思 [J]. 天津社会科学, 2012 (5): 81 – 83.

[209] 张其仔. 社会资本的投资策略与企业绩效 [J]. 经济管理, 2004 (16): 58 – 63.

[210] 张卫枚. 新生代农民工就业质量分析与提升对策——基于长沙市的调查数据 [J]. 城市问题, 2013 (3): 60 – 64.

[211] 张务伟, 张可成. 农民工城市买房行为选择研究 [J]. 经济经纬, 2017, 34 (3): 25 – 30.

[212] 张樨樨, 王利华. "全面二孩"政策对城镇女性就业质量的影响 [J]. 上海大学学报 (社会科学版), 2017 (5): 116 – 130.

[213] 张旭路, 蒋承, 李利利. 大学生就业的城乡差异研究——基于全国高校抽样调查数据 [J]. 兰州大学学报 (社会科学版), 2016, 44 (2): 170 – 176.

[214] 张艳华. 农村劳动力转移的关联效应与有效治理 [J]. 改革, 2016 (8): 54 – 63.

[215] 张郁萍. 高校实践教学与提升大学生就业质量研究——以 L 大学电子商务专业为例 [J]. 江西社会科学, 2017, 37 (12): 250 – 256.

[216] 张原. 农民工就业能力能否促进就业质量?——基于代际和城乡比较的实证研究 [J]. 当代经济科学, 2019 (12): 1 – 16.

[217] 赵俊英. 经济增长与大学生就业质量的非一致性分析——基于需求视角 [J]. 湖北社会科学, 2015 (1): 160 – 166.

[218] 赵倩, 朱青, 张宇超, 等. 新生代农民工空间迁移特征研

究——以北京市为例 [J]. 城市发展研究, 2014, 21 (2): 11 - 16.

[219] 赵晓波, 崔宏静, 李苿. 我国新生代农民工收入的区域差异研究 [J]. 人口学刊, 2017, 39 (4): 50 - 59.

[220] 赵延东, 风笑天. 社会资本、人力资本与下岗职工的再就业 [J]. 上海社会科学院学术季刊, 2000 (2): 138 - 146.

[221] 郑继国, 李猛, 陈静. 转型时期社会网络对职业调整行为的影响 [J]. 世界经济情况, 2005 (12): 23 - 28.

[222] 中华人民共和国国家统计局. 《2019 年农民工监测调查报告》 [EB/OL]. (2020 - 05 - 04) [2020 - 05 - 04]. https://www.sohu.com/a/392864900_ 100070941.

[223] 钟秋明, 刘克利. 高校毕业生就业观影响就业质量的实证研究 [J]. 高教探索, 2015 (3): 107 - 113.

[224] 周春芳, 苏群. 我国农民工与城镇职工就业质量差异及其分解——基于 RIF 无条件分位数回归的分解法 [J]. 农业技术经济, 2018 (6): 32 - 43.

[225] 周凌波, 黄梦, 王伯庆. 中国工程类大学毕业生 2013 年度就业分析 [J]. 高等工程教育研究, 2014 (3): 23 - 36.

[226] 周密, 罗婷婷, 赵晓琳, 等. 城市规模与农民工工资溢价效应——基于教育—工作匹配视角 [J]. 农业技术经济, 2018 (8): 35 - 43.

[227] 朱慧劼, 风笑天. 代际差异视角下就业质量与农民工的精神健康 [J]. 经济体制改革, 2019 (2): 92 - 98.

[228] 朱火云, 丁煜, 王翻羽. 中国就业质量及地区差异研究 [J]. 西北人口, 2014 (2): 92 - 97.

[229] Aldrich M. On the Track of Efficiency: Scientific Management Comes to Railroad Shops, 1900 - 1930 [J]. Business History Review, 2010, 84 (3): 501 - 526.

[230] Alfonso Sousa - Poza, Andrés A Sousa - Poza. Well - Being at Work: A Cross - National Analysis of the Levels and Determinants of Job Satisfaction [J]. Journal of Socioeconomics, 2000, 29 (6): 517 - 538.

[231] Andrew G. Walder. Property Rights and Stratification in Socialist Redistributive Economies [J]. American Sociological Association, 1992, 57 (4): 524 –539.

[232] Anker Richard, Chernyshev Igor, Egger Philippe, et al. Measuring Decent Work with Statistical Indicators [J]. International Labour Review, 2003, 142 (2): 147 –178.

[233] Anselin Luc. Spatial Econometrics: Methods and Models [M]. Cham, Switzerland: Springer, 1988.

[234] Bogue. Donald J. Principles of Demography [M]. New York: John Wiley and Sons Inc, 1969.

[235] Bourdieu, Pierre. The Forms of Capital, in Handbook of Theory and Research for the Sociology of Education [M]. Westport, CT: Greenwood, 1986.

[236] Brisbois, Richard. How Canada Stacks Up: The Quality of Work – An International Perspective [R]. Ontario: Research Paper No. 23, Canadian Policy Research Networks, 2003.

[237] Byrne Barbara. Structural Equation Modeling with EQS and EQS/Windows: Basic Concepts, Application, and Programming [M]. Ottawa: SAGE Publications, 1994.

[238] Chen Baizhu, Feng Yi. Determinants of Economic Growth in China: Private Enterprise, Education, and Openness [J]. China Economic Review, 2000, 11 (1): 1 –15.

[239] Burt Ronald S. Structural Holes: The Structure of Competition [M]. Cambridge: Harvard University Press, 1992.

[240] Chenery Hollis B. and Syrquin Moises. Patterns of Development, 1950 –1970 [M]. Oxford: Oxford University Press, 1975.

[241] Chombart de Lauwe. Paris, Essais de Sociologie 1952 –1964 [M]. Paris: Les Editions Ouvrières, 1965.

[242] Clark Andrew E. Job Satisfaction and Gender: Why are Women so

Happy at Work? [J]. Labour Economics, 1997, 4 (4): 341 –372.

[243] David Alan Aschauer. Is Public Expenditure Productive? [J]. Journal of Monetary Economics, 1989, 2 (2): 177 –200.

[244] Dagum Camilo. A New Approach to the Decomposition of the Gini Income Inequality Ratio [J]. Empirical Economics, 1997a (22): 515 –531.

[245] David Bscond, Anne Châtaignier, and Farhad Mehran. SevenIndicators to Measure Decent Work: An International Comparison [J]. International Labor Review, 2003, 142 (2): 179 –211.

[246] Dharam Ghai. Decent Work: Concept and Indicators [J]. International Labor: Review, 2003, 142 (2): 113 –146.

[247] Duranton Gilles. Urbanization, Urban Structure and Growth [M]. Cambridge: Cambridge University Press, 2000.

[248] Ernest George Ravenstein. The Laws of Migration [J]. Journal of the Royal Statistical Society, 1889, 52 (2): 241 –305.

[249] Esteban Joan – Maria and Debraj Ray. On the Measurement of Polarization [J]. Econometrica, 1994, 62 (4): 819 –851.

[250] Florence Bonnet, Jose B Figueiredo, and Guy Standing. A family of Decent Work Indexes [J]. International Labor: Review, 2003, 142 (2): 213 –238.

[251] Fornell Claes, and Larcker David F. Evaluating Structural Equation Models with Unobservable Variables and Measurement Error [J]. Journal of Marketing Research, 1981, 18 (1): 39 –50.

[252] Francois Perroux. A Note on the Notion of Growth Pole [J]. Applied Economy, 1955 (1/2): 307 –320.

[253] Fredric K. Schroeder. . Workplace Issues and Placement: What is High Quality Employment? [J]. Work, 2007, 29 (4): 357 –358.

[254] Ghai Dharam. Decent Work: Concept and Indicators [J]. International Labor Review, 2003, 142 (2): 113 –145.

[255] ILO. Decent Work Indicators for Asia and the Pacific: A Guidebook

for Policy – Makers and Researchers [R]. International Labour Organizations, 2008.

[256] ILO. Decent Work. Report of the Director – General to the 87th Session of the International Labour Conference [R]. International Labour Organizations, 1999.

[257] ILO. DecentWorks in Asia: ILO Activities in the Region [R]. Report of the Director – General in Thirteenth Asian Regional Meeting, Bangkok, 2001.

[258] ILO. Report of the Director – General: Decent Work [R]. International Labor Conference. 87 Session, Geneva, 1999: 1.

[259] James Le Sage, Robert Kelley Pace. Introduction to Spatial Econometrics [M]. New York: Taylor & Francis Group, 2009.

[260] Kalleberg A. L. Vaisey S. Pathways to a Good Job: Perceived Work Quality Among the Machinists in North America [J]. British Journal of Industrial Relations, 2005, 43 (3): 351 – 563.

[261] Long Gen Ying. Understanding China's Recent Growth Experience: A Spatial Econometric Perspective [J]. Annals of Regional Science, 2003 (37): 613 – 628.

[262] Layder Derek. New Strategies in Social Research: An Introduction and Guide [M]. Cambridge: Polity Press, 1993.

[263] Lefebvre Henri. The Production of Space [M]. Oxford: Blackwell, 1991: 348 – 349.

[264] Leschke Janine, Watt Andrew, Mairéad Finn. Putting a Number on Job Quality? Constructing a European Job Quality Index [M]. Bruxelles: European Trade Union Institute, 2008.

[265] Maslow. A. H. Theory of Human Motivation [J]. Psychological Review, 1943, 50 (4): 370 – 396.

[266] Mayo Elton. The Human Problems of Industrial Civilization [M]. London: Routledge, 2003.

[267] Mariana Paredes Gil, Roderick J. Lawrence, Yves Flückiger, Cedric Lambert, Edmuno Werna. Decent Work in Santo André: Results of a Multi-method, Case Study [J]. Habitat International, 2007, 32 (2): 172 – 179.

[268] Mincer Jacob. Schooling, Experience and Earnings [M]. New York: Columbia University Press, 1974.

[269] Myrdal Gunnar. Economic Theory and Underdeveloped Regions [M]. London: Gerald Duckworth and Co Ltd. , 1957.

[270] Papadakis Konstantinos. Civil Society, Participatory Governanceand Decent Work Objectives: The case of South Africa [M]. Geneva: International Institute for Labour Studies, 2006.

[271] Philippe Egger, and Wenrer Sengenberger. Decent Work in Denmark: Employment, Social Efficiency and Economic Security [R]. International Labor Office, Geneva, Siwtz, 2003.

[272] Philippe Egger. Towards a Policy Frame Works for Decent Works [J]. International Labor Review, 2002, 141 (1/2): 161 – 174.

[273] Robert E. Lucas. Externalities and Cities [J]. Review of Economic Dynamics, 2001, 4 (2): 245 – 274.

[274] R. Kelley Pace and James P. Le Sage. Interpreting Spatial Econometric Models. In: Fischer, M, Nijkamp, P (eds) Handbook of Regional Science [M]. Berlin, Heidelberg: Springer, 2013: 1535 – 1552.

[275] Rafael Muñoz de Bustillo, Enrique Fernández – Macías, Fernando Esteve, José – Ignacio Antón. E pluribus unum? A Critical Survey of Job Quality Indicators [J]. Socio – Economic Review, 2011, 9 (3): 447 – 475.

[276] Schultz Theodor W. Investment in Human Capital [J]. American Economic Review, 1961, 51 (1): 1 – 17.

[277] Seibert Scott E, Kraimer Maria L and Liden, Robert C. A Social Capital Theory of Career Success [J]. Academy of Management Journal, 2001, 44 (2): 219 – 237.

［278］ United Nations Statistical Commission and Economic Commission for Europe. Towards an International Quality of Employment Framework: Conceptual Paper of the Task Force on the Measurement of Quality of Work ［R］. Working Paper, Geneva: UVECE, 2007.

［279］ Yoakam D. A Theory of Human Motivation ［J］. Quarterly Journal of Speech, 1943, 29 (4): 512.

［280］ Yu Xie and Emily Hannum. Regional Variation in Earnings Inequality in Reform – Era Urban China ［J］. American Journal of Sociology, 1996, 101 (4): 950 – 992.